著名专家论人才创新

——中国人才50人论坛文集

王辉耀　主编

中国人事出版社

图书在版编目(CIP)数据

著名专家论人才创新：中国人才50人论坛文集/王辉耀主编. -- 北京：中国人事出版社，2018

ISBN 978-7-5129-1258-8

Ⅰ.①著… Ⅱ.①王… Ⅲ.①人才学-中国-文集 Ⅳ.①C964.2-53

中国版本图书馆CIP数据核字(2018)第047966号

中国人事出版社出版发行

(北京市惠新东街1号　邮政编码：100029)

*

北京隆昌伟业印刷有限公司印刷装订　新华书店经销

787毫米×1092毫米　16开本　16.5印张　235千字

2018年3月第1版　2018年3月第1次印刷

定价：36.00元

读者服务部电话：(010) 64929211/84209103/84626437

营销部电话：(010) 84414641

出版社网址：http://www.class.com.cn

版权专有　　侵权必究

如有印装差错，请与本社联系调换：(010) 50948191

我社将与版权执法机关配合，大力打击盗印、销售和使用盗版图书活动，敬请广大读者协助举报，经查实将给予举报者奖励。

举报电话：(010) 64954652

序言一

　　没有哪个时期像今天这样，人才对中国社会经济发展如此重要。一方面，中国深度参与国际竞争，能否在国际竞争中站住脚，形成自己的优势，占领国际市场，靠的是技术、是创新、是人才，国际竞争就是人才的竞争；另一方面，自劳动力供给达到刘易斯拐点、结束了无限供给之后，中国的经济增长依赖廉价劳动力、发展劳动密集型产业的阶段已经成为历史。一个科技创新推动经济发展的时代已经来临，人才红利要取代人口红利，支撑中国经济保持中高速的发展。这对于中国的人才发展和人才资源开发提出了全新的要求。

　　党中央国务院高度重视人才工作，习近平总书记多次对人才工作发表重要论述，要求在创新实践中发现人才、在创新活动中培育人才、在创新事业中凝聚人才，聚天下英才而用之，让更多千里马竞相奔腾。李克强总理也反复强调，丰富的人力人才资源是我们最大的发展优势，把这个优势充分发挥出来，就能加快发展新经济，培育新动能，改造提升传统动能，打造发展"双引擎"。《中共中央关于制定国民经济和社会发展第十三个五年规划的建议》指出："加快建设人才强国。深入实施人才优先发展战略，推进人才发展体制改革和政策创新，形成具有国际竞争力的人才制度优势。"并对未来五年期间人才工作进行了部署，涉及深入实施人才优先发展战略、推动人才结构战略性调整性调整、实施更开放的人才资源开发和引进政策、改革完善人才管理体制机制四个方面的内容。其中，最核心、最重要、最根本的就是"深入实施人才优先发展战略"。此外，建议提出的创新、协调、绿色、开放、共享的五大发展新理念都与人才工作密切相关，均需要人才工作作为支撑。人才优先发展和人才体制机制的改革，已经成为国家"十三五"规划的重要内容和实现"十三五"规划各项任务的重要保证。

如果说过去要将人口大国变成人才大国，还是一种期望、一种号召的话，那么现在把人口大国变成人才资源强国，已经是一种现实而紧迫的要求，一条别无选择的发展路径。特别是在我国经济进入新常态，社会经济转型步伐加快背景下，人才工作已经成为影响全局举足轻重的工作。在当前的形势下，无论怎么强调人才开发，怎么强调人才体制机制改革的重要性，都不为过。2016年3月，中共中央发出了《关于深化人才发展体制机制改革的意见》，对当前和今后一个时期的人才工作进行了全面部署，对人才管理体制改革、人才的培养、人才的评价、人才的流动、人才的激励、人才的引进和作用、人才的保障等各个方面、各个环节提出了明确的要求。当前的任务就是要落实好意见提出要求，深化人才发展体制机制的各项改革，形成科学规范、开放包容、运行高效的人才发展治理体系，开创各具特色、各展其能、各显其长的人才发展生动局面。

中国人才50人论坛是全球化智库发起的中国高层次人才论坛，是国内讨论人才问题和人才方针政策的重要平台。论坛发挥了人才专家智力密集的优势，为推动人才结构战略性调整，实施更加开放的人才资源开发和引进政策，建立具有国际竞争力的中国人才制度优势，以及与大众创业、万众创新，"一带一路"相应的人才政策等出谋划策，提出了不少有价值的观点，为我国实施人才强国战略和深入实施人才优先发展战略提供了有益的参考。我本人参加了2016年1月在北京举办的第一届中国人才50人论坛和2016年12月在成都举办的第二届中国人才50人论坛，聆听了国内外知名专家观点及对我国人才发展提出的各种意见建议，很受启发，很有教益，同时也感觉，对人才发展体制机制存在的一些问题认识以及下一步改革措施确实值得深入研究，把论坛继续办下去，并充分发挥好论坛的作用很有必要。

　　时光荏苒，距离第一届人才50人论坛举办已经一年有余。为了更好地让人才专家的智慧服务于我国的人才工作建设，全球化智库及时整理了专家发言，并根据社会热点、难点，向国内外专家约稿形成了本书。希望以本书的出版为契机，带动越来越多的人共同致力于人才理论的研究，加强跨界交流，提升我国人才理论研究水平，促进人力资源开发，建设人才强国服务。

中国人才研究会会长
人力资源和社会保障部原副部长　何宪
2017年3月

序言二

"为政之要莫先于得人",实现"两个一百年"奋斗目标、实现中华民族伟大复兴的中国梦,都需人才。没有人才,一切都无从谈起。"要以识才的慧眼、爱才的诚意、用才的胆识、容才的雅量、聚才的良方,广开进贤之路,把各方面知识分子凝聚起来,聚天下英才而用之。"2017年3月4日,习近平总书记在看望政协委员并参加联组会时,再次向世界传达了中国最高领导人的人才观。

人才——已成为新时期中华民族兴旺发达的头等大事,成为影响社会主义建设全局事业的工作,人才事业建设的重要性,已经深入到我国经济社会文化政治等建设的各个领域。因此,推动我国人才事业的进步与发展,不仅是党和国家领导人以及各政府部门的一件大事,也是我国各个领域关心与支持国家建设的各个社会团体、组织甚至个人的职责与义务。

全球化智库(CCG)是中组部授权的中国人才理论研究基地,自2008年以来,一直致力于我国人才事业的发展建设,先后出版了《中国留学发展报告》《中国移民发展报告》等多部人才研究著作。同时积极向国家建言献策，其中一直呼吁提倡的"人才签证"、调整"人才绿卡"门槛和标准以及外籍留学来华就业等相关人才政策，已经在中央和各个地方落地实施。作为中国民间智库，全球化智库不仅积极从事人才理论的研究和推动工作，同时更注重人才交流平台的建设，以期待让来自国内外更多人才领域的研究专家、政策的制定者、用人主体以及人才本身之间拥有更多的交流机会。

2016年1月，在社会各界的支持下，全球化智库成功举办了"中国人才50人圆桌论坛"（以下简称"中国人才50人论坛"），为国内的从事人才工作和关心人才工作的社会各界人士搭建了平台，在学术研究、企业人才与公共政策之间架起沟通桥梁。同年12月，我们又在成都举办了第二届"中国人才50人论坛"。在两次论坛中，我们聚集国内资深专家学者共同分享智慧，就我国目前人才体制机制改革的重点、热点、难点问题，以及如何建立具有国际竞争力的人才制度优势，广聚天下英才而用之等进行了深入交流和探讨。会后，在征得各位专家同意基础上，我们决定推出《著名专家论人才创新——中国人才50人论坛文集》，通过将国内具有影响力的人才专家的研究成果系统介绍给政府决策部门、人才研究者、用人单位、社会大众等利益相关方，在更大范围内为我国人才研究和政府决策部门提供重要的参考。

本书分为上篇和下篇两部分。其中，上篇的内容是根据各位人才专家在2016年举办的第一届和第二届"中国人才50人论坛"上的专题发言整理而成，从不同层面对国家最新的人才政策以及社会热点进行探讨，为人才体制机制创新以及人才强国等战略提供智力支持。下篇的内容主要是根据人才工作面临的新形势、新热点，向国内知名的专家学者约稿而形成的名为"人才专家共话人才创新"的论文集，内容涉及人才理论创新、人才政策分析、人才培养开发、人才创新创业、人才国际化以及人才思想建设、人才安全等，观点新颖、具有很强的借鉴价值和历史意义。

在深化改革的大好时代，我国人才事业的发展面临新机遇。中国的人才事业的提升离不开各位杰出人才专家的贡献。本书的出版正是专家们集体智慧的结晶,在此向各位深表感谢。

"路漫漫其修远兮,吾将上下而求索",在未来的时代,全球化智库将会一如既往的践行"以世界之智慧、谏言之中国"的理念,履行社会智库对我国人才事业发展进步的责任担当。

相信经过大家共同的努力,我国人才事业会得到更好发展进步,为国家引才用才提供更好地支撑,为实现人才强国发挥积极的影响。

是为序。

国务院参事
全球化智库理事长兼主任
中国人才研究会副会长
2017年3月24日

目录 contents

上篇　百家争鸣　心系人才
——中国人才50人论坛专家观点荟萃

一、第一届中国人才50人论坛

（一）切实把人才优先发展战略落到实处
——在中国人才50人论坛上的主旨发言摘要 … 005　何　宪

（二）人才研究领域需特别关注四个方面的问题 … 007　王晓初

（三）创立中国人才50人论坛的缘起………… 011　王辉耀

（四）加快建立京津冀人才一体化改革试验区 …… 012　吴　江

（五）学习"十三五"规划的两点体会………… 013　胡建华

（六）全球科创中心战略愿景下如何建设上海人才生态系统 …………………………………… 014　王　振

（七）现代化建设需要全面发挥各级各类人才的作用 ……………………………………… 015　薄贵利

（八）人才培养机制建设刻不容缓 …………… 016　林泽炎

（九）实施"十三五"国家人才战略可以从六方面着手 …………………………………… 017　郑其绪

（十）用大数据解决人才发现问题 …………… 018　王通讯

（十一）推进人才战略规划评价机制 ………… 019　曾湘泉

（十二）推动人才法制建设发展 ……………… 021　马抗美

（十三）制定合理的人才战略　解决干部体制
　　　　问题 …………………………………………… 022　薛永武

（十四）高校人才引进和发展的经验介绍 ………… 023　边慧敏

（十五）引才要重视需求匹配　重视人才价值
　　　　建立合理的制度框架 …………………………… 025　薛　澜

（十六）提升人才国际竞争力　推进中国国际
　　　　人才中心建设 …………………………………… 026　沈荣华

（十七）建立具有国际竞争力的人才制度比较
　　　　优势 ……………………………………………… 028　张冠梓

（十八）人才优势的建立需要重视人才的引进、
　　　　使用和保护 ……………………………………… 029　杨河清

（十九）高校人才体制机制改革面临的两大问题 … 030　杨红英

（二十）成功的创业者需具备战略思维　不断创新、
　　　　转型 ……………………………………………… 032　王广发

（二十一）创业创新环境下如何用好人才 ………… 033　王旭东

（二十二）人才战略首先要提高全民的素质 ……… 034　陈新华

（二十三）二线城市吸引人才的经验分享 ………… 035　陈顺娇

（二十四）中华民族的复兴需要人才的支持 ……… 036　刘敏华

（二十五）人才优先发展战略需要转化为全社会的
　　　　　意识 …………………………………………… 037　占德干

（二十六）青岛推进人才国际化的创新经验 ……… 038　于炳波

（二十七）教育培训尚待完善 ……………………… 039　贾忠杰

二、第二届中国人才50人论坛

（一）只有走中国自己的路　才能实现中国梦 …… 043　王晓初

（二）加强理论实践研究　推动四川人才发展 …… 045　何　宪

（三）创新驱动发展需要人才聚集与融合 ………… 048　桂昭明

（四）引进外国人才　扩大对外开放 ……………… 049　吴　江

（五）完善高校人才引进和评估机制 ……………… 050　刘　宏

（六）解决西部高校人才发展困境　促进西部
　　　高端人才发展 ……………………………… 052　史代敏

（七）构建有全球竞争力的人才制度体系 ………… 053　赵永乐

（八）强化理念共识　创新人才引才机制 ………… 054　赵德武

（九）扫清人才治理障碍　树立长远人才意识 …… 056　胡建华

（十）四川发展的人才需求和人才观念 …………… 057　侯晓春

（十一）以产业聚集来带动人才聚集 ……………… 059　李　强

（十二）把握教育战略规划　布局西部教育格局 … 059　高书国

（十三）高等院校的国际化人才培养有待提高 …… 061　闫月勤

（十四）为国内引进高端人才　为国家教育
　　　　信息化努力 ……………………………… 062　游忠惠

（十五）完善人才制度　加强人才工作 …………… 063　张光伟

（十六）推进人才体制机制改革 …………………… 064　韦智敏

（十七）做好人才引进工作　优化学科布局 ……… 065　唐兴霖

（十八）关于四川省人才建设的几点建议 ………… 066　黄玖辉

下篇　人才专家共话人才创新

抓住美国移民收紧机遇　更加开放国际人才政策 … 073　王辉耀

京津冀人才发展一体化的战略构想 ………………… 088　吴　江

关于新世纪人才创新的创新 ……………………	095	王通讯
推进人才与经济的"深度融合" ……………………	107	桂昭明
推进人才国际化：人才优先发展的新课题 …………	115	沈荣华
论人才高地建设战略 ……………………………	130	薄贵利
直击体制机制痛点　破解人才发展难点 ……………	141	刘敏华
青岛市吸引国际人才助推城市国际化发展的实践 …	151	于炳波
海外高校的人才战略及其启示 ——新加坡南洋理工大学的个案分析 ……………	159	刘　宏 贾丽华
权力、能力、魅力 ——论人才安全的实现 ……………………………	171	郑其绪
新时期人才队伍思想政治建设的理论逻辑 与路径选择 ………………………………………	181	马抗美
完善创新创业人才评价激励机制 …………………	193	桂昭明
加快构建具有国际竞争力的人才制度 ……………	199	胡建华
推进海外人才离岸创新创业基地发展 ……………	208	汪　怿
双创环境下的人才建设问题 ………………………	215	王旭东
人才开发的哲学维度 ………………………………	219	薛永武
我国人才制度体系与全球竞争力提升 ……………	230	赵永乐
西部高校高端人才发展困境及思考 ………………	239	史代敏
人才工作创新发展需突破"短板" …………………	245	沈荣华

后记 / 248

上 篇

百家争鸣　心系人才
——中国人才50人论坛专家观点荟萃

一、第一届中国人才 50 人论坛

为了更好地贯彻落实"十三五"规划建议"人才优先发展战略"的精神，研讨"十三五"时期人才发展战略的实施与落实，发挥智库服务建言献策的智囊作用，全球化智库（CCG）与西南财经大学发展研究院于 2016 年 1 月 17 日在北京国际饭店会议中心联合举办了首届"中国人才 50 人圆桌论坛"（以下简称"中国人才 50 人论坛"）。与会的 30 多位人才领域的专家学者与参会的各界精英共同分享思想盛宴，为"十三五"规划背景下的人才工作建言献策，论坛取得了良好的效果。

（一）切实把人才优先发展战略落到实处

——在中国人才50人论坛上的主旨发言摘要

何　宪[①]

党的十八届五中全会通过的《关于制定国民经济和社会发展第十三个五年规划的建议》（以下简称《建议》），明确了我国未来五年经济社会发展的基本思路、主要目标，提出了一些具有标志性的重大战略、重大工程、重大举措。《建议》最大的亮点，就是提出创新、协调、绿色、开放、共享的发展新理念，并且2/3的篇幅都是围绕创新发展、协调发展、绿色发展、开放发展、共享发展进行阐述和部署的。《建议》用了五句话来诠释这五大发展理念：创新是第一动力，协调是持续健康发展的内在要求，绿色是永续发展的必要条件和人民对美好生活追求的重要体现，开放是国家繁荣发展的必由之路，共享是中国特色社会主义的本质要求。五个发展新理念都与人才工作密切相关，都需要人才工作作为支撑。特别是创新发展，需要培养和造就大批创新型人才才可能实现。为了保证"十三五"目标任务的实现，《建议》把人才工作放到了非常

---

① 何宪系中国人才研究会会长、人力资源和社会保障部原副部长。

重要的位置，对人才工作提出了新的、更高的、更明确的要求。

在《建议》的第八部分里，在"加快建设人才强国"的标题之下，对"十三五"期间的人才工作进行了部署。大致可分为：深入实施人才优先发展战略、推动人才结构战略性调整性调整、实施更开放的人才资源开发和引进政策、改革完善人才管理体制机制四个方面的内容。其中最核心、最重要、最根本的就是"深入实施人才优先发展战略"。

2001年发布的我国"十五"规划首次提出了"实施人才战略"的要求，将人才战略提到国家战略高度，纳入经济社会发展的总体规划和布局之中。2002年，中共中央、国务院制定下发了《2002—2005年全国人才队伍建设规划纲要》，首次提出了"实施人才强国战略"，对新时期中国人才队伍建设进行了总体谋划，明确了当前和今后一个时期中国人才队伍建设的指导方针、目标任务和主要政策措施；2007年，人才强国战略作为发展中国特色社会主义的三大基本战略之一，写进了党章和党的十七大报告；2010年，中共中央、国务院发布《国家中长期人才发展规划纲要（2010—2020年）》，提出当前和今后一个时期，我国人才发展的指导方针是：服务发展、人才优先、以用为本、创新机制、高端引领、整体开发。首次提出了人才优先的要求；2012年，党的十八大提出加快确立人才优先发展战略布局，推动我国由人才大国迈向人才强国。十八届五中全会提出深入实施人才优先发展战略。可以看出，党和国家在人才工作的指导思想不断发展，不断丰富，不断完善，强有力地推动中国向人才强国发展。

我们深入解读和全面领会十八届五中全会精神，就是要准确理解五个发展理念的丰富内涵，从新的发展理念的高度来认识"十三五"期间人才工作的极端重要性，用新的发展理念来指导新时期的人才工作；我们深入解读和全面领会五中全会精神，就是把建设人才强国的总的要求和"十三五"期间及今后一个时期深入实施人才优先战略的要求统一起来，实现人才工作新的突破；我们深入解读和全面领会五中全会精神，就是要根据"十三五"期间社会经济发展的基本思路和主要目标的要求，进一步丰富人才优先的具体内涵，切实把人才优先发展战略落到实处。

希望中国人才50人论坛充分发挥资深人才专家智力密集的优势，为推动人才结构战略性调整、实施更开放的人才资源开发和引进政策、建立具有国际竞争力的中国人才制度优势出谋划策,提出更多更有价值的观点,为实施人才强国战略和深入实施人才优先发展战略做出我们的积极贡献!

(二) 人才研究领域需特别关注四个方面的问题

王晓初[①]

当前,我国经济发展进入新常态时期,也是"十三五"规划开局之年,在这个时候召开这样一次人才圆桌会议研究讨论人才工作中面临的重大问题非常必要。我们也需要有更多的非官方的、民间的形式,来调动各方面的智慧和力量,推动我国人才工作发展,这与中央精神也是一致的。

进入新时期以来,我们国家人才工作快速发展,地位显著上升,改革深入推进,力度不断加大,取得了巨大的成绩。大家都知道,在新世纪之初,中央提出了人才资源是第一资源的重要论断,这成了人才工作的理论基础和基本判断。

2000年,中央经济工作会议首次提出了制定和实施人才战略,当时还不叫人才强国战略。2001年,出台的"十五"规划根据中共中央的建议,专门设立了实施人才战略、壮大人才队伍的专章,这在五年规划当中是第一次,人才战略由此成了国家战略。

2002年,中央根据"十五"的要求制定了全国第一部人才队伍建设规划纲要,提出了实施人才强国战略,作为中央的文件,这是第一次把人才强国战略列进官方文件。

党的十六大进一步确立了"四个尊重"重大方针,努力形成充满活力的用人机制,积极营造各方面优秀人才脱颖而出的环境,2002年底,

---

① 王晓初系全国人大外事委员会副主任委员、人力资源和社会保障部原副部长。

全国组织工作会议明确提出了党管人才原则，这也是第一次在中央文件当中正式提出。

到2003年5月中央政治局召开专门会议研究人才工作，决定成立中央人才工作协调小组，同时也决定做出关于加强人才工作的决定，召开全国人才工作会议。2003年12月，第一次全国人才工作会议召开，党中央国务院明确提出了人才工作根本任务是实施人才强国战略。在这之后人才工作在组织部门牵头领导下，在政府人才工作综合管理部门人事部，以及相关部门的大力推动下，在全国范围内取得了巨大的发展。

党的十七大报告和通过的党章修正案首次把人才战略写入其中。2010年5月，召开第二次全国人才工作会议，颁布实施《国家中长期人才发展规划纲要（2010—2020年）》。这个纲要提出了科学人才观，确立了人才优先发展的思路，明确了10项重大人才政策、12项重大人才工程和体制机制创新的31项任务。

党的十八大以来对人才工作提出了一系列新要求，最突出的是六方面。一是要把握好实施人才强国战略是贯彻落实科学发展观三大战略之一的基本定位，这是对人才战略的基本定位。二是要把握好新形势下人才优先发展的战略布局。三是要把握好人才体制机制改革和政策创新的根本要求。四是要把握好突出高精尖缺的重点导向。五是要把握好聚天下英才而用之的战略胸怀，实施开放有效的人才政策。六是坚持把握好市场决定性作用，与政府引导有机结合，促进人才合理配置，有序流动。

回顾这15年来，我们国家人才工作发展进步的历程，我是想说明，我国的人才工作是不断地在适应我国经济社会发展需要，认识不断深化，工作不断推进，政策不断创新，改革不断深入的一个过程。这是一个发展的过程，虽然取得了巨大的成绩，但是与中央的要求相比，与经济社会发展的新特征相比，与人才工作自身发展需要相比，我们还面临着许多问题需要深入研究，许多深层次的矛盾需要不断破解，对人才工作的认识还需要进一步深化。

所以召开这样一次圆桌会议大家进行讨论非常必要。第一，人才工作如何更好适应新常态。新常态表现出速度变化、结构优化、动力转换三大特点，我们要保持中高速、迈向中高端，实现发展动力转换，根本在于强化创新驱动。而创新的关键是人才。如何在新常态下落实好人才优先发展战略，推动人才结构战略性调整，加快创新型人才队伍建设等，都需要我们从理论和实践的结合上深入进行研究。虽然人才优先发展规划以前就提出了，但是新常态人才优先发展和以前的人才优先发展还是有区别的。从某种意义上来讲，"十三五"时期人才工作的定位、内涵、任务，如何更好地认识、适应、引领新常态，是当前人才工作的首要任务，也是人才研究领域面临的一个重大课题。第二，进一步深化人才发展体制机制改革。党的十八届三中全会对深化改革进行了全面部署，其中对人才工作有关的体制机制改革也提出了明确任务，人社部承担的有10项。在人才发展体制机制改革和政策创新当中，有大量需要研究的深层次问题，容易解决的大部分都解决了，现在留下的都是硬骨头，深层次问题确实需要深入研究。

面对着人才工作的新形势、新任务、新要求，我自己体会有四个方面的问题需要人才研究工作者给予特别关注。

第一，深化人才体制机制改革，根本目的是充分激发各类人才的积极性和创新活力。激发人才的积极性和创新活力，是我们各种改革，各种机制、政策创新，机制转换的根本目的。通过改革要创造一个更加公平、宽松、有序的制度环境，把各类优秀人才集聚到党和国家的伟大事业中来。这里核心问题还是两个字"搞活"，"搞活"是我们改革的核心。

第二，要充分发挥市场机制的作用。这些年，我们国家人才工作快速发展，更多的是靠党和政府在推动，靠行政手段和政策。我们人才工作确实发展很快，力度很大，成绩也很大，但如何更好更充分地发挥市场机制作用，遵循市场规律培养、评价、使用、激励人才等诸多方面还需要深入研究，有待破题。例如，在人才管理定位上，以医生为例，医生从本质上来讲，我个人认为应该是自由职业者，但是现在他被牢牢拴在医院里，这就不符合其职业规律和市场规律。再比如说，我们一谈到技能人才的成才，许多人就以为技能人才只有当上了公务员，变成工程师，变成了科学家才算是成才，非要转到另一条道上才算成才，这用的还是官本位，甚至带有封建意识的评价标准。在市场的体制下，职业是社会分工的细化，行行都可以，也应该出自己的状元，出自己的优秀人才。

第三，进一步加强人才法制建设。中国人才法制建设起步于20世纪80年代，一些部门和地区出台了与人才相关的法规，但国家层面的立法还是空白。国家中长期人才发展规划纲要在2010年就提出要研究制定中国人才开发促进法，但是由于种种原因，立法工作进展缓慢。我以为在诸多的原因当中一个重要的因素就是我们的理论研究支撑不足，难以形成一个有深厚理论基础、大家有广泛共识的重要观点，所以在立法上我们还需要做大量艰苦的工作。

第四，研究建立中国特色人才理论体系。这是我们人才理论工作者重要的历史性任务，中国的人才概念是独具特色的，具有强烈的历史传承、文化积淀和中国实践。十六大以来逐步形成了科学人才观、人才强国思想、人才优先发展思路等，都是在弘扬文化传承，继承党的优良传统，广泛吸收借鉴国外相关理论基础上，在中国特色社会主义建设实践中探索发展起来的。中国的人才思想与实践无论在内涵、外延、结构框架上，与西方国家的人力资源理论有密切联系，但是更有明显的不同，用国际上现有的理论很难解释，更无法指导中国人才工作的实践。举一个很小的例子，"人才"这个词在西方语言体系中就找不到一个对应的词汇，这个事曾经困扰我多年。在对外交往中经常会遇到"人才"的翻译，我曾经想译成"Professional Human Resources"（专业化的人力资源），后来我发现不对，跟我们的人才内涵、外延对不上。目前，我们用得最多是Talent，我痛恨Talent，因为Talent不是我们的人才，是天赋、天才，它指的是与生俱来的，而我们的人才强调的是在科学实践、科研实践、生产实践、社会实践当中实践出的人才。这跟天赋关系不大，强调的是有知识、有能力的人，而Talent作为天才是强调与生俱来的，强调的是天赋，这两者之间差别很大。我曾经试图说能不能找一种办法把人才翻译过去，找了很多专家商量，最后，我和外文局、中国翻译家协会、中国人事科学研究院的专家共同商议就是翻译成"人才"，创造一个新的国际概念。

中国有世界上最丰富的人才思想，有世界上最大规模的人才工作实践。近年来，我们也取得了巨大的成绩，有目共睹，积累了丰富的经验。为什么我们不能创造出中国特色人才理论体系呢？我认为完全有必要，也完全有可能。我建议大家学习2015年年底习近平总书记在全国党校工作会议上的讲话。他说：长期以来我们党带领人民就是要不断解决"挨打"、"挨饿"、"挨骂"这三大问题，前两个问题基本得到解决了，但是"挨骂"问题还没有得到根本解决。争取国际话语权是我们必须解决好的一个重大问题。我国发展优势和综合实力还没有转化为话语优势。建立一套中国特色的人才理论体系，也是树立中国的话语权，在这点上确实没有一个国家能跟我们相比。

我们的理论工作者在理论和实践结合的基础上，完全有必要，也完全有可能建立起这样一种中国特色人才理论体系，这需要我们的理论工作者做出更多的努力。

（三）创立中国人才50人论坛的缘起

王辉耀[①]

在2016年伊始举办的这场中国人才50人论坛，是全球化智库（CCG）自2015年便开始策划的。最初是受到国内现有的几个类似的平台启发，比如中国经济50人论坛、中国金融40人论坛、中国教育30人论坛，希望搭建一个人才领域的民间平台。人才学在我国是一个新兴学科，人才工作在最近几年也得到政府的空前重视。论坛是一个很好的学术性、自由性的群体性平台，让不同界别的学者专家、政府官员和相关企业负责人自由探讨。

正值"两会"在即，我国"十三五"规划即将出台。已经出台的中央对"十三五"规划的建议，专门有一段是关于人才发展规划的论述，提出了"人才优先发展战略"，未来我国人才工作将面临深度改革和调整。中国人才50人论坛在这个时机举办，也可以为新时期人才战略献计献策，非常具有现实意义。

---

① 王辉耀系国务院参事、全球化智库（CCG）理事长兼主任、研究员。

（四）加快建立京津冀人才一体化改革试验区

吴 江[①]

"十三五"规划已经提出了人才结构战略性调整的任务。人才结构战略性调整提出到底优先发展什么？优先投入什么？从这几年情况看，随着国家经济结构的调整、产业升级，人才结构得到一些改善，但我个人总体感觉，还是有一些问题需要改善。目前的人才战略性调整，政府主导比较强，一个行政区域内，政府能够用政策推动的结构调整，作用比较明显，比如出台一些政策，通过一些政策来推动，特别是推动创新驱动方面的改革。也有一些发达地区因为经济发展需求和城市结构调整，比如苏州、南京、杭州、宁波、深圳这些城市。相对来说，西部人才结构战略性调整比较滞后，市场的作用比较弱；一些基层的调整效果也不太好。

2016年提出的人才结构战略性调整到底是什么含义，到底是要做什么？我认为是要强调人才工作的质量和效益。所谓的结构性调整就是要往质量、效益上靠，真正能够围绕发展提供人才保障和支撑。从两方面理解，一方面是政府到底发挥什么作用。政府有时需要政策干预，但干预过大，市场没有发力，企业没有发挥好作用，反而影响结构调整。人才结构战略性调整不能全靠"集中力量办大事"。

另一方面，京津冀协同发展作为国家战略提出，对人才结构的战略性调整是一个契机。京津冀人才规划纲要的起草已经开始启动。能不能用京津冀协同发展的契机做人才结构战略性调整的示范？人才结构调整，需要打破行政区划。北京现在疏解非首都功能，首先就是人的问题。2 000万人口包含多少人才？非首都功能的人才能不能疏解？北京是否应该率先对京津冀地区的人才做出贡献，通过向河北天津输送非首都功能人才，从河北入手，其次天津，解决人才差距，打通人才流动，通过人

[①] 吴江系全国政协委员、中国人才研究会学术委员会主任、中国人事科学研究院原院长。

才疏通使京津冀地区协同发展？我认为，京津冀人才规划可以在人才结构战略性调整上进行探索和创新。

但是，这件事很难做。省市好解决，基层不好解决，部委办局不好解决。三个地区的教育部门、科技部门不能坐到一起协商是不行的。建议：第一，可以建"京津冀人才一体化改革试验区"，中央给予支持，出台特色政策。第二，在有关部门认可前提下，三个地区出台京津冀国家规划人才条例。第三，分三步走，京津冀一体化分成几段任务，把人才结构调整起来，在全国、区域发挥示范作用。

（五）学习"十三五"规划的两点体会

胡建华[①]

我在此谈谈学习"十三五"规划建议的两点体会。

第一，目前中央高度重视人才工作。党的十七大将实施人才强国战略、尊重人才写入党章，这是以前没有的。到了党的十八大作为加强改善党的领导方面，作为提高党的科学化领导水平，把人才工作融入其中。"十三五"规划中人才工作也是放在加强改善党的领导中，是党工作的一部分。

人才工作放在中央组织部，证明把党的工作人才工作原则是加强党的领导，体现了中央对人才工作的重视，不是一般抓，而是放在党工作的重要部分来抓。

第二，人才资源是第一资源，是第一生产力。无论搞经济工作，社会工作还是其他工作，人才工作要放在第一位的，要优先发展。到2020年，国家全面建成小康社会，同时也要完成人才强国的奋斗目标。

"十三五"规划突出人才优先是非常必要和及时的。

---

① 胡建华系中央组织部人才局原副巡视员，中国国际人才专业委员会副会长。

(六) 全球科创中心战略愿景下如何建设上海人才生态系统

王 振[①]

今天谈一下上海建设全国科创中心战略愿景下的人才生态系统建设。为什么谈生态系统问题？因为现在各种政策很多，投入不少，最后效果却不是很理想。深圳、杭州的人才发展很活跃。为什么上海投入的资金比他们多，但创新创业人才，特别高科技企业成长的效果并不理想？我认为可能还是人才生态环境建设问题。

关于建立人才生态，我有三个观点：

第一，树立信息化、全球化时代的人才生态观。我们原来的人才观是工业化时代的人才观。十多年前的全国人才工作会议制定的人才规划还是工业化时代的规划。但今天，信息化、全球化时代下，要有新的生态观。特别提出不能用工业化的思维方式构建相关政策配置资源，比如要重点投资的不是生产线，而是平台；不是工厂、商场，让城市综合体越来越大，而是社群综合体；不是高速公路，而是信息高速公路。人才创新创业生态系统，政府也要主动对外开放，融入全球化。

第二，向硅谷学什么？现在大家对硅谷越来越了解，但总是感觉学不像。最近有本书《硅谷生态圈》，特别提出创新六条法则，特别要关注"热带雨林"自下而上的建立。我们最近在讨论保护"野草"，不能随便使用"农药"把"野草"都灭掉。另外地理、位置、网络、文化、语言，不信任都会导致社交壁垒。为什么乡镇企业发展这么好，乡土的文化，乡土的气息，社会信任感强。而要跨越到大城市，这种发展就没那么灵验。所以我觉得，学习硅谷的四点：保持人才多样性、建立跨越社会壁垒的信任、注重长期利益、快速多样合作的社会法制建设。

第三，构建具有竞争力的创新创业生态系统：①人才环境，比如房价高，需要降下来；②鼓励建立活跃创新创业社群，建立草根型的社群

[①] 王振系上海社会科学院副院长、研究员。

系统；③建立开放的教育和研发体系；④发展草根型风投系统；⑤专业服务的孵化需求。

最后，要建立多元融合的创新创业文化系统。文化是一个城市的软实力，如何创造把各种各样人才吸引、容纳到这个地方的文化，特别值得研究总结。

（七）现代化建设需要全面发挥各级各类人才的作用

薄贵利[①]

我对全面发挥各级各类人才作用谈点想法。我国正在向全面建成小康社会迈进，2020年以后要向全面推进社会主义现代化迈进。两个"全面"都要求全面发挥各级各类人才的作用。

这些年我们对自然科学人才比较重视，对社会科学人才重视不够。对技术开发人才比较重视，对基础理论研究人才重视不够。对科技类型人才比较重视，对管理人才重视不够。例如，对管理人才重视不够，主要表现在管理人才的待遇重视够了，但是他的能力、素质和岗位是不是相匹配。在发挥人才作用当中，既要创新体制，又要创造良好环境。而在体制机制改革没有完全到位的情况下，管理型人才特别是战略管理型人才的素质能力怎么样，他们的心胸、视野怎么样，对发挥科技类人才具有非常重要作用。

举个例子，我到地方调研，地方同志跟我讲，一个局级干部调到省里社科院当院长，来到社科院以后发现研究人员都不坐班，很不理解。这说明有一些从事管理工作岗位的人，不能很好地理解专业技术人员的工作特点，对这类人才往往抱有"工具型人才"的理念。而面向未来，我们的战略挑战是非常之大的。德国提出工业4.0，现在产品的合格率已经达到99.9988%。日本提出到2050年靠科技成为世界经济第一强国。

---

① 薄贵利系国家行政学院国家战略研究中心主任。

所以战略管理型人才非常重要,要探索怎么样去培养,怎么样去造就,怎么样使他们能岗相宜,发挥很好作用。

我曾建议加强高级公务员国家战略能力的培训。2000年,美国耶鲁大学就开创了一个前所未有的培训班——大战略研习班,培养美国21世纪国家领导人。未来的领导人既要有丰富的实践经验,要有宽阔视野,同时还要有足够的战略理论知识和素养。如果高级公务员心胸视野、知识能力不能适应岗位需要,那么中央的一些大政方针想要落实,想充分发挥人才作用就比较困难。

人才创新需要打破一些传统,想人们所未想的事,就要研究人们未曾研究的问题。我们要创造环境,而创造环境有待于战略型的管理人才,他们对技术类人才,对研究型人才,对科技人才要给予充分的理解和尊重,创造良好环境,让这些人才真正发挥作用。

(八)人才培养机制建设刻不容缓

林泽炎[①]

第一,从宏观层面看,首先应解决机制建设问题,解决人才发现机制问题。各类政府机构每年培养那么多人才,还是深深感觉人才是不够的。现在很多单位,用人依靠领导眼光所及,没有广泛深入发现人才,当然就不能解决人岗匹配问题。

第二,急需要想办法解决人才不同体制之间流动问题,也就是人才合理配置问题。现在很多体制内的人流动到体制外去,在某些领域是体制内人才比不上体制外,体制内机构当然竞争力就弱。当前移动互联网时代企业转型升级面临的也是人才的问题。

第三,技术层面的问题。在目前移动互联网的时代,如何实现企业人才的优先开发?在2003年我曾受有关部门委托做过相关课题,说明国

---

① 林泽炎系中华全国工商业联合会研究室主任。

家层面越来越重视这个问题。移动互联网发展是改变中国、改变生活生产方式的重要技术变革，如何做好人才的管理和开发很重要。

在某市工商联沙龙活动上，一位企业家说，如果互联网变成一种业态的话，将会对国家和社会带来一种灾难，在场80%企业家都举手同意。企业界为什么有这样的理解？这是整个世界的技术发展趋势，如果不清醒认识并主动适应这种趋势，对社会将有很大的消极影响。

（九）实施"十三五"国家人才战略可以从六方面着手

郑其绪[①]

强化"十三五"国家人才战略可以从六方面着手：

第一是英才引领未来，人民创造历史，要突出高精尖人才的导向，注重领军式人物的发掘。

第二是对人才价值评价是基本出发点，对人才发展方向的引导，是处理好当前引进人才与本土人才、老一代人才与新生人才若干矛盾基本准则。

第三是人人皆可创新，事事皆有创新。党的"十三五"规划建议提出，要培育发展新动力，激发创新创业活力；推动大众创业，万众创新。我个人感觉万众创新还没有被万众接受，需要进行一次思想大解放，破除对创新的神秘化、虚无化、庸俗化，要客观、辩证、全面地认识创新，把"万众创新"的口号变成行动。

第四是人才以用为本，用人以全为要。用人要强，辩证地看待用人问题，允许多种用人方式并存，但是要处理好各种用人方式之间的矛盾，达到全面用人的目的。

第五是加强人才评价，形成激励机制。评价机制对人才具有巨大的导向性、激励性和规范性。评价机制建设是人才工作的一项核心工作。

[①] 郑其绪系中国石油大学原党委书记，中国人才学专业委员会理事长。

评价对人才的发展对各项管理都具有不可替代的作用，但是在一些地方对人才评价重要性认识不足。有的虽然有强烈的愿望，但是没有评价方法等。

第六是警惕人才异化，及时做出反应。人才异化，就是人才发展脱离了正常轨道，向着危险方向转化。如今某些领域出现人才异化现象，包括经济腐败、政治信仰缺失等问题，其存在不仅无法创造社会价值，反而对党和国家造成损失。在处理人才异化问题上，我国还有许多问题要解决，许多工作要展开。

（十）用大数据解决人才发现问题

王通讯[①]

人才机制体制创新，我们从小角度研究它容易讲透。

时代变革问题。机制体制离不开时代，如果工业化时代已经成为过去，而我们的思维还在过去，是讲不好创新的。有同志认为，大数据对他们的企业是摧残。我估计，这样的企业很快就会被时代所淘汰。

比方人才发现、人才争夺、人才引进的机制是人才发现评价机制。人才发现评价机制全国都在做。过去是领导说了算，叫目光所及。因为领导看到人才、发现人才，但他没有发现人才的工具。什么工具呢？大数据。现在我们如果离开大数据，离开"互联网+"谈人才问题非常容易失误，这是我一个强烈的观感。大数据时代将要颠覆我们过去很多的认识，颠覆我们的人事管理、人才管理。

有人认为，人才的评价和发现，第一靠大师推荐，第二靠同行评价，第三靠实践检验。但这三种机制都是不全面的。大师推荐有时候不可靠。同行评价可能遇到不断告状的"小人"。实践检验费时费力。大数据时代我们要用大数据解决人才问题。

大数据解决人才问题有三个方法：

---

① 王通讯系中国人才研究会学术委员会主任，中国人事科学研究院原院长。

第一,搜索与评价功能。搞搜索与评价的是大数据科学家,比如著名的科学人才评价公司汤森路透,从2002年到2015年猜测准了38位诺奖得主,就是应用了大数据。把全世界发表论文多少篇,在哪个领域都列出来。再通过文章被引用的次数,猜测谁将是诺奖得主。因此,大数据是搜索武器。

第二,积累和聚焦功能。大数据把人才档案跟整个网络结合。当今中国最懂大数据的是马云,他关于我们每个人有一万个标签,姓什么、叫什么、爱干什么、有什么毛病、几点起床等。把大数据积累起来建档案。这种档案是我们人才选拔很好的材料,还可以考察一个人的道德品质。还有人用人才雷达寻找人才,通过九个纬度调查人才状况,比方个人的自然状态、朋友状态……靠积累这些信息产生很强的搜索功能或聚焦功能。

第三,最近美国大学老师研究人的表情、性格、才华。计算机扫描你的脸部,肌肉一动就是你自己不能控制的、下意识的动作,这叫作行为动力学。这种方法能够知微见著,通过小动作知道你是什么类型的人才。

(十一) 推进人才战略规划评价机制

曾湘泉[①]

讨论用人机制和体制问题,我主要谈以下几点:

第一,问题本身的重要性。过去十年,我们对人才工作越来越重视。我国召开了两次人才工作会议,还出台了很多文件,提出人才优先发展战略。人才领域有很多说法、理论、概念,当然还有更深层的问题,包括talent概念能不能概括,这对做研究的人都是挑战。但是整个人才工作政策特别多,梳理有难度。人才机制体制改革从中长期发展规划纲要到现在为止,推进力度还不够。

---

① 曾湘泉系中国人民大学劳动人事学院原院长。

"十三五"规划明确:"加快建设人才强国,深入实施人才优先发展战略,推进人才发展体制改革和政策创新,形成具有国际竞争力的人才制度优势"。我们这些年来还是取得很大进步的,比如这些年中国的大学都在进行国际化人才招聘。但规范机制体制没有。人才激励方面也有很大推进,海外人才适用的报酬是另外一套体系,突破了原来制度内的薪酬制度,海外人才招聘的薪酬按40万,有些学科更高。我们也慢慢认识到海外人才机制使用不是简单开一个招聘会,甚至公开选拔制度就可以,还要注重本土人才的培养,等等。

近些年来,人才工作其实取得了很多成绩,但是人才机制和体制问题还是没有根本性的突破。大学校长、院长怎么产生?需要什么样的体制呢?还是传统干部任免考察方式吗?从国际经验看,一流大学校长、院长是从全球选拔的,国有企业改革碰到同样的问题。

激励问题也有很多人讨论。如果我们用职业经理人观念来看,这些人不完全是职业经理人,不应该按照市场化准则做。但是从长期看,包括体制内外的人,这些激励机制怎么建立,强调内在报酬,也强调外在报酬。这个机制怎么做?应该描述出来。

人才的评价机制应该继续推进。例如,故宫博物院做了人才规划。我们故宫博物院比台湾的藏品要多很多,我也看过台湾故宫博物院、大都会管理机制,故宫博物院真正需要的人才是文物鉴赏鉴别、古建筑修缮人才。如果按照专业技术人才评价机制,外语这些人能考过吗?人才的评价机制只是一个方面,其实在很多企业、事业单位,包括在政府,干部分类管理问题很突出。不同类型的公务员依据不同的评价标准,这些应该成为现在重点研究的问题。

人才机制体制问题很大,内容也很多。中国应该首先在人才战略规划评价机制方面推进。我们曾在2004年给北京做2008年人才战略规划时,研究过九个国家人才规划架构模式。国外战略规划怎么做的,为什么这么多工程?有的实施了,有的没实施,有的实施得并不好。国外除了做规划、愿景、使命、战略目标,最后一个大东西就是战略监督实施,这是必不可少的部分。人才的机制体制建设首先要把人才规划战略的评价实施机制放到一个重要角度来考虑,这样人才工作才会不停留在政策、口号、文件层面。

(十二) 推动人才法制建设发展

马抗美[①]

我国人才工作这些年取得了非常大的进步和成绩,但是,人才法制建设方面相对滞后。人才工作面临的情况非常复杂,利益格局盘根错节,特别是国际人才的竞争压力非常大,如果我们还按照原来的思路,主要靠政策、文件来推动人才工作,可能不能为人才强国战略的实施提供最有力的保证。我认为,应该运用法制思维和法制的方式来推动。

具体从两个方面论述进一步推动人才法制建设的发展。

第一,抓紧制定人才基本法。人才开发促进法的制定任务在2010年人才发展规划纲要当中就提出来了,"十三五"期间应该提上议事日程。我国把人才开发促进法按照国家人才发展建设的基本法定位,人才领域当中有这样一部法律处于基础性的、综合性的地位。应该把我们国家关于人才工作这些年倡导的人才基本价值观,人才工作的大政方针,人才战略规划都以法律的形式体现出来。在法律引导之下再制定一些人才工作的各个领域、各种类型人才问题的具体法律法规,形成具有中国特色的人才法律体系。

第二,加快重点领域和急需领域的人才立法。人才领域问题很多,从哪入手很重要。我们国家立法也有非常严格的程序,立法资源也很紧缺,立法不是简单的事情。但是我们可以加强研究,把人才工作当中的一些重点领域,或者是我们急需的人才队伍的建设,比如"十三五"规划也提出"高精尖缺"人才的法律,可以先制定出来。

举两个例子。第一个,我国要引导人才到西部、基层就业。国家出台一些举措,比如"三支一扶"、西部志愿者、特岗教师等,也取得了一定的成效。但是这些工作运行基本还是政策驱动的模式。我国没有一部关于引导人才到西部到基层服务的专门性的法律规范性文件,到西部

[①] 马抗美系中国政法大学原党委副书记、副校长,中国人才研究会副会长。

到基层去的人权利义务没有法律的界定,包括角色定位、生活待遇的保障等。因此,他们的发展前景也都不是很明确,仅仅靠一个政策说一件事。促进和鼓励人才到西部、到基层,也远没有成为全社会的一种共识和自觉的行为。把这件事的战略意义通过法律形式明确下来,把以前程序的经验明确下来,人才合法权益的保障用法律形式固定下来。

第二个,大数据和"互联网+"时代下知识产权的立法,也对人才工作提出了挑战。知识产权法律在我们国家起步还是比较早、比较完善的。但是现在大数据和"互联网+"时代的到来,提出了很多新问题,原来知识产权的界定、形式、内容和保护权限,没有办法解决现在新出现的问题。不能有效保护人才的创造性劳动成果,就没有办法激发人才的创造热情,亟需加强这方面法律建设。

(十三) 制定合理的人才战略　解决干部体制问题

薛永武[①]

如何正确认识、处理好文科人才和理科人才关系,对制定符合国家战略需要的人才战略非常重要。文科和理科必须协调发展,科研项目政策激励机制,对人才的发展有重要导向作用,人才激励导向的偏重会使社会发展失去平衡。要使传统文化成为我国文化软实力,走出国门走向世界,就要对传统文化精华有正确理解,追求理想、追求真善美。人的世界观、价值观、金钱观、权力观是人文社科的内容,出现问题会导致人才异化。为了各类人才的可持续发展需要加强人文素养的建设。

解决干部体制问题,逐渐完善干部队伍建设,是目前整个社会改革的重点、难点和关键所在。这个问题不解决,我们研究一切人才问题都无法落到实处。

[①] 薛永武系中国海洋大学教授,山东高校干部与人才研究基地主任。

干部队伍出现问题的原因主要是：选拔任命的透明度不太高，缺乏群众推荐，缺乏媒体舆论监督，过于依赖委任制，党管干部的机制没有落实。

公务员选拔也可以采用推荐、竞岗、考察、任用的基本思路，通过推荐了解候选人的群众基础、人品和能力；通过竞岗有效减少人才埋没；通过考察多维度、全方位了解候选人情况。组织人事部门通过前三步的细致工作，了解候选人情况基础，提出拟任用人选，按照考察情况对多个候选人进行排序，最后把情况报送上级党委研究决定，这有利于党组织扩大选才的视野。

（十四）高校人才引进和发展的经验介绍

边慧敏[①]

省属高校和教育部高校在改革开放之前，差距不大。近期差距慢慢越来越大，全国都是这样的。这里很重要的原因，一方面是国家资源支持给教育部部属院校多一些，地方院校少一些，但是很重要的就是用人自主权。我这些年很有体会，教育部学校基本上是用人自主权给你，省属高校差别很大，对高校管理基本跟事业单位一样，差别就出来了，这个差别是因为人才制度。2016年四川省委组织部对高校人才队伍建设做了调查，对四川省属高校和教育部高校做了全面调查，得出上述结论。

我们在2005年做了一个方案，传统的体制一刀切，全部从十年前是新体制了，教师就是联席制，管理人员就是聘用制，十年前这个举动还是挺大的。当时我接受这个重任，做方案实施，做了十年下来感触真的很深。

学校改革方面，硬条件、资源准备是有的，硬条件总的好办，软环

[①] 边慧敏系西华大学党委书记。

境建设是很重要的。首先要强化共识、促进认识，整个学校大讲发展，大家达成共识，然后做改革。我们在2006年1月1日开始全面实行联席制加聘用制，按照合同签协议，三年一个聘期，两个三年制后就可以任长期教职。十年做下来应该说是做到了，里边有很多的方式。

除了这个之外，对人才有硬性引进和柔性引进，15个学院里11个院长是海归院长，引进了一大批学术带头人，主要是从国外引进的，国内也有，包括王辉耀院长。当时成立了发展研究院，聘的是教育部经济学部召集人李晓西，后来王辉耀院长接替李院长，我们当时做了四个特区，方式有很多。我们做了这些年之后，引进的海归人才、海归的模式在全国高校经管类是最多的，太大牌的全职引进不来的，柔性引进起了很好作用。在十年间总共引进管理人员和教师1 000多人，对学校各个方面发展起了非常好的作用，教学、科研各个方面全方位提升，比如科研，数千倍的增长，我们有很多数据显示。而且我们也做了智库，在全国非常有影响，包括中国家庭金融调查，研究中心的院长是海归院长，在世界影响力都很大。

我们的人才培养，专门做了几种方式，有全英文教学的，把国外优质教育，包括培养模式引进来。现在这种做法在全国很多大学已经在做了，而且毕业生的百分之六七十进的都是一流学校，包括哈佛、耶鲁、剑桥、普林斯顿。各个方面变化都非常大，而且起到了很好的效果。

在这些方面，我们有很多的经验，当然也有一些教训，但是总体来讲应该是非常成功的。西南财大整个上下范围，我们引进来的人，包括柔性引进和全职引进，带动过去的人才大家一起交融发展，都发展得非常好。金融学院的院长也是引进过来的，他就是刚毕业不久的博士，十年时间成长为领军人物，带动培养了一大批人才，整个师资队伍的素质和人才培养的质量都上升了很多。

现在高层次的人才大家都提到市场化的问题，如果待遇明显低于市场是留不住的，对人才就是客观的评价。待遇，比如海归人才引进，我们协议工资制，每个专业不一样，完全是市场化，同样的经济类，会计、金融、经济学都不一样，收入待遇是市场化的，有市场竞争力。

同时，事业发展的问题。在2006年我们专门成立了教职工心理健康与人力资源开发中心,这个中心更重要的是做职业生涯规划。我们对教职工都要做,但是对人才尤其是关注,比如他们的职业发展,我们三年一次,三年过了再做三年,从他的职业发展关心他,待遇留住他。总之,留住人才的硬条件该给一定要给,软环境和事业发展方面,待遇留人、情感留人、事业留人,软环境就包括情感。

(十五)引才要重视需求匹配 重视人才价值 建立合理的制度框架

薛 澜[①]

第一,树立科学人才观,与需求匹配最重要。现在常常提到引进高端人才,各个地方落户都有引进人才的各种各样的要求。所谓高端人才有一定客观的标准,但是更多情况下还是用人单位和实际之间到底有没有匹配。2014年,清华大学组织一些院长、系主任到国外学校考察,到普林斯顿大学招生部门。那里的工作人员也算是我们定义的人才专家。其他学校很多人要聘请他,因为在普林斯顿工作时间长,有感情,所以一直留在这里。我国国家实验室,包括实验室的主任、科学家人才,流动性是比较大的,但往往几位实验室的技工十分稳定。科学家也是半开玩笑说技工才是这里真正的主人。如果没有高水平的技工,很多试验实现不了。这类人才工资也挺高的,跟科学家差得也不太多。但是,在我国目前政策体系下,他们算不上高层次人才。因此,我国人才观念首先讲到层次,而在国外并不区分高层次或者低层次,跟需要匹配的就是最好的人才。

第二,人才的价值怎么确定。我始终感觉,像我们大学这样单位的工资体制问题,对我们国家人才发展有很大影响。本来知识密集型的机构,像大学、科研机构、医院,都是复杂知识劳动机构,在我们国家

---

① 薛澜系清华大学公共管理学院院长。

叫作事业单位。事业单位基本工资非常低，要通过岗位绩效来弥补，把复杂劳动知识型价值体现方式跟低技能劳动者混在一起了。这样的机制造成目前各种乱象，不管是高校还是医院、科研机构暴露出来的很多问题是基本的工资体制问题。政府部门的公务员体系也面临同样的问题。

第三，现在的制度框架。一方面有不合理的框架要打破，另外有些合理的框架需要建立。最近很多对党政干部的要求也延伸到事业单位，在很多高校、科研机构正常的国际合作交流面临困难，应该将高校的机构和科研机构区分开。还有是人才流动问题。现在好多框架对人才流动有限制。几年以前，北京一座985高校想引进香港的一位学者。因为年龄超过50岁，在北京落不了户口。这个问题如果放在20年前可能确实解决不了，但是到今天还是没有解决。可见我们要建立国际人才优势，任务还是很繁重。

另外，也有些制度框架需要建立，建立更加灵活用人机制。最近几年，医生多点执业问题引起关注。目前，医疗体制比较固定、封闭，基层医疗机构没有好医生。大医院医生应该利用业余时间在其他地方执业，弥补基层医疗资源的短缺。实事求是讲，这确实也容易带来责任问题。医疗服务有风险，以前责任体系是他所在单位，行医过程中其他地点行医出现责任到底谁来承担？这里的制度设计需要把问题梳理清楚，需要建立一些规则。

（十六）提升人才国际竞争力　推进中国国际人才中心建设

沈荣华[①]

我参加了2003年、2010年两次中央人才工作会议的文件起草工作，见证了中国人才发展最好的时期。用四个字概括人才工作，是"前所未

[①] 沈荣华系上海市公共行政与人力资源研究所名誉所长，中国人才研究会学术委员会副主任。

有"。第一，党中央对人才工作的重视程度前所未有。第二，实施人才强国战略的决心前所未有。第三引进海外高层次人才的力度前所未有。第四，大众创业、万众创新的成效前所未有。2000年上海市提出人才国际化三句话，第一，人才构成的国际化；第二，人才素质的国际化；第三，人才活动空间的国际化，人才资源影响力的半径大不大，不光集聚，还要溢出。

我国人才国际竞争力面临的形势严峻，主要表现在三个方面：第一，我国国际化人才数量不足；我国外国人口占常住人口比例只有0.06%。上海在这方面是走在前面的，比例是0.73%。但是这个最新数据，还不及上海二三十年代的2%。第三世界这一指标的平均水平是3.3%，发达国家的常住人口比例达到10%。我国都低于这些水平。上海金融人才35万，国际化人才大概2%。第二，我国环境不利于国际化人才的集聚，包括生产环境、工作环境、法制环境和文化环境；第三，我国培养国际化人才的能力不强，国际化人才的培养还不够。我们认为，企业家是竞争出来的，不是培养出来的。

人才国际竞争力有五个评价标准。一是支撑度，讲经济、社会总体的水准和基础教育；二是宽容度，讲人才结构的跨文化容量；三是融合度，看不同背景文化人员之间的沟通、理解和合作；四是流动度，全球范围内引入输出的集散能力；五是影响度，人才资源影响力的半径。

由此，可以通过推进中国国际人才中心建设，通过量的积累、质的调整和最终进入世界前列三个步骤来实现。同时，要实施国际人才四大战略。一是改革战略，从政策推动走向制度创新，通过制度改革来谋求对人才的解放。我们改革开放30多年，基本都是靠政策推动，未来30年或者更长时间就是要靠制度创新。目前，用人制度和分配制度还缺乏颠覆性创新，国有企业领导干部大多是任命的。二是开放战略，从封闭式走向开放式，率先实行聚天下英才而用之。三是环境战略，从硬环境走向软环境，实现人格素质整个高移。四是文化战略，从单一文化走向多元文化，创造中西方文化融合的、良好的国际人才氛围。

（十七）建立具有国际竞争力的人才制度比较优势

张冠梓[①]

建立具有国际竞争力的人才制度比较优势，要从三个层面理解：第一，国际的竞争首先是人才竞争。现在整个世界变成狭小拥挤的地球村，文化交织，要保证军事、经济实力以及文化软实力、话语权，所有依托都在人才。现在把这个问题提出来，是现实形势所迫。第二，人才流动是全球范围的流动。所以人才比较是全球范围的比较，我们面对的问题是全球性问题。我们的市场是全球性的市场，资源是在全球范围内盘点资源，人才也是应该在全球范围内进行配置。第三，和各个国家、地区比较才能谈优势，具有国际竞争力的人才制度比较优势必须放在全球范围内进行比较。

怎么理解这个事情呢？我想从四个角度理解：

第一，开放性。我们的制度设计，包括体制机制在很多方面都过于封闭。体制内外好多制度的藩篱突破不了。我做人事工作有很具体的体会。一个单位，包括社科院、高等院校、党政机关、事业单位，存在两套人马，一个是体制内，一个是体制外，待遇、晋升空间、使用完全不一样，是不能打通的。还有一个问题，事业单位分类改革现在基本叫停了，因为推不动。事业单位自己就分成工业一类、工业二类，自收自支的，参公的……这里千差万别，和国家的资源配置、财政配置、机构的设置编制都有关系。除了事业单位以外，整个各级各类单位，包括党政机关、事业单位、企业这三者是打不通的。编制外人员做研究室主任、副所长是十分困难的。

第二，灵活性。现在人才政策灵活性不够。比如绿卡待遇问题出台前跑了25个部门，协调很多年，最后落地还是有问题。人才服务也有很多障碍。

第三，市场性。国际人才管理的市场化程度低，包括管理的态度，服务的态度。人才服务的思维方式也需要改变。例如，我们要引进一个

---

① 张冠梓系中国社会科学院人事教育局局长。

所长，这个所长在某一个领域是数一数二的，属于名家之级的，但最后没有引进来。因为他没有管理岗位的积累，从来没有做过处长、研究室主任，一下到所长不行，必须从所长助理开始做。最后人才就不愿意来了。社科院所长不光是管理岗位，更是学术代表性人物。怎么样让专业人才和管理岗位形成一种对接、衔接和匹配，很重要。

第四，包容性。不同领域、行业、类别之间的人才流动通道没有打通。中央层面还好，央企董事长可以到省里当省长，但是下面层级就没有制度遵循。例如我院的出版社，如果按照干部管理的话没有岗位，如果不按干部管理，其他政治待遇、生活待遇如何匹配？这都是很难的问题。这是制度优势和劣势需要考虑的几个视角。

最后谈几点建议：

第一，人才问题必须打通。产学研之间打通，体制内外打通，理论和实践也要打通。好多问题都是十年八年之前接触到的话题，理论都是很超前的，怎么样能够运用到实际需要考虑。

第二，政策需要落地。好的点子，好的主意，我们都很熟悉。考虑国外怎么样管理教授、管理学生，怎么样产生学院的院长和系主任，转化为国内的做法，然后又能够结合中国实际落地。

第三，尊重人才是工作前提。我们引进了好多"千人计划"人才，效果是很好的，但是为什么这些人留不住，很重要的原因是没有尊重人才。政策制定、管理、服务过程当中，都不要替人才做决定，而是要有服务精神。

（十八）人才优势的建立需要重视人才的引进、使用和保护

杨河清[①]

人才优势的建立要注意两个方面：

第一，人才制度优势除了引进和使用方面的政策制度，更重要的是

[①] 杨河清系首都经济贸易大学劳动经济学院原院长。

人才培养制度。要建立合理的人才培养制度，教育制度改革很重要。改革应该注重两方面，第一是创新思维的培养，第二是道德教育。中国教育从幼儿园开始就需要进行改革，创新思维的培养应该从小开始，而不是从大学强行灌输，所以要从幼儿园开始进行教育改革，注重激发创新灵感，培养创新思维。同时，应该重视道德教育，人才培养过程中重视道德教育，真正能够对道德教育有所控制，对社会大有益处。所以，从幼儿园开始，就应该树立正确的义利观，才能为社会培养出真正有用的人才。

第二，在保护人才方面。我国存在两个比较严重的问题，一个是体制机制的不合理不科学，另一个就是过劳死问题。体制机制对人才缺乏保护，出现了许多擦边球、钻制度甚至法律空子的情况，影响了人才有用性的发挥。人才过劳死的问题反映出我国在人才保护理念上不重视人才生活和工作的平衡，为了延长人才的服务年限，应该对该问题引起足够的重视。要解决这两方面的问题，必须提出新的观点、制度、措施，包括体制机制的科学性、合理性，人才健康问题等。

（十九）高校人才体制机制改革面临的两大问题

杨红英[①]

参加跨界的研究和研讨对丰富高校人才工作，转变我们的人才工作方式有很大的推动作用。人才改革30多年来遇到过困难，人才发现评价机制方面、职务晋升方面、薪酬激励机制建设方面会有。我在这里谈两点：

第一，虽然国家对高校智库建设倡导，高校智库人才队伍的聚集和评价成为当下急需解决的问题。在过去十几年当中北师大在服务国家人才战略需求进行智库建设方面做出了很多的努力和探索，比如我们在十

---

① 杨红英系北京师范大学人才工作办公室主任。

年前成功引进了国务院政策研究中心的刘小新教授，我们也为他搭建了经济与资源管理研究院，同时还在西南财大发展研究院担当前任院长。通过十几年努力，经济与资源管理研究院产出成果也非常丰富，并且也引起了高层的关注。在总书记新年讲话过程当中大家也注意到了，桌上有一本绿色指数发展报告，就是由我们经资院、西南财大一起在刘小新老师带领下的成果。此外，前几年也邀请到了国务院政研室原主任魏立群，为他搭建了中国社会管理研究院，在短短几年当中，在魏主任带领下成果也非常丰富，特别是他作为中国行政体制改革研究会的会长，跟北师大中国社会管理研究院合作，提出大数据战略治国的理念。

成功的案例使得我们在探索高校创建智库方面增加了很多的信心，今天在座也看到了资深人才工作的研究专家，在此借这个平台和机会向各位专家发出邀请，希望在你们方便的时候能够来到北师大指导我们的人才工作，和我们开展更全方位的合作，共同研究，我们也会积极为各位搭建研究平台，发挥大家的作用。

第二，人才队伍的建设经过十几年的发展，所有高校都应该有一个共性的特点。经过这十几年，我们的规模、各高校人才队伍规模已经相对平稳了，经过高速发展以后已经相对平稳。接下来人才工作重点主要在于人才队伍结构的优化和人才队伍质量的提升方面。在国家中长期人才规划里谈到以人为本，经过了长期的人才引进以后有一个相对规模的人才队伍的前提之下，如何稳定一支高水平领军的人才队伍是我们当下要解决的非常现实的问题。

参会的有位老师讲到，现在人才有向南方流动的趋势，我们北师大确实受到了很大的影响，比如中山大学、深圳大学、南方科技大学向我们各类人才示好，那边力度很大，这真的是需要亟待解决的问题。南京大学、上海一些大学有些人才都往广东流动，我担心这是未来各个大学都会遇到的问题。

很高兴听到西南财大在人才遴选、发现、人才稳定、高校人才退出机制方面都有很好的做法。高校人才队伍的退出机制的研究是高校一直以来很大的困惑，如何建立退出机制是未来各高校需要面临的一个共性问题。

（二十）成功的创业者需具备战略思维　不断创新、转型

王广发[①]

结合自身经验，我认为，创业创新预示着风险，把握好风险就会化解，把握不好就会失败。

从个人来讲，成功的创业者要具备战略思维，把握市场变化，把握整体趋势，不断创新、转型，行动前调查充分、研究彻底再行动。万众创新会为个人创业带来更大的风险，预示着变化更迅速的市场，产品面临着随时被市场淘汰的可能。在这种情况下，创业者要处理好破与立的关系，要敢于突破，敢为天下先，持续、科学、稳定发展，不断地转型，不断地创新。

对于怎样突破，我认为，创新突破不但要科学，更要依法合规，在必要的时候创业者要敢于利用先进理念和人才打破固有传统，甚至自己的利益团体，要有革命精神、现代化的精神、与国际接轨的精神，先进理念的精神，实现持续、科学、稳定发展。做到这一点，还要从娃娃抓起，解决教育转型、国际人才接轨的问题，促进教育健康发展。

在化"人口红利"为"人才红利"的推动下，在党和国家的倡导和引领下，我国先后出台和实施一系列的针对人才工作的政策和制度。最近，公布的北京创新发展的20项出入境政策措施，更是从外国人签证、入境出境、停留居留等方面为人才提供便利，CCG全程参与了该项课题的研究，所提出的多项建议被采纳。"十三五"期间，人才工作的重要性更是被提上了一个新层次，建设人才强国，深入实施人才优先发展战略，是对人才工作的新要求。在这样的大背景下，我国的人才工作更需要扩宽思路，从顶层设计、体制机制改革、国际人才引进、建设人才制度优势等方面入手，营造一个宽松、适宜、与时俱进的人才环境与制度环境，在国际人才竞争中抢占优势，促进"十三五"规划的顺利实施。

---

① 王广发系法政集团董事长。

（二十一）创业创新环境下如何用好人才

王旭东[①]

通过对如今创业现象的剖析，我认为，从宏观上，创业最重要的三个要素是环境、机制和人才，环境靠国家、机制靠部门、人才靠自己。从微观上，创业也有三要素：创业模式、创业资本和创业人才。如今，创业模式雷同、创业资本持续性差。所以，宏观和微观重合的就是人才，可见人才问题的重要性。创业创新环境下的人才问题就变得尖锐、突出。

什么是人才？我认为要具备三个特性：关键岗位的骨干助理、重要性和引领性，即使没有引领性，也要具有不可替代性。如今我国企业的用人机制与国际标准有一定的差距，不能很好地做到把最最重要的人放在最关键的领域。

在创新创业领域，人才问题应该着手以下几点：

第一，创业创新环境下怎么去发现人才。要注意三不原则：不能只看资格，不能只看资历，不能只看专业。

第二，创新创业环境下人才怎么使用。辩证看待人才优缺点，取长补短。

第三，创业创新环境下人才激励和爱护很重要。对人才的激励不能只靠政治教育和物质奖励，要发掘更多的激励资源，建立合理的激励机制，才能激发人才的积极性。

第四，创业创新环境下的人才培养。首先要正视人才的缺点，包容其缺点，再进行教育与培训。

---

① 王旭东系公信投资管理有限公司董事长，中国国际技术智力合作公司原总经理兼党委书记。

(二十二)人才战略首先要提高全民的素质

陈新华[①]

我们不能追求GDP,追求发展,就忘记了一些本质性的东西,工匠精神、企业家精神。教育要改革,在成千上万人要走独木桥考清华、北大的同时,我们不能忽视培养每个人作为公民最基本的素质。

我是搞能源研究的,原来在国际能源署工作很长时间,也在BP工作很长时间,一直在体制外,在跨国公司,或者国际机构里工作。天生我材必有用,每个人都是人才,国家的义务是提高每个公民的学习、知识和能力,所以就中国人才战略应该把它放在如何提高13亿多人口整体素质、知识水平和能力水平的高度来讲,要不然到底什么是人才,人才在哪里?我觉得目标要先明确,应该大幅度提高全民的能力与水平。

第一,人才的培养,从国家层面来讲,就是要全面提升每个人的素质和能力,特别是道德层次。怎么回归传统的价值文化,怎么使每一个中国人都能够提高道德水平,价值水平具有重要意义,素质的提高能够提高知识能力,促进全民学习。

第二,要形成一个机制。时代和机制造英雄,要不断完善人才体制机制,无愧于创新创业的好时代。

以公务员为例,美国就是旋转机制,你在政府里工作多少年,再到企业工作,再回来,几年出去了学习、长知识、经验丰富了,回来你的决策,执政的能力大幅度提高。现在国家也正在做这些事情,比如公务员干了一定时间以后到地方挂职再回来,挂职跟真正在企业里面打拼出来完全两回事,所以我建议在公务员培养方面,应该把公务员选聘跟"互联网+"结合在一起,任何一个岗位全社会竞聘。建、选、竞、人、荐,全社会毛遂自荐,而并不是局限在小单位范围里。

---

① 陈新华系挪威国家石油公司中国区总裁。

(二十三) 二线城市吸引人才的经验分享

陈顺娇[①]

东莞大家不太陌生,更多停留在大家印象当中的东莞还是工人多、工厂多的劳动密集型城市,事实上在座的一些专家和领导也到过东莞,对东莞印象都是非常不错的。大家不会担心 PM2.5 太高的问题,也不会担心交通堵塞问题,同时经过 30 年发展工业基础非常好。目前,创业人才吸引优势越来越明显了。从 2008 年开始东莞提出产业转型升级,当时因为受到国际金融危机的影响,东莞整个工业体系、生产总值等受到了非常大的影响,最低的时候降到 2%左右。经过几年调整,东莞 2016 年生产总值已经突破 6 000 亿元,在全国地级市来说是不小的量了。我们整个产业结构的转型被中央、省里推荐为地市典型样板。

我认为整个过程中离不开东莞对人才工作的重视或者是前瞻性的规划,这里跟大家探讨的是东莞作为夹在广州、深圳等一线城市中间,夹缝中生存的二线城市,在人才工作方面的问题。

第一方面,作为二线城市,人才工作的发展首先离不开强有力的政府引导和带动。比如广州、深圳、北京、上海的科研院所、大学比较多,产业布局比较完善,人才自然往这边流。二线城市如果没有很好的顶层设计,在人才工作方面是举步维艰的。东莞也探索了很多办法。一些专家提到人才工作目前事实上有一种上热下冷的态势,尤其在基层到了市一级,像东莞那样每年投入 50 亿元推动人才工作的不多。从 2015 年开始东莞就把人才工作纳入了人才考核的体系,从过去考核 600 分总分里 3 分的比重提到 30 分,这就颠覆了过去领导干部对人才工作可做可不做的印象。

第二方面,人才结构的规划或者优化要跟产业结构规划和发展同步。现在人才工作跟产业结构规划有点剥离的现象。以东莞例子来说,有不少千人计划专家到我们这里创业,为什么选择东莞?西门子给千人计划

[①] 陈顺娇系广东省东莞市人才工作领导小组办公室专职副主任。

专家800万美金创业经费,最后他落户在东莞,问他原因,东莞产业配套能力在全世界范围内制造业是走在比较前面的。对于从事工业制造的人才来说,这方面优势可能会比北上广还要突出。我认为,在地方发展人才工作的时候必须要有突出优势注重与产业相结合。

第三方面,好口碑,对于地方政府留住人才也是很重要的。不少专家跑了全国不少地方,最后选择落户东莞,对人才的承诺不敢说百分之百,也是尽可能满足。地方上特别高端的人才不是很多,我们也有一对一帮助他们解决问题的制度,这样服务好本地人才、立足好本地人才形成了口碑。对二线城市来说,好的口碑对政府吸引人才是非常重要的。

(二十四)中华民族的复兴需要人才的支持

刘敏华[①]

中华民族的伟大复兴迫切需要人才的支持,现在正是党管人才的大好时机,而党管人才关键要靠人才在科学技术方面的创新来驱动发展,所以人才是党执政兴国的着力点。但是现如今,就北京而言,虽然人才数量很多,人才的贡献率却不足,所以必须优化人才结构,提高人才贡献率,向发达国家看齐。

对此,我提出了四点想法。第一,需要营造多中心的创新驱动格局。在目前全球发展动力转换、产业革命和科学技术变革的前夕,中国需要多个创新中心,需要和世界通脉搏的科技创新布局。所以中国的科技创新中心不单在中关村、上海、北京,要形成多点发力、多块联动的协同创新格局,从而适应创新动力的转换,协同推动中国创新驱动发展。第二,面对双创格局,提倡先就业后创业,就业前要做好充分准备,切勿盲动。第三,创业创新并举,创新广于创业,要在鼓励合适的人创业同时,鼓励更多的人具有创新思维、实现创新行动,让创新成为民族的灵

---

① 刘敏华系北京市委组织部人才工作处处长、人力资源研究中心主任。

魂和经济社会发展的根本动力。第四，根据公安部出台的北京人才20条，鼓励留学生创新创业。一方面，留学生从国外来，可以引入国际化的要素；另一方面，来华留学生认可中国的文化、价值，能更好地在中国环境当中创新创业，并符合中国社会发展方向。

（二十五）人才优先发展战略需要转化为全社会的意识

占德干[①]

人才优先发展战略的关键是要将其转化为全社会的意识。通过对比中美两国石油行业的做法，可以发现我国企业对人才的培养和发展重视不足。所以，要提高竞争力，薪酬的增加是必要的，应通过提高薪酬，吸纳优秀人才，而不是降低工资使企业摆脱困境。被动等待行业复苏，会导致差距加大。此外，高校的人才培养计划应该更有战略眼光，应该积极为行业培养优秀人才，而不是只为减少成本而缩减人才培养规模。人才优先发展不只是一个口号和战略，还体现在社会的方方面面，例如，工程项目投资中必须保留人才培训经费。

主要有两个重要方面：

首先，就是怎样理解"大众创业，万众创新"。我认为，第一，"大众创业，万众创新"是改革开放以来的总结，要形成一种文化。如今我国在全球的地位决定了我们不能再走跟随式创新的道路，必须领先创新，这是全球化、信息化趋势的要求，只有引领创新，我们才有可能进入更大更成熟的市场；第二，"大众创业，万众创新"是改革开放进入更高阶段的体现，招商引资的时代已经过去，我国已经出现严重的产能过剩。所以，中国现阶段必须发挥人才的力量，靠"大众创业，万众创新"驱动经济，这就需要我们每个人立足岗位创业创新。

其次，创新创业中市场与政府的关系。我认为，从企业角度讲，政

---

① 占德干系中国石油天然气集团公司人才研究所所长。

府应该做到四点：一是完善市场环境，只有在市场化充分的条件下，人才才有用武之地；二是营造"大众创业，万众创新"的氛围，知识产权保护非常重要；三是解决人才管理方式的问题；四是要解决好衣食住行等保证基本需要的问题。

（二十六）青岛推进人才国际化的创新经验

于炳波[①]

2016年，青岛非常重要的一项工作就是推进城市国际化，城市国际化战略实施的最关键作用是人才国际化，人才国际化就是要营造出良好的国际化人才的生态体系，吸引更多的国际人力资本加盟到城市的国际化建设队伍中来。国际化人才生态体系包括很多内容，各位专家也做了很多精彩的阐述。王府学校校长也提到了很多，像中国在国际组织当中话语权的问题等。我们要融入国际社会就要通晓国际规则，了解国际人才管理的理念和方法，更贴近地丰富、完善国际人才管理的架构，主动去适应和影响全球国际管理的理念。这就需要我们来发挥外籍人才的作用，今天我们探讨更多的是中国人才，外籍留学生，探讨相对少的是外籍人才。

我是做引进国外智力工作的，这么多年来我们在引进外国专家方面更多是从项目、技术、专利等方面引进，专业技术人才占的比重是绝大多数。在管理层面引进的外籍人才相对比较少，专业技术人才引进来以后解决的可能是单项的问题，解决不了管理层面的软性的思想领域的问题。

我们想在公共机构领域开始探索实施外籍雇员制的尝试，建立外籍雇员的遴选、登记、考评机制，探索在一些非涉密领域进行外籍雇员制的试点，鼓励外籍雇员发挥自身特长，引进国外一些先进管理模式，丰

---

① 于炳波系青岛市外国专家局局长。

富我们的管理理念。让我们在坚持中国传统的，而且保证核心价值观基础上主动与国际接轨，推动国际合作，也便于我们中国下一步更好地在世界上发声。建议在尝试外籍雇员制过程当中，我们可以在体制内领域当中探索实施，如部分公共管理领域探索实施国际雇员制。

（二十七）教育培训尚待完善

贾忠杰[①]

我们所说的"双创"是教育的一个目标，之所以提出来，是因为我感觉到我们的教育存在问题。我们培养了一些人"眼高手低"做不了"双创"，或者做得不够，这是几十年的教育工作有待加强的。我从中国高级公务员培训中心主任位置退下来以后，以研究员身份专门研究做互联网教育，主要目标是对公务员培训，专业技术人员继续教育，企事业管理人员培训和技能人才培训。我们研发了人事人才培训网络的大平台，在做好这些培训的同时，2014年开始试着搭建了一个全国电商应用人才的培训平台。

说到继续教育，按照国务院的分工，继续教育是由原来国家人事部，现在是人社部分管的。当然现在所有的大学都有一个继续教育学院，我觉得高等教育与继续教育应该是相辅相成。我在美国考察过许多继续教育的学院，美国纽约大学继续教育学院罗勃特院长曾跟我讲，他的学生要比本校学生多，纽约大学本科、硕士、博士生是 50 000 多人，而他的继续教育学院有 65 000 人，学员大部分是在职的，有的岁数还挺大了，课程上没有冲突，更加灵活，而且经过考试会有学分和学历。美国大学继续教育学院是完全开放的大学，我们应该好好借鉴。

我国现在的一些学习培训依托了一部分大学的继续教育学院在开展，有面授的，有依托网络培训的。网络培训现在时髦讲就是互联网教育。

---

① 贾忠杰系中国继续教育协会副理事长。

四年前已经把美国慕课形式引进来了,但是效果不理想,原因是多方面的,核心的是利益分配没有设计好,没有搞好,在机制上头没有落到实处。

哈佛大学的慕课是免费学的,但要获得学历需要学分考试,100美元注册上一门课的学分,在哈佛大学常规选修一门课如果按学分制,一门课一般5 000~10 000美元,慕课就100美元,如果不参加考试可以一分钱不收。我们国内教育部也组织了一批学校做慕课课程,尚在摸索阶段。所以,我国目前培训教育还需要不断完善。

二、第二届中国人才 50 人论坛

2016 年 12 月 17 日,"中国人才 50 人圆桌论坛暨第三届发展与展望圆桌论坛"(以下简称"中国人才 50 人论坛")在西南财经大学举行。论坛由全球化智库(CCG)联合西南财经大学共同主办,西南财经大学发展研究院承办,论坛主题为"关于国家人才体制机制改革及四川人才发展战略研讨"。五十多位国内人才研究领域的知名专家学者、政府有关部门领导和企业界人士共聚一堂,围绕贯彻习近平总书记关于人才工作重要论述、五大发展理念,聚焦中国人才体制机制改革的重点、热点、难点问题,就推进人才发展体制改革、建立具有国际竞争力的中国人才制度优势以及新一轮西部大开发中系统推进全面创新改革试验区背景下的四川人才发展战略,进行深入探讨。

（一）只有走中国自己的路　才能实现中国梦

王晓初

人才体制机制改革的根本要求是解放和增强人才活力，充分发挥人才作用。党的十八大以来，习总书记对人才工作做出了一系列重要指示，前不久召开的学习贯彻关于人才体制机制改革的座谈会，其中重要的要求就是要落实人才体制机制改革，破除体制机制障碍，让人才创新创造活力充分迸发。党的十六大以来，中央在 2003 年出台了《关于进一步加强人才工作的决定》，2010 年制定了《国家中长期人才发展规划纲要（2010—2020 年）》，2016 年专门制定出台了《关于深化人才发展体制机制改革的意见》。这三个文件，一脉相承，以深化改革为动力，激发人才的创新、创业、创造活力。由此，我分享三个观点。

第一，一支没有活力的队伍是不可能强大的。人才工作如果是一潭死水、死气沉沉，就不可能聚天下英才，这跟人才资源本身的特点有密切的关系。人才资源相对于其他资源而言，是我们生产力要素当中最活跃、主动性最强、潜力最大的一个资源要素。一个创新、创造，一个发明，可能带来的增长是十倍、百倍，而这种创造是靠人来完成的。在很多情况下，无论是科技创新、生产方式、经营方式、管理体制、自主创新都很难预测得准确。所以,人才资源有一个非常独特的特征就是时效性,人才的价值只能体现在生产科研的实践当中,所以对人才工作有一个基本的要求,要"以用为本",如果不用,这个资源就没有任何价值。只有充分激发人才的活力,使人才的作用充分发挥出来,才有可能吸引、培养、发现更多优秀人才,才有可能建成人才强国。

第二,深化改革是解放和增强人才活力的必由之路。要想解放和增强活力必须要打破束缚人才发展的思想观念和体制机制障碍,这两个方面都很重要。《关于深化人才发展体制机制改革的意见》提出的一系列改革,着眼点是打破束缚障碍,核心是充分发挥市场在人才资源配置中的决定性作用,更好地发挥政治作用,加快构建更加科学高效的人才管理机制。只有通过改革,才能够把束缚人才发挥作用的障碍破除掉。

各项改革的落实都必须以解放和增强活力、充分发挥人才作用作为根本要求。改革成功不成功,改革是不是起到了作用,看什么?不是看发了多少文件,不是看投了多少钱,而是看人才的作用是不是能够充分发挥,人才的活力是不是激发了起来。只有引进的人才发挥了作用,自然会吸引更多人回来。

第三,解放和增强活力的关键是管活。任何一个管理体制、工作机制都有规划的本职,它本身是一种规划,建立一种规则。要想建立具有全球竞争力的人才制度体系关键在于管活。国家在改革开放的历史过程,有过一管就死、一放就乱的教训。管的指导思想是"活",制度安排是"活",机制作用是"活",政策导向是"活"。人才管理体制是国家治理体制的一个重要组成部分,对一个国家和全社会来讲,没有规矩不成方圆,失去了规矩就不是活,而是乱。

有些网络观点认为,政府什么都不要管,这样不对,总要有一个社会规范让在这个领域的人的行为有所遵循,这个规范最高的层次应该是法律。从人才规划之后也一直在推动制定人才促进法,这种制度性的安排、约束是必要的。但是一套僵化的制度只能把人管死,因此,如何通过深化改革,建立符合市场经济规律的人才制度是一个大题,需要开展更多的理论研究,来探索这个规律,也需要开展更多的实践来验证。

此外,大家从不同角度交流关于人才体制机制改革,包括对四川人才工作发展的认识、体会，很受启发和教育，大家的观点非常重要，听了以后，我有两点感受。

第一，人才工作取得了很大的进步，受到了各方面的关注，不光国内很有成绩。我最近刚当选连任第四届联合国国际公务员制度委员会委员，2016年夏天，委员会例会其中一个题目是讨论联合国人力资源管理框架的修订。秘书处介绍，修订过程当中明确提出修订的重要改进，就是加进了人才这个概念。这说明我们人才工作的影响不局限于国内。我这次参加这个会感受很深，英文中人才的单词不能完全体现人才的概念，外文局一直研究怎么翻译合适。这个影响非常大，大家的讨论确实反映出我们还有很多问题，特别是体制机制的问题，这些需要大量的研究。

第二，中国的人才工作是中国特色的。只有强烈的中国特色的人才理论、人才实践，最后才能被国际认可。我们不能只是美国的人才理论、人才实践，欧洲的人才理论、人才实践，我们自己要有一套理论实践经验。在做中国人才问题各项研究时，千万不要简单地把一个外国的理论搬进来，可以参考，但一定要符合中国国情，符合中国特色社会主义这样一个大的理论体系、治理体系。人才发展体制机制也是国家治理体系非常重要的一部分，既然是国家治理体系的重要部分，就不可能脱离中国大的国家治理体系当中更高层次的政治体系、基本的经济制度、基本的政治制度。在研究问题时，要特别注意中国特色，这样才能解决问题。我们要走中国自己的路，也只有这样的路才能引领中国走下去，才能实现中华民族伟大复兴的中国梦。

（二）加强理论实践研究　推动四川人才发展

何　宪

自中国劳动力供给达到刘易斯拐点，结束了无限供给之后，中国的经济增长依赖廉价劳动力，发展劳动密集型产业的阶段已经成为历史。

一个科技创新推动经济发展的时代已经来临，这对于中国的人才发展、人才开发提出了全新的要求。如果说过去要将人口大国变成人才大国，还是一种期望、一种号召的话，那么现在把人口大国变成人才资源强国，已经是一种迫切、紧迫的要求，一个别无选择的发展路径。特别是在我国经济进入新常态，社会经济转型步伐加快背景下，人才工作已经成为影响全局举足轻重的工作。在当前的形势下，无论怎么强调人才开放，怎么强调人才体制机制改革的重要性，都不为过。因此，我们要加强这方面的理论和实践研究。

党中央国务院高度重视人才工作，习近平总书记多次对人才工作发表重要论述，李克强总理也反复强调人才工作的重要性。为了抓好新时期的人才工作，2016年3月，中共中央发出了《关于深化人才发展体制机制改革的意见》（以下简称《意见》），对当前和今后一个时期的人才工作进行了部署。对深化人才发展体制机制改革提出明确的要求。同时，国家的"十三五"规划也把人才工作作为重要的内容放到突出的位置。人力资源社会保障部和其他部门相互配合，正在抓紧落实党中央国务院关于人才工作的各项要求。中国人才研究会也把学习好、领会好、贯彻好《意见》，作为当前最重要任务，《意见》刚刚颁布，就在北京组织召开了学习贯彻的专家座谈会，并组织人才方面的专家对相关问题进行深入的研究，出了一本书。但是，关于西部大开发的人才问题和四川省人才开发的问题还缺少深入研究。

近年来，四川省委省政府把人才工作放到了社会经济发展重要位置。在加快人才强省的战略，大力实施重点人才工程，加快构建人才创新创业平台，深化人才体制机制改革和政策创新，充分激发大众创业、万众创新活力等方面做了大量的工作，并且出台了深化人才发展体制机制改革，促进全面创新改革驱动转型发展的实施等一系列意见。更加积极、更加开放、更加有效的人才政策，依靠改革红利、释放人才红利，实施六大人才工程，构建五大平台等一系列具体措施，为实现四川社会经济更好、更快地发展提供了人才保证，并取得了突出的成绩。

四川在西部开发当中地理位置特殊，在人才发展方面也是任重道远，在下一步的工作当中我提以下几点建议。

第一，要有大四川的气派和胸怀。在人才的问题上，要打破盆地意识,不仅要服务于四川,还应该辐射西南,甚至于更广阔的地区。在服务西南地区和更广阔地区当中,更好地发挥四川人才的效益,提高人才为经济服务的能力和水平。同理,四川应该让整个西南地区、整个中国乃至全世界的人才为我们服务。此外,不要满足自己的现状,要找到差距。

第二,要加强人才体制改革的探索。要想人才开发取得飞跃式的发展,必须在人才体制机制改革方面取得突破。我们国家的人才资源开发,有政府作用发挥不足的问题,也有市场作用发挥不足的问题,但是最主要的还是市场作用发挥得不够。对于市场在人才工作、人才资源配置上的认识不够,对物质市场机制的作用认识和人才市场机制作用的认识具有差距。同样在人才问题上,要想完全通过政府来满足人才总量、种类的需求,力度是不够的。《意见》非常明确地提出我们国家人才体制机制改革,基本原则之一就是突出市场导向。因此,在下一步的人才工作当中,要进一步开放市场,鼓励人才竞争,充分发挥市场价格的调节作用,形成完善的市场机制,真正使市场资源配置当中起决定性作用。

第三,四川人才发展还需要突出重点。一方面,四川特别是成都高校、研究所集中,人才总量大,层次较高,在西南地区的人才格局当中,处于十分特殊的地位。要利用这一优势,把四川特别是成都建成西部地区的人才中心,尤其是高科技人才中心。另一方面,四川人口多,在外打工的农民多。要适应经济转型的要求,必须要通过职业技能培训等多种方式,把农民工多的优势变成高科技、高技能人才多的优势。

人才工作,从没有像今天一样在党和国家工作大局中占有如此重要的位置。希望通过人才专家智力密集的优势,推动人才结构战略性调整,实施更加开放的人才资源开发和引进政策,建立具有国际竞争力的中国人才制度优势,以及与大众创业、万众创新,"一带一路"相应的人才政策等。

（三）创新驱动发展需要人才聚集与融合

桂昭明[①]

十八届三中全会和2016年的9号文件在人才政策上都提到"择天下英才而用之"，其基础是聚集人才，人才聚集度则是创新驱动发展的前提和基础。相关分析表明，聚集人才首先要提供打造人才发展平台，其次要创建人才使用的环境，最后是加大人才的科技投入。因此，人才聚集度与三个指标息息相关，一是人才平台指标，二是人才环境指标，三是人才科技投入指标。调查显示，人才综合聚集度排名里，四川是第10名，仅有北京人才综合聚集度的一半；省域高端人才聚集度四川位列第八，但只有北京的17%，因此，在人才聚集度上，四川仍然与发达地区存在差距。

人才聚集以用为本，聚集度并不能单方面说明人才优势，人才融合度才是创新驱动发展的本质与标志。人才创新创业融合度的指标包括有效发明专利的拥有量、国家产业化的项目数量、区域的高新技术产业的主营业务的收入，新产品开发的收入等。数据显示，北京在人才聚集度上领先于其他城市，但在融合度上位于广东省和江苏省之后，说明北京聚集了较多创新性人才，广东聚集了较多创业型人才。融合度方面，四川在区域的高新技术产业竞争力一项位列第五，高于北京，展示了四川在高端人才用人方面的竞争力。

人才引进不是目的，充分发挥人才作用才能推进各区域经济社会的发展，因此，推进人才发展、提升人才融合度需要建立高端人才的绩效评价体系，才能向人才和项目要效益。首先，重视人才绩效评价，提升人才和经济社会的融合度；其次，通过管理抓手，把绩效评估的设计单作为项目管理的依据；再次，升级标尺，将绩效评价情况作为评优升级的依据，每年可以通过绩效评估，树立人才企业、人才项目、人才团队的标杆；最后，将绩效评估的结果作为项目清理退出的依据，打破能上不能下、能进不能出的现象。

---

① 桂昭明系武汉工程大学原副校长，中国人才研究会学术委员会副主任。

（四）引进外国人才　扩大对外开放

吴　江

要把改革作为四川发展的优势，引进海外人才，改革力度要更大，开放度更高。在新形势下怎么引进外国人才，核心问题是把对外开放度提高到新的水平，人才的开放是首要的。学会招商引资、招人聚才并举，聚天下英才而用之的思想很重要。引进外国人才的工作要有三个转变，三大突破。

引进外国人才工作的"三个转变"是指：

一是从引进国外智力向引进外国人才转变。要从引进技术到引进人的转变，分为几个领域：一是原始创新能力的科学家能够从并跑到领跑进程中引领国际科学发展和科技前沿交叉研究的优秀战略科学家，以及重大产业技术的应用科学家；二是技术进步的领军人才，要有突出技术创新，包括中国制造2025，互联网+，核心战略等；三是具有世界眼光和有开拓能力的企业家；四是各类人才，特别强调是"一带一路"人才。核心的问题是围绕创新驱动发展战略和国家需求，引进外国人才的规模、质量、结构和发展相适应，要按需引进，不能盲目。

二是从政府主导引进向市场主导引进转变。首先，保证落实用人主体的自主权，健全市场发现、市场认可、市场评价的引进外国人才的机制，建立与国际接轨的全球人才招聘制，促进人才和资本和项目的有效对接。其次，强调高校合理科学反映市场需求的外国人才评价办法，实行计点计分，但并非雇佣担保。再次，进行人才市场测试，客观量化反映市场。最后，健全国际人才服务市场体系，包括逐步放宽外商投资设立人才中介服务机构的股比限制，提升人才服务的国际化水平。

三是从注重引进向注重使用转变。首先，支持外国人参与国家项目科研任务，使引进来的人才担任重大项目的主持人或者首席科学家。要支持外国人引入国外的先进的理念和机制，充分保证他们的科研自主权，探索国际和地区间的互认。其次，强调创新创业利益回报，允许外国人通过技术、股权收益、期权确定、资本市场变现等增加合法收入，完善知识产权的分配。各地设置的奖励要让外国人平等参与，准许外国人参加国家科学技术评奖等活动，还可以单独设置一些外国人的评奖。最后，鼓励外国人的建言献策，参加智库建设，参加国家重大规划、重大项目、重大工程的咨询论证和国家标准制定工作，让外国人通过建言献策来提升社会地位。

引进外国人才工作的"三个突出"是指：

第一，突出柔性引进方式。搭建国际合作平台，敢于提出科研项目，聚集各国科学家，筛选一流人才，吸引国外顶尖团队、国际组织、高校、科研机构和跨国公司等到其中。此外，成立研发中心，引进外国人才团队技术，包括鼓励、考察、学习、讲学、项目聘用、研发合作、专题培训、国际会议等多种方式柔性引进。

第二，走出去。鼓励国有企业、民营机构、高校、研发机构、社会组织以及个人，按照相关国家的人才优势，在国外建立民营机构研发，成立孵化器。

第三，强调引进外国年轻人才。要强调把优秀的年轻人，优秀的外国年轻人引进，面向全球，吸引青年来华留学、工作，通过留学以后发放奖学金，完全放开外国留学生来华工作的限制，包括完善实习、工作居留、创新创业的奖励机制等。

关注外国人融入中国社会的问题也同样重要。除政治权利和其他法律权利以外，原则上凡是居留的外国人都应和中国公民享有同等权利，负有同等义务。要健全外国人才能进、能出、能上、能下的激励约束机制，保障其基本公共服务权益，例如养老、社会保障、医疗等，从而做到"引进来，留得住，用得好"，源源不断地提升开放度。

（五）完善高校人才引进和评估机制

刘 宏[①]

通过引进、培育和薪酬管理，将战略、政策转化为可行性的操作和

---

① 刘宏系南洋理工大学人文与社会科学院院长，中国教育部长江学者讲座教授。

实践，是人才战略的重要环节。南洋理工大学从 1991 年成立到现在 26 年，发展非常迅速，目前已经是一所综合排名领先（QS 世界大学排名第 13，《泰晤士报高等教育》世界大学排名第 54 名），数门单科学科排名前十的综合性大学。我曾经在新加坡国立大学和英国曼彻斯特大学工作了 15 年，并担任学院的管理工作。比较过去的经验，我认为南洋理工大学的快速发展最重要的原因在于人才战略，包括完善的人才引进、培育机制和评估体系。

以南洋理工大学的人才制度为例，其建立的以预算和编制为导向的人才机制，能给予学院充足的资金以及充分的自主性，并建立完善严格的测评系统，从招聘的面试开始，到试讲效果评估、科研报告水平等环节，通过一系列严格的程序审核，保证人才引进的质量。

人才引进后，优厚的待遇，包括奖金、退休金、带薪休假、医疗保险、子女教育津贴、津贴性住房等也能保证人才的科研质量和教学质量。具有国际竞争力的待遇也是南洋理工大学能吸引国际化人才的重要因素之一，在其现有的 2 800 多名全职教授中，来自新加坡以外的占 60%。

此外，南洋理工大学还设立了涵盖从教师到系主任和院长的年度评估机制和终身教职评估机制。年度评估机制通过相同的评价标准和公平的奖惩机制，将教师按照 ABCDE 分成五个等级，每个等级有不同级别的奖金，给予优秀教师合理的奖励，激励其继续发挥作用，同时保证了对不合格教师的管理，充分发挥人才聚集效应，吸引更多优秀教师。

终身教职评估在教师工作 6~8 年后提供给教师申请终身教职的渠道，让终身教职能工作到 65 岁退休。最重要的衡量标准就是这个老师在其研究领域是否具有国际性的影响力。虽然我们的老师是从全球招聘，并经过严格的遴选程序加入，但仍有 25%~30% 左右的老师无法通过终身教职的校内外评审程序而必须另谋高就。

南洋公共管理研究生院从 1992 年开始就为国内党政干部展开短期培训工作，迄今为止共有 15 000 多人参加了我们的培训课程。此外，我们从 1998 年开设一年制的以中文授课的公共管理硕士和管理经济学硕士，主要针对党政干部、国企和高校管理人员，他们被中、新媒体称为"市长班"（1 400 名毕业生中超过 60% 是处级以上的干部）。近三年来，南洋公共管理研究生院成为中国国家留学基金委在海外的管理人员培训基地，我们针对国内高校培训了1 000多名中高层管理人员。通过量身制定的培训和研究项目，提高人才培养质量，拓宽研究范围。国内同行最感兴趣的一个问题也是我们的人才战略与实践，我们也很乐意在交流过程中达到互学互鉴的目的，共同推动国际高等教育的繁荣与发展。

（六）解决西部高校人才发展困境促进西部高端人才发展

史代敏[①]

现在国内高校都在加快人才队伍建设，竞争很激烈，西部高校高端人才规模小，而且最近一两年人才流失很严重。针对这样一个现象，我们需要着力破解西部高校高端人才发展的困境，这样才能够着力引进、稳定和培养一批高端人才，从而推进西部高校在双一流建设当中发挥作用。

就西部高校人才发展的困境以及相关的思考，我主要讲两点，第一点是西部高端人才发展的主要问题，主要表现在五个方面：一是缺乏国际级重大科研平台，高端人才承载力薄弱。整个西部的"985"只有7所，所以这个平台是非常不足的。国际级重大科研资源先天不足，导致西部地区高层次人才严重不足。二是人才投入不足，高端人才流失严重。我们学校过去10年采取了超常规举措，引进了一大批海归人才，经过了10年，我们自己培养的年轻人才成长起来了，我们很高兴，但是也感觉到压力很大。在过去一两年里，已经成长起来的年轻人不断地被一些东部高校挖走。三是人才竞争激烈，紧缺的学科引进人才的难度更大。对于西部高校来说，如果得不到有力的经费支持，仅凭高校自身的薪酬机制，很难持续引进和使用海内外的高端人才。四是西部高校产学研协同创新能力较弱，具体体现是政府对产学研发展的政策支持有限，资金

---

① 史代敏系西南财经大学副校长。

支持相比东部力度差距较大。五是人才发展环境还不完善，社会配套政策相对滞后。与高端人才引进、流动、辞退相衔接的工作机制还有极大的改进空间，尤其是对外籍高端人才在人才流动制度、医疗保险制度、个税保险等方面存在不兼容现象。

第二点是提出一些思考和建议。例如，在国家层面，加大重大人才平台建设，同时可以设置西部国家级的人才项目。探索精准对口支持机制，东部高校具有领先优势的学科可以选择一所对应的西部高校来进行学科的对接支持。建立健全人才补偿机制，应该建立起类似于欧美足球运动员的转回机制，挖人可以，但要有补偿。这个转回机制的建立就要靠政府，如果完全靠市场就只能是单向流动。实施西部专项资金资助，同等条件下，西部高校高端人才收入不低于东部高校，差额部分应该由国家专项资助。大力推进学科布局优化，要尽快实施"一省一直属高校"建设。在每个省遴选一批重点建设的一级学科和特色学科，更好引导西部高校特色发展。在地方政府层面，进一步下放高校办学自主权，由高校自主确定岗位总量和岗位结构比例。加大人才财政投入，搭建高水平产学研协同创新平台，在短时期内提升产学研的整体水平，这样可以实现地方和高校双赢。着力完善人才公共服务体系，在办理外籍人员的绿卡、签证、税务、支撑申报等方面，给予外国人更多的便利。

（七）构建有全球竞争力的人才制度体系

赵永乐[①]

中国具有全球竞争力的人才制度体系，应该是中国特色社会主义制度体系的重要组成部分，它的最大的特色就是中国特色，最大的优势就是党管人才。别的行业都提党的领导，党的领导在人才事业领域的具体

---

① 赵永乐系河海大学文天人力资源研究院院长，水利部人力资源研究院副院长。

体现就是党管人才。现在这么好的局面，我们党管人才起了很大的作用。我们最大的优势是党管人才，我们最大的短板是真正的竞争力，是捉对厮杀的竞争力，我们现在竞争对手就是美国。

因为触及美国的利益，所以美国在人才问题上肯定会对中国发难，或者有大的举措。我们的优势是政府是党，美国没有这个优势，这是不可复制的。但是美国引进人才不是靠国家引进的而是靠市场。我们现在总是讲我们教育落后，实际上我们教育不是落后，美国反思的结果是美国教育有问题，反而要向中国学习。我们的人才工作机制他也在学。而我们要跟他学怎么让市场起作用，我们现在靠政府引进人才，创新创业人才最大的特点就是会有失败，而政府行为往往不允许失败。市场要起作用，我们还有很多工作要做。我认为西部在人才发展上还是要走市场的这条路，把市场打开。现在都等着国家往里投钱，等着国家给政策，这是不现实的，国家也办不了这么多的事，而且办了以后效果也很难说。

所以我们要构建一个具有全球竞争力的制度体系，要进一步确立人才优先发展的战略道路。要有道路自信，我们这个制度要继续完善，要继续强化。要有制度自信，同时人才理论要跟上，我认为现在人才理论还是比较薄弱的，我们还要建立人才的理论自信。最后还要文化自信，要有文化才会自信。

（八）强化理念共识　　创新人才引才机制

赵德武[①]

近年来，西南财经大学积极融入全球人才竞争，以超常规举措广揽英才，先后从哈佛、斯坦福、剑桥等世界名校引进全资海外人才250余名，特别是海外院长10名，讲座教授和课程教授140余名，形成了学校

---

① 赵德武系西南财经大学党委书记。

海外人才引进的群聚效应。在前不久的四川省人才工作会议上，西南财经大学代表四川高校在大会上就人才队伍建设做了一个交流发言。具体有这样几点：

第一，强化理念共识，创新人才特区引才机制。一是强化理念，凝聚共识。把引进高层次人才作为促进学校发展的头等大事来抓，在全校师生员工当中，我们凝聚形成了这样一种引才共识：只有全力建好人才队伍，西财未来的发展才有希望。二是广开渠道，招聘人才。每年我们学校都要组团，连续11年，学校每年组团参加美国经济学年会、留美经济学年会、美国管理学年会、金融学年会等国际学术会议，连续11年到美国知名高校大规模招聘经济管理类人才，提升了学校在海外人才中的知名度和吸引力。三是创新方式，储备人才。针对金融会计这类引进人才比较困难学科，实施一项计划可持续的师资储备计划，学校拿钱出来，在我们的本科生和研究生当中选一批优秀人才到国外高校攻读博士学位，学成以后就回校任教。

第二，构筑制度优势，创新人才特区用才机制。一是建立分类评价体制，根据人才不同成长阶段，探索人才早期职业竞争筛选和中后期职业发展保护机制，职业分类考核评价。对青年人才重点考核学术成果，让其在学术生涯早期多出代表性学术成果，对职业生涯中晚期人才，重点考核团队建设，发挥其学术影响力，以此来带动我们的团队建设。同时，我们建立了专职讲师队伍，以其教学水平作为评价标准，当然学校考核首先还是以人才培养作为重点。二是加强平台团队建设，以构筑大平台，凝聚大团队、承担大项目、培育大成果为目标，采取领军人才加创新团队的建设模式，特别海内外知名学者担任院长。目前，我们已经组建了一批学科特区，比如经济与管理研究院、金融研究院、发展研究院等，汇聚了一批青年人才，产出了一批创新成果。三是创新人才管理体制，我们打破身份编制等限制，对照国际通行和大学教师管理体制，按照年薪激励、合同管理、目标考核原则、实行年薪制和聘用制，实行与国际接轨的教师长聘制评价体系和专家评议体系，从而构建起符合国际化学术评估，及相关待遇保障的考核管理制度。

第三，优化人才服务，创新人才特区留才机制。一是以思想引领引领人才，我们组织海外人才，就是我们的海归博士200多名，赴延安等地接受革命历史教育，增强其对中国特色社会主义理论认同、政治认同和情感认同，通过社会实践、挂职锻炼等多种形式。让海外人才了解国情，深入了解国情社情和民情中，正确认识自身的社会责任。引导他们研究好中国问题，讲中国故事，传播中国声音。二是以情感认同连接人才，学校建立党委联系人才制度，校领导分别联系海外高层次人才，定期嘘寒问暖，送去组织关怀，积极开展素质训练、校史教育等活动，增强组织认同的团队合作和情感融合。三是以精细服务关心人才，我们学校加强与各部门的协调，为海外人才在落户、医疗保险、国际交流等方面提供便利条件。让引进的人才感受到家一般的温暖。

我们在人才队伍建设的过程中深深地体会到，一所大学有什么样的人才共识，就有什么样的人才群体，有什么样的用人之道，就有什么样的人才贡献率，敢不敢为人才投资，善不善于把人才用好，体现了眼光、胸怀，也体现了责任。在这个问题上，我们高度一致。2015年，学校召开了全校人才工作会议，启动了新一轮人才队伍建设计划，我们将以更大的决心、更大的力度，来加强学校人才队伍建设。

今天的论坛，聚焦国家人才体制机制改革和四川人才发展战略，必将有力地推动西南财经大学人才、人事体制改革，有力地推动西财人才队伍建设。

（九）扫清人才治理障碍　树立长远人才意识

胡建华

2016年是"十三五"开局之年，也是全面建设小康决胜阶段的第一年。改革开放后落实的各种政策，包括一系列科学体制改革和人才工作在促进国家的经济社会发展的同时，也揭示了人才结构失衡、人才分配不均、顶尖创新人才不足等问题，人才工作到了深水期的关键时期，深化人才体制的工作迫在眉睫。一个好的体制才具有长期性和根本性，只有构建和时代相适应的人才制度和体制机制才能凝聚人才的强大功能和优势，提高国际竞争力。因此，中央在2016年提出了人才体制改革，并出台了文件，从管理体制机制上简政放权、扩大用人单位的自主权以及在用人机制上突破制度藩篱三个方面建立人才发展治理体系，推动人才制度的创新，以期形成具有国际竞争力的制度，实现可持续性的创新发展，达到人才强国的目的。

在当前国际竞争的大环境下，综合国力的竞争其本质也是人才竞争，将人才发展体制改革的意见落到实处，破除体制机制的障碍，向用人主体放权，为人才松绑，才能构建具有全球竞争力的人才制度体系，聚天下英才而用之，让人才创新创造活力充分迸发，使各方面人才各得其所、尽展其才。只有扫清了人才治理的障碍，树立了长远的人才意识，做好团结引领服务工作，才能进一步营造重视人才、尊敬人才的社会环境，识别人才、用好人才的工作环境，凝聚人才、成就人才的政策环境，以及关心人才、优待人才的生活环境，才能把各方面人才凝聚到党和国家的事业中来，持续不断激发各类人才创新创业的活力和热情，为实现中华民族伟大复兴的中国梦贡献才智。

（十）四川发展的人才需求和人才观念

侯晓春[①]

今天的论坛听到几个关键词，第一个关键词是精准扶贫，第二个关键词是政府作用，第三个关键词是产学研。人才中高端教育、学校和地方政府可能有以下几个问题值得我们关注。第一点是人才要大有作为。创新发展需要协调发展，有作为，每一个发展的背后都隐藏着很多新的知识的更新。特别是世界实体经济下行走上新常态情况下，我们已经是L型的曲线，我们再恢复到V型曲线发展的经济时代已经不可能了。我们过去靠要素驱动，解决好水电气的问题后，经济很快就发展了。现在

---

① 侯晓春系四川省广安市市委书记。

不行,现在创新发展了,政府怎么作为,这是给我们党委政府提出的一个深刻的课题,也是给我们高等学校提出的一个问题,如果这一点能够结合得好,我想我们大学在人才培养上也是一个在体制层面的突破。

第二点是人才需要与时俱进,需要与时代结合。习近平总书记讲我们进入了一个伟大的时代,这个伟大的时代是充满着生机与活力的,给我们提供了很多个人的自由发展空间和机会,比如说精准扶贫,我们国家一年的精准扶贫人数是一千万以上,四川省是百万以上,按照这个速度,到2020年我们就能够实现全面小康。精准扶贫有一句关键的话,即两步骤三保障,吃饭不愁、穿衣不愁,住房子有保障,就医有保障,还有卫生有保障。但扶贫以后不仅仅是"两不愁、三保障"的问题。应当有农业现代化这么一个标准来支撑我们的扶贫,所以我认为这不是社会实践的问题,这应该是一个理论问题,但是面临着以百万人的四川省的强大脱贫队伍,这是我们高校最能作为的时候。我也认为精准扶贫是一个人才问题,解决科学扶贫、专业化的扶贫、系统性的扶贫,扶贫以后农业现代化的问题和农民的可持续增收的问题应该用高端人才,大学要思考这个问题,不然的话我认为就和时代就脱节了。

第三点是我认为人才问题不是引进的问题,应该是发现人才的问题。我们如何发现人才,发现了人才我们如何用人才,发现了人才如何引进这个人才,我认为这里面有传统的思路和观念的挑战,也有习惯式的约束,还有体制机制束缚人才不容易被发现,人才不好引进,引进以后人才怎么用的问题,也是一个相当难的问题。

第四点是建立人才高地有三个因素不可缺少,一是情感,二是事业,三是待遇。好多人才的问题首先是建立在情感的问题上,刘备请诸葛亮用了多少待遇,没有多少待遇,是情感。曹操用了多少钱买大将,没有,都是情感。对于产学研的问题,我认为广安可以提供平台,如果愿意来广安搞产学研基地,我现在做一个承诺,我把科研基地给你建好,你们来人拎包入住,广安是一个在四川省重新发现的高地,重庆城市群,离城市只有80公里,广安的嘉陵江曲江就是重庆的上游,如果你到重庆去,你不到广安来等于你没有发现高地,所以我今天邀请各位专家学者,你们有机会的时候来发现广安、聚焦广安,我们一起来为一个伟人的家乡早日全面建成小康社会,把人才的作用充分发挥出来而努力。

（十一）以产业聚集来带动人才聚集

李　强①

很多专家都提到了怎样发挥人才的作用，我工作的单位主要就是以产业聚集来带动人才聚集的，所以我想就这方面简单说几点建议。

第一，产业发展壮大了，人才才能有所作为。反过来，人才聚集促进产业经营发展，要充分发挥人才的马太效应。第二，利用资本把人才与产业融合发展起来，联系在一起，重要的因素就是资本的作用。四川金融资产大概 8 万亿，省委省政府也在着力打造西部金融中心，这方面给我们提供了很好的金融基础。第三，提一些具体的建议。一是关于高级工程师，目前高级工程师还没有设正高工，它的名字叫提高职务工资，享受正高级待遇的高级工程师，事业单位由于岗位限制，评教授级高工的时候要有空缺，但是企业可以不受岗位限制参评，这样造成事业单位跟企业的不公平，希望下一步在这方面有所改进突破。二是经济师，现在还没有设立正高级经济师，可能会造成不同序列之间人才的交流不顺，建议下一步可以设立正高级经济师。

（十二）把握教育战略规划　布局西部教育格局

高书国②

21 世纪，中国教育结构正在发生前所未有的革命性变化，这种革命来自于人口结构、城市结构和产业结构的挑战与变化。教育结构调整是

---
① 李强系四川经信委财经协调与融资担保处处长。
② 高书国系教育部教育发展研究中心战略研究室主任。

教育发展与改革的永恒主题。中国教育结构正处在新旧板块交叉、交集和交融的大时代。

四川在教育和人才培养方面有着悠久历史,魏了翁是南宋著名的理学家,在成都蒲江县创办了鹤山书院,第一年参加科举考试,就有7人中第,占当年四川全省7/10。南宋时代,全国共有10所鹤山书院。2015年四川人口超过1亿人,是一个名副其实的人口大省,未来要成为一个人才大省,甚至人才强省。必须知道,目前四川在教育与人力资源开发方面还存在一定差距。据全国第六次人口普查数据表明,四川人均受教育年限为8.18年,低于全国平均水平的8.8年,也远远落后于北京11.48年,可见四川现在只是一个人力资源大省,距离人才大省还存在一定差距。提升教育结构层次,扩大高层次人才培养,加快教育强省建设,是从战略层面整体规划四川教育与人力资源开发的关键,也是谋划西部教育新格局的核心部分。

教育供给侧结构性改革的目的是,要从我国未来经济社会发展和教育发展的战略高度,解决结构性饱和与结构性短缺同时并存的双重矛盾,全面提升教育供给水平和供给质量。到2030年,形成体系结构基本稳定,教育制度体系更加成熟定型、比较完善、有中国特色的教育结构体系,培养成百上千万创新型、复合型和技术技能型人才,为我国产业结构升级和经济发展持续培育新动能。2016年,教育部出台的"十三五"规划,正在研究制定《中国教育现代化2030》。据教育部教育发展研究中心课题研究表明:到2030年,中国将回归世界教育中心,在北纬30度到40度之间形成德国、英国、美国、日本、中国甚至还包括印度的世界城市经济带,在此基础上,布局四川教育发展格局。同时,北京、上海、成都铁三角,构成了中国东部到西部教育发展和城市发展,由此可以从人才培养的角度,为西部人才未来的发展格局做出宏观规划。从教育发展和国家总体战略考虑,中国需要构建以城市为主导的四级教育中心网,形成以北京为代表的全国教育中心,以上海、成都、西安为代表的全国性区域教育中心,以省会城市为代表的区域教育中心和以市、县级城市为代表的地区教育中心,成为21世纪中国教育的增长极,带动全国教育改革和发展。在全国经济社会发展的大格局、大战略下,谋划四川的人才发展战略需要根据国家教育的总体发展形势来制定,将经济发展规划、教育规划、人才规划合在一起,找到教育部门、人才部门和高校的结合点,通过地域布局,发挥成都西部重镇的桥梁作用,全面提升高等教育发展水平和质量,加快一流大学和一流学科建设,把四川打造成为中国西部的人才中心和教育高地。

(十三) 高等院校的国际化人才培养有待提高

闫月勤[①]

自 2013 年开始西南研究中心针对大学国际化发展开展专题研究,并在每年发布高水平大学国际化发展排名,其主要研究对象是 211 大学和教育部直属的 115 所高校(军队院校除外)。除做数据收集外西南研究中心也做调查研究,比如 2016 年做了高校院校设置、大学英文网站建设情况等深入性调查报告,此类研究获得了中国外专局教科文卫司和媒体的关注,影响越来越大。

在人才发展过程中,不仅要关注一些规划制定和战略制定的问题,同时也要注重基础服务方面的建设和管理机制方面的对接。专题研究不管是从培养国际人才、引进海外人才的高校角度,还是从培养知华、友华、爱华的留学生角度都有很重要的参考价值。

研究发现,高等院校在国际化人才培养方面,达成了高度共识。几乎所有的样本学校都有自己的国际化发展战略,人才培养目标中也提出了对国际视野和人才培养的明确要求,但仍存在几个问题:

第一,国际级教师比例低。调查中的各学校外语授课门数非常少,国际化人才培养的基础条件很弱,不能支撑国际化人才培养。尽管中外合作办学发展快,但是,此类项目有逐渐减少的趋势。

第二,缺少外文选课系统。在调查的 115 所学校中,只有 19 所学校拥有外文系统,不管是引进人才,还是对外宣传都是不足的。

第三,外文网站更新率低。调查中 115 所 211 级别以上的大学,只

---

① 闫月勤系西南交通大学高等教育研究所所长、大学国际化评价研究中心主任。

有93所大学拥有外文网站，其中3所大学打开页面直接跳转至国际处网页。此外，外文网站内容平均几个月更新一次，管理部门的建设更差，调查中51%的大学管理部门完全没有外文网站。国际处是大学最主要的对外交流窗口，但是有47所大学的国际处也没有网站，非常不利于人才的引进和培养。

相对于管理部门，二级学院的网站稍好，有99所大学二级学院有网站，占比26%，比如人事处、研究生院、校长办公室、学生处、招生就业处、科学处等这些跟人才培养关系最密切的部门。此外，通过五年的统计结果显示，100所大学拥有外文图书资料达到270种，每个学校外文数据库拥有量达到66种，究其原因是教育部在拨款规定专款专用。

新时期教育改革开放，高校的国际化进程已经开始。面临新时期的发展，对教学内涵和教育质量提升的呼声越来越高。目前，国际化程度比较低，因此，应更加注重人才引进和人才培养。

（十四）为国内引进高端人才　为国家教育信息化努力

游忠惠[①]

过去20年，海云天一直为国家教育信息化做努力。全国的高考、中考、人事部的公务员考试系统等都是海云天做的。2014年，我提出了人才大数据的概念，非常荣幸在国家外专局国际人才交流杂志上发表。我们跟四川省人社厅有很多合作，也做了很多的服务，今天非常荣幸想借这个机会向四川省人社厅表示感谢。四川省人事考试在网上评卷，人事考试的指挥中心，包括各地市的人事考试指挥中心我们在做，还有人事考试跟踪管理系统目前在全国非常领先。刚才大家提到四川省在人才引进方面，我觉得他们的理念是非常先进的，特别是在信息化建设当中，如考试跟踪系统、考试安全系统。

过去两年的时间，我们的业务已经从教育延伸到人才，所以说在人

---

① 游忠惠系海云天投资控股集团董事长。

才服务方面，我们也做了非常多的开拓。特别是互联网+人才这个概念，我们在美国硅谷，还有波士顿、华盛顿特区、纽约等地方都设了分支机构，专门做互联网人才的引进，用互联网的技术和大数据的匹配技术，为国内引进高端人才。我们联手为高校、政府，包括机构做人才引进的实施工作。我认为国内高校跟国外高校有很多对接，也经常有出访工作，我们这项工作是长期持续的引进，并通过我们的实践招聘人才。海云天过去20年一直做考试测评，对人才评价方面有很多实践。我们目前投资成立了前海智库国际人才大数据公司，这个项目就是国际猎头公司，我们会打造中国的领英。领英是美国的公司，我们海云天公司之所以在全国考试领域成为国内的著名品牌，是因为我们得到教育部的高度认可和支持。领英也是虎视眈眈想在中国做人才大数据，我希望能跟他们竞争，最重要的是保障国内人才战略和信息安全。

创新项目孵化方面，我们把一些国外的好项目也引进了，我们有一个上市公司专门成立了一个基金，是做教育方面的基金，好的项目我们可以投资孵化。

（十五）完善人才制度　加强人才工作

张光伟[①]

党的十八大以来，四川省认真贯彻中央关于人才发展的部署，确定了三大战略，包括多点多极支撑发展战略、两化互动统筹城乡发展战略、创新驱动发展战略，并于2016年出台了《关于深化人才发展体制机制改革　促进全面创新改革驱动转型发展的实施意见》《四川省"十三五"人才发展规划》《四川省高层次人才特殊支持办法（试行）》等人才政策，加强人才工作，为四川加快建设人才强省做出高层谋划。

首先，在人才引进方面，大力实施更积极更开放的外部人才政策和

[①] 张光伟系四川省人力资源和社会保障厅党组成员、副厅长。

更加积极的引智政策,细化和完善政策,大力引进以专业技术人才、高技能人才、党政人才为重点的紧缺外部人才,特别是留学人才,吸引其来四川创业。

其次,要深化行政审批制度改革,构建更加高效便捷的外国人才管理体制,首要工作是落实外国人来华工作许可和就业工作许可,并下放到各市州,由各市州按照整合后的机制运行。四川省委省政府还下发了《关于深化人才发展体制机制改革 促进全面创新改革驱动转型发展的实施意见》,为四川人才发展提供了很多的发展机遇。

在人才队伍建设方面,以中央提出的突出高精尖缺为导向,大力实施领军人才培养工程,围绕精准扶贫,在深入推进专家下基层行动的同时,常态化开展专家活动,争取每年建立专家服务基地10个,2020年达到100个,并常年保持1 000名左右的专家在88个全省的贫困县开展工作。

按照国务院办公厅关于改革完善博士后制度的意见,修订完善博士后创新实验基地的管理办法,做好博士后流动站和创新实验基地的建设工作,加大青年拔尖人才的培养。四川省预计在2020年基地建设达400个,为青年人才提供更好的服务。

最后,推进知识更新工程,围绕全省创新改革试验,系统推进产业结构的加快转型升级。把重点培养和普通人群、个体培养和群体培养,当前需要和长远需要结合起来,做好专业技术人才的知识更新工程。

(十六)推进人才体制机制改革

韦智敏[①]

对于推进人才体制机制改革,我有三点希望:加强宣传,加快推进,加深理解。

加快宣传是说《关于深化人才发展体制机制改革的意见》出台以后

---

① 韦智敏系中国人才研究会常务副秘书长。

要加强宣传，很多人都在讲体制机制问题，对中央这个文件还不是很清晰、很清楚，这些方面遇到的问题，主要是大家宣传了解不够。

加快推进，首先要有推力，政府转变人才管理职能，只有政府转变人才管理职能，才能解决体制机制问题。其次是简政放权，转变政府人才管理职能。要充分发挥人才资源的配置，按照市场的规则、市场的价格、市场的竞争实现最大效益、最大效率。加快推进中要做到四个把握，把握解放和增强人才活力的改革主线，把握发挥市场决定性作用的改革方向，把握构建人才发展治理体系的改革目标，把握促进人才发展与五大建设高度融合的改革标准，加快推进的关键在政府，关键是转变政府职能，这个过程中要政策分开、政事分开、管办分离。要强化政府对人才宏观管理。

最后是加深理解，我们好多研究的只是现象问题，根本原理说不清楚，就跟糖尿病人一样，只知道自己是糖尿病，不知道原理和根源，因此，我们要理解我们现在的问题、及其原因、根源，只有把这些搞清楚了，我们才不会是研究一个问题又出现一个问题，治病要治根，研究问题要找到根源。第二个理解，要理解现在的政策，我们现在很多政策的的确确从中央到地方都有，但是这些政策的效果怎么样？有待我们深入调研，我觉得要理解政策出台落实的问题。最后一个理解，要对人才价值理解，我们要看到人才的价值和意义。价值是什么？就是社会责任、就是社会贡献，一百年以后一千年以后还有人知道你是谁，名留青史。

（十七）做好人才引进工作　优化学科布局

唐兴霖[①]

公共管理学院成立时间15年，规模不是太大，在学院属于中型学院。这几年在人才引进方面进行了尝试，在史校长的支持之下引进了十几个博士，取得一些成绩。史校长讲的西部高校人才流失的情况在西财

[①] 唐兴霖系西南财经大学公共管理学院院长。

也存在。我们学院最近流失了两个教授,学院想尽各种办法要留下来,但是最后还是不行。西部人才聚集比原来好很多,但是与东部地区相比还是有差距。

我们确实要研究对策,从学院这个角度把人才引进工作做好,这是第一。我觉得人才全球化,引进人才来了做什么这很重要,人才引进之前要明确其特长和本单位的所需结合起来。包括史校长讲到人才学科布局优化的问题,这也很重要。因为到大学来要做科研、教学、学科建设。培养人才,我们目的和指向要非常明确,如果不明确学科发展,不利于引来的人才发挥作用。

逆全球化讲的就是美国欧洲封闭了以后,西方的人才流不到非西方国家,是一体两面的,这个世界没有中心了,是一个去中心化的世界。以前是一个梯度开发的世界,现在已经不是一个梯度开发的世界了。我觉得地域不是特别大的问题,关键要做什么。这一点要明确,如果不明确人才不会来,来了以后也会走,因此,高校一定要通过优化学科布局,吸引人才,为人才发挥自身特长,实现人生价值搭建平台。

(十八) 关于四川省人才建设的几点建议

黄玖辉[①]

我在四川天府新区办公室政策法规部工作,我们到长三角地区和很多产业园区去学习,研究产业发展和研究人才政策。我认为四川人才高地建设要抓好几个方面的工作:

第一,加强体制机制创新。省委省政府特别重视人才工作,出台了专门的文件。绵阳物理工程研究院在宁波设了一个激光研究所,这个案例给了我很大的启发,四川全面创新改革是四川可以上升为国家战略高度的重大发展战略。通过对部分离开四川去浙江的人才访谈得知,离开

---

① 黄玖辉系四川天府新区管理委员会政策法规部部长。

的人才认为四川的政策不开放、不解放，比如说对科技人员，宁波就能给科技人员参股入股的方式，多年能够坚持下来。四川踩刹车踩得比较急，就流失了大量的人员。为了改变现状，四川要把国家的政策和当地的要求结合起来，坚持问题导向，以实际需求解决问题。沿海地区就能转变观念，采取一些变通的方式，西部有大量的存量人才，但是没能在很多方面和浙江、上海开放的观念对接，这是思想上的一些差距，我们在政策软实力上也有很大的差距，要加强体制和机制的创新。

第二，要树立更加开放包容的人才观。我们出台了很多人才政策，前不久和省内一所大学的研究团队进行探讨，现在老师都可以停薪留职，有好的机会可以出来，但是人才所在的单位不放人，省内出台了很多好的政策，人才成了单位的人才，也没能释放科技人才的生产力，没有促进人才和资源的发展。这与缺乏开放包容的人才观有一定的关系。

第三，要搭建好政产学研的平台。我感受很深刻，人才一定要集聚，单个引进某一个人是基本留不住的，我们要引进团队。另外，人才一定要有产业支撑，政府部门和学校，还有我们区域性的产业，今后要更加致力于政产学研平台的研究，包括生产性平台和生活性服务的平台。天府新区正在省委组织部的要求下准备筹建四川天府新区创新创业高端人才园区，全方位从人才引进激励、培养使用，和区外产业对接，包括我们强大的中介机构、智力机构的支撑，这也是我们要努力的方向。

下 篇

人才专家共话人才创新

本部分的内容主要是根据人才工作面临的新形势、新热点，向国内外知名的专家学者约稿而形成的论文集，内容涉及人才理论创新、扩大人才政策开放、人才开发、人才安全、人才国际化、人才与经济融合、人才思想政治建设、区域政策一体化等，内容新颖、观点鲜明、创新性强，对促进我国人才事业的发展具有很强的现实意义和历史意义。

抓住美国移民收紧机遇
更加开放国际人才政策

王辉耀

摘　要：特朗普此前签署的"禁穆令"虽遭联邦法官封禁，他仍坚持收紧美国移民政策，可能继续颁布"禁穆令"。再加上意将改革 H-1B 签证制度等风声，这一系列举措或将大量国际高端人才拒之门外，而这些人才无论是作为中国应对老龄化的"人口红利"，还是作为中国创新发展的"人才红利"，都是宝贵的财富。与此同时，中国正加快移民签证制度改革，推进一系列外籍人才引进试点工作。可以说，美国移民政策收紧实则为主动对外开放、招纳全球人才的中国创造了一个重大机遇。中国可抓住这个机遇，快马加鞭出台更为开放、友好的人才利好政策，吸纳世界英才。本人基于长期跟踪研究，针对性地提出以下十项建议，旨在建立更加开放、包容和灵活的国际揽才机制，实现我国在国际人才竞争中的后起超越。

关键词：移民　国际人才政策　移民签证

一、引言

美国能够成为超级大国并保持领先优势，其移民体系功不可没。美国移民体系既为应对美国人才缺口和人才环流设置了临时工作签证，也为了避免"临时居民"转为永久居民、冲击国内劳工市场而设置了劳工证，还为了吸引世界各领域顶级专家和杰出人才留美工作而设置了无条件"绿卡"。这不仅满足了美国各行各业发展需求，更为美国从全世界70亿人口中精选了最顶尖人才。

但自9·11之后，美国移民政策有所收紧，金融危机又曾使外籍人才遭遇寒冬。特朗普上台后继续推行反全球化、美国优先，不仅认为恐怖主义可能借此渗透，威胁国家安全，还把美国的就业问题归咎于人口无限制的跨境流动。2017年1月27日，特朗普签署了名为"阻止外国恐怖分子进入美国的国家保护计划"的政令（被称为"禁穆令"），规定七国公民三个月禁期内不得进入美国，暂停原有的难民接纳项目120天，无限期中止奥巴马任内启动的在美重新安置叙难民计划。另有美国媒体公布的一份行政令草案提到，特朗普意将取消H-1B抽签制度，优先为毕业于美国高校的学生提供H-1B签证，并撤销奥巴马政府把STEM（科学、技术、工程、数学）专业学生OPT（专业实习）时间由12个月延长至36个月的政策，以优先服务于美国学生。这些移民新政引发了国际社会和美国各界尤其是科技领域的激烈反对。尽管"禁穆令"近日已遭到美国联邦法官的封禁而暂缓，鉴于特朗普明确的反全球化的态度，可以预测，在其任期内移民政策将持续收紧。

而此时，大洋彼岸的中国正在推进移民制度改革，建立更加开放、包容和灵活的国际揽才机制。2012年12月，中组部、人社部等25部门联合印发了《外国人在中国永久居留享有相关待遇的办法》；2015年6月，公安部根据《外国人在中国永久居留审批管理办法》有关规定，扩大申请在华永久居留（中国"绿卡"）外国人工作单位范围，新增国家实验室、国家重点实验室等7类用人单位类别；自2015年7月起，京、沪、闽、粤等地相继出台了涉及外国人签证、停留居留证件和永久居留证签发等出入境政策措施，以构建更加开放、灵活的人才制度环境；自2016年3月起，中关村先试先行公安部推出的支持北京创新发展的

20项出入境政策措施，为来华创新创业的外籍高层次人才提供出入境便利；2017年2月6日，中央全面深化改革领导小组第三十二次会议进一步要求，"实施外国人永久居留证件便利化改革，要围绕服务国家人才发展战略，回应社会关切，在优化证件设计、改造信息系统等方面推进改革，着力解决外国人永久居留证可识验和便利化问题，推动永久居留外国人在华资格待遇落实"。

美国移民政策收紧或将大量国际高端人才拒之门外，而这些人才无论是作为中国应对老龄化的"人口红利"，还是作为中国创新发展原动力、一带一路重要支撑的"人才红利"，都是宝贵的财富。可以说，美国移民政策收紧实则为主动对外开放、招纳全球人才的中国创造了一个重大机遇。中国应该抓住这个机遇，快马加鞭出台更为开放、友好的人才利好政策，吸纳世界英才。

二、美国移民体系现状

作为全球最大的移民国家[①]，美国在过去近四百年里源源不断地吸引了大量拥有知识、技术和资金的移民，移民为美国历史发展做出了重要的贡献。

美国政府总是根据自己的国家利益和需要来制定和调整其移民政策，以决定未来如何对待进入美国境内的移民。其职业移民体系，既设置临时工作签证应对短期人才需要和人才环流，又设置劳工证要求移民与本土人才互补，避免"临时居民"转正为永久居民会变成美国的负担。而对于各个领域世界顶尖的"杰出人才"以及能够贡献美国"国家利益"的人才，则可以不受任何限制，直接拿到绿卡。

美国人才移民体系主要包括以H-1B为主的临时工作签证和EB1-EB5五个类别职业移民。早在1990年，美国便在修改《移民法》时设立了高层次专业人才临时工作签证（H-1B），该类签证专门由美国雇主为具备本科学历以上的高技能外国公民进行申请。H-1B签证政策的实施，推动全球各领域优秀人才向美国流动，被看作是"国际人才大流动时

[①] 2013年联合国经济和社会事务部在纽约发布的全球国际移民统计数据中显示，国际移民高度集中在发达国家。美国为国际移民数量最多的国家，数量为4 600万，占全球移民总数的20%。据统计，美国其中10%以上为以从美国国外到美国工作的境外人才。

代"的开端。① H-1B 是外国职业劳工使用最多的工作签证,每年名额限制为 8.5 万个,其中 2 万个专门发放给在美国获得硕士或硕士以上学历的外国职业劳工,而且 H-1B 雇员享有 60 天的换工作过渡期。据统计,2014 财年美国政府颁发 H-1B 签证达到 315 857 份②。一旦获得名额,外国劳工可最多使用六年。雇用 H-1B 职业工人的单位主要是高等教育、政府研究机构、高科技公司等,高等教育机构、政府研究机构以及非营利研究机构为外国职业人士申请 H-1B 则不受名额限制。

H-1B 签证是非移民工作签证,但允许有移民倾向。为了留住高端人才,美国政府移民法案对所需职业移民划分为五个类别,并按照相关标准对人才进行筛选,为符合国家需要和利益的人才颁发永久居留证(即绿卡)。五类职业移民分别为:第一类为杰出人才,包括顶尖人才、教授或研究型学者、跨国公司的主管或经理;第二类为拥有硕士或以上学历的优秀人才或特殊人才;第三类为具备本科及以上学历的专业人才、富有经验的技能人才;第四类为特殊人士,如宗教人员、前政府工作人员、国际组织退休雇员;第五类为投资者或工作机会创造者。现行的移民法给职业移民规定的上限是每年 14 万个名额。在总限额下面,每一类优先又有各自的限额,第一类、第二类和第三类优先的限额分别是每年 40 040 个,第四类和第五类优先的限额分别是每年 9 940 个。其中,获得 H-1B 签证后主要通过第一至第三类职业移民通道申请永久居留资格,以第三类为主。

根据美国移民局数据显示,2014 年美国共颁发永久居留证 101.65 万张。其中,近几年通过职业移民身份获得永久居留权人数占总人数的比例保持在 14% 以上,如表 1 所示,2012 年职业移民 143 998 人(占 14.0%),2013 年职业移民 161 110 人(占 16.3%),2014 年职业移民 151 596 人(占 14.9%)。

---

① 张晶. 国际科技人才流动状况浅析 [J]. 国际技术经济研究,2003 (4).
② ReportonH-1BPetitions,page5,U. S. CitizenshipandImmigrationServices,January23,2015.

表1　2005—2014年通过职业移民身份获得美国永久居留权的人数　单位：人

年度	2005	2006	2007	2008	2009	2010	2011	2012	2013	2014
职业移民总数	246 865	159 075	161 733	164 741	140 903	148 343	139 339	143 998	161 110	151 596
第一优先：优先级人才	64 731	36 960	26 697	36 678	40 924	41 055	25 251	39 316	38 978	40 554
第二优先：具有研究生以上学历或具有优异才能的人员	42 597	21 911	44 162	70 046	45 552	53 946	66 831	50 959	63 026	48 801
第三优先：技术工人及专业人员	129 070	89 922	85 030	48 903	40 398	39 762	37 216	39 229	43 632	43 156
第四优先：特殊移民	10 121	9 533	5 038	7 754	10 341	11 100	6 701	7 866	6 931	8 362
第五优先：投资移民	346	749	806	1 360	3 688	2 480	3 340	6 628	8 543	10 723

资料来源：Homeland Security, Immigration Statistics, Yearbook of Immigration Statistics, https://www.dhs.gov/immigration-statistics

三、特朗普的移民政策态度

据联合早报发表的《社论：美国收紧移民政策影响深远》[①] 文章阐述，以特朗普为代表的反全球化民意认为，全球化所导致的资本与人口无节制地跨境流动，一方面剥夺了美国人的就业机会，另一方面以极端穆斯林为代表的恐怖主义可能借此渗透，造成安全威胁，所以必须更严格管理国境。为此，美国新任总统特朗普上台后出台的一系列移民新政引起全球关注。2017年1月27日，特朗普签署了名为"阻止外国恐怖分子进入美国的国家保护计划"的政令（被称为"禁穆令"），该项行政命令禁止包括叙利亚、伊拉克、伊朗、利比亚、苏丹、索马里和也门七国公民进入美国，禁期将持续90天。另外还暂停原有的难民接纳项目120天，无限期中止奥巴马任内启动的在美重新安置叙难民计划。"禁穆令"在遭到联邦法官封禁、法院的再叫停后，特朗普在空军一号（Air Force One）上对记者称，他正在考虑签署一项全新的移民政令，相信最终他将打赢这场关于现行入境和难民政令的法律战。

与此同时，美国媒体VOX公布了的一份涉及工作签证制度改革的来

---

① 社论：美国收紧移民政策影响深远 [N]. 联合早报，2017-01-31.

源不详的特朗普行政令草案，内容提到，要改良现行 CPT、OPT 制度，取消现行的 H-1B 抽签制度，只为毕业于美国高校的学生优先提供 H-1B 签证；要求员工人数超过 50 人，且半数员工持有 H-1B 和 L-1 签证的公司不得申请新的 H-1B；提高雇佣外籍员工的薪水标准；并提议撤销奥巴马政府对于 STEM 专业学生 OPT 时间由 12 个月延长至 36 个月的政策。以保护美国工人和目前有合法身份的美国公民的权益，"美国移民政策的设计和实施应该优先服务于美国的国家利益"。如若该项草案获得批准，势必将对微软、亚马逊、苹果等美国高科技公司的外籍人才，以及赴美留学的国际学生数量造成较大影响。

全美律师协会第一位华裔女性议会代表、南加州华裔律师华强还表示，现在美国的每一类签证都有收紧的趋势，不只是针对伊斯兰国家。"像 L-1 签证，这个今后会更重视对公司背景的审查，也就是说会实地调查公司的运行情况，如果你在美国开的分公司是个假公司，那你的签证肯定要被吊销。再比如绿卡持有者要求常驻美国，有些人不常驻美国，又不申请回美证，所以在机场就会被刁难。""禁穆令"的签署、H-1B 签证制度的改革等，都表明了特朗普政府明确的反全球化态度，预期在其执政期间移民政策将持续收紧。

特朗普的移民新政引发多方反对，在全球饱受争议。首先在国内引发了大规模抗议，900 多名美国官员签署异议备忘录反对该政令。前任总统贝拉克·奥巴马于 1 月 30 日通过发言人表态批评这一不得人心的政令。在纽约、华盛顿和波士顿等地，大量民众聚集在城市和机场，表达对特朗普的移民政策的反对。1 月 29 日，美国民众在华盛顿白宫附近集会，同日，数百名抗议者在美国纽约肯尼迪机场集会，抗议这一限制移民的行政命令。美国各地数百家商店关门罢工，纷纷表达抗议。

国际社会发出了反对的声音。欧盟外交与安全政策高级代表莫盖里尼表示，欧盟将继续向难民提供庇护，并称特朗普的行政令"不是欧洲的方式"。德国总理默克尔对此批评称，美国的这一做法有违国际社会开展合作救助难民的基本思想。英国下议院呼吁特朗普取消"穆斯林禁令"。100 万名英国人在议会网站上请愿，要求不要允许特朗普对英国进行国事访问，从而避免让英国女王受辱。伊拉克国会通过决议，要求政府采取反制措施，制定相应措施禁止美国公民进入伊拉克。

以硅谷为代表的科技界反响强烈。扎克伯格利用自己的 Facebook 页面，对特朗普的移民相关的行政令进行了抨击，指责该行政令将严重制约特定伊斯兰国家的移民和难民前往美国。苹果 CEO 蒂姆·库克在声明中称，"苹果坚信移民对我们公司和我们国家（美国）未来的重要性。没有移民，就没有苹果，更无法像我们这样兴盛和创新。"在历史上，美国就是一个建立在移民基础上的国家，而且移民已经成为美国科技创新的重要力量，其获得的创新专利量占据了总量的 1/3。尤其在互联网科技浪潮中，那些具有移民家庭背景的人才为美国科技创新贡献了重要力量。比如乔布斯的父亲出生于叙利亚，谢尔盖·布林是俄罗斯裔企业家，扎克伯格的祖辈来自德国、奥地利和波兰等地，马斯克出生于南非。因而，高科技精英们集体抵制特朗普的移民新政，正是因为不希望美国因为限制移民而丧失曾经拥有的核心优势。

四、中国移民签证制度改革现状与发展

在美国移民政策收紧的同时，中国却以更开放的态度招纳全球人才。党和国家领导人对广纳世界英才更是给予了高度重视和支持。党的十八大以来，习近平总书记先后多次参加外国专家座谈会。据统计，习近平总书记在不同场合指出人才重要性多达 100 多次，提出"择天下英才而用之""人才政策方面手脚还要放开一些，要集聚一批站在行业科技前沿、具有国际视野和能力的领军人才"等重要论断。近来，中国更是以更开放的姿态正试图加快延揽外国人才的节奏。

2012 年 12 月，中央组织部、人力资源社会保障部等 25 部门联合印发了《外国人在中国永久居留享有相关待遇的办法》；2015 年 6 月，公安部根据《外国人在中国永久居留审批管理办法》有关规定，扩大申请在华永久居留（中国"绿卡"）外国人工作单位范围，新增国家实验室、国家重点实验室等 7 类用人单位类别；2016 年 2 月，中办、国办印发了《关于加强外国人永久居留服务管理的意见》（简称《意见》）；同年，在《意见》基础上，起草了《外国人永久居留管理条例》（简称《条例》），系统地解决了外国人永久居留制度问题，使得外国人申请中国永久居留的条件更务实，受理审批程序更加规范和优化，永久居留资格待遇也得

到全面落实，永久居留相关服务水平也将得到实质性提高；2017年1月17日，在瑞士达沃斯世界经济论坛上，习近平总书记发表了题为《共担时代责任共促全球发展》的主旨演讲，大力支持全球化，为中国全球化发展注入强心剂。2月6日，中央全面深化改革领导小组第三十二次会议指出："实施外国人永久居留证件便利化改革，要围绕服务国家人才发展战略，回应社会关切，在优化证件设计、改造信息系统等方面推进改革，着力解决外国人永久居留证可识验和便利化问题，推动永久居留外国人在华资格待遇落实"，党和国家对实行更加规范、更具竞争力的人才吸引制度提出了更高要求。

自2015年7月，公安部在北京、上海、福建、广东等地相继出台了涉及外国人签证、停留居留证件、永久居留证签发等的出入境政策措施，积极探索构建更加开放、灵活的人才制度环境，以更开放的姿态迎接人才，并在促进海外人才聚集方面取得了显著成效。据报道，2016年中国外国公民入出境5 653万人，比2015年增加8.89%；同年，公安部共批准1 576名外国人在中国永久居留，较上一年度增长了163%。

根据《条例》，目前，中国永久居留资格的申请条件有所放宽，一是放宽永居的申请单位范围；二是增加申请渠道；三是扩大申请对象。目前，符合因突出贡献、人才引进、工作、投资和家庭团聚等事由申请永久居留资格条件的外国人有资格申请永久居留（见表2）。

表2　　　　　　　　申请永久居留资格条件一览表

序号	类别	界定范围
1	突出贡献	对中国经济社会发展做出突出贡献的外国人经相关部门推荐的突出贡献人员
2	人才引进	经国家人才主管部门备案的政府引才计划引进或者由国务院有关部门、省级人民政府推荐的高层次人才
3	工作	符合一定的工作年限、在符合规定的聘用单位工作或者工资性年收入和纳税金额达到标准的工作人员 符合一定的工作年限，并持有人才签证或在相关国家级园区工作或在相关紧缺岗位工作或具有博士学位的工作人员等
4	投资	在规定领域投资，符合相关条件，并且投资年限、投资数额、聘用中国公民人数和纳税金额达到规定标准的投资人员
5	家庭团聚	符合条件的直系亲属团聚人员
6	外籍华人	曾经具有中国国籍并且学位达到一定要求或在华工作年限达到一定要求的华人

同时，永久居留的待遇也明显提升。一是永久居留证可以作为外国人在中国境内办理金融、教育、医疗、交通、通信、工作、税收和社会保险、财产登记、诉讼等事务的身份证明。二是可以直接凭外国人永久居留证出境入境。三是凭外国人永久居留证在中国境内工作，免办外国人工作许可，按规定办理相关劳动和社会保障手续；可以按照规定参加涉密科技研究开发项目、工程建设项目；可以按照规定参加技术职务任职资格、职业资格考试和政府设立的自然科学、技术创新类奖励的评选。四是取得永久居留资格的外国人需依法纳税，可按照规定兑换外汇汇出境外。五是可按照有关规定在境内购买自用、自住商品住房；按照住房公积金管理有关规定，在工作地缴存和使用住房公积金，离开该地区时，可以按照规定办理住房公积金的提取或转移手续。六是可依照中国有关外商投资的法律法规，可以技术入股或者现金出资等方式新设或并购企业，可以合法获得的人民币在中国境内进行投资。七是可以凭外国人永久居留证，依法在境内办理银行、保险、证券和期货等金融方面业务；可以外国人永久居留证作为有效身份证件办理参加社会保险各项手续。在中国境内工作的，按照社会保险法律法规的规定参加各项社会保险。在中国境内居住但未工作，且符合统筹地区规定的，可以参照国内城乡居民参加居住地城乡居民基本医疗保险和城乡居民基本养老保险，享受社会保险待遇。八是取得永久居留资格外国人的子女义务教育阶段入学，符合条件的，可以根据国家有关规定由其居住地教育行政部门按照就近入学的原则办理入学、转学手续，不收取国家规定以外的费用。九是可以凭永久居留证申领机动车驾驶证和办理机动车登记。十是可以凭外国人永久居留证购买飞机、车船票，办理国内航班和旅馆入住手续等。

在促进外籍留学生在华就业方面也有了很大的突破。2017年1月，人力资源社会保障部、外交部、教育部三部委颁发《关于允许优秀外籍高校毕业生在华就业有关事项的通知》，允许在中国境内高校取得硕士及以上学位且毕业一年以内的外国留学生，以及在境外知名高校取得硕士及以上学位且毕业一年以内的外籍毕业生在华就业。

除了国家层面的突破，北京、上海、福建、广东等地的出入境政策也实现重大突破。这些省市主要是依托政策先行优势的国家自主创新示范区、自贸区等园区，通过不断突破出入境政策构建更加开放、更具竞争力的引才制度来吸引集聚国际人才，政策覆盖对象主要包括：外籍高层次人才、归国外籍华人、外国留学生、港澳台人才四类群体。政策突破主要体现在以下几个方面：

——北京、上海等地为我国发展急需紧缺的外籍高层次人才开通了在华永久居留的绿色通道，即允许外籍高层次人才不用住满相应年限就可以直接申请永久居留。

——北京、上海、广东为外籍华人来华长期居留以及永久居留提供突破性的便利，如北京中关村为具有博士学位的外籍华人开通直接申请永久居留的通道；将外籍华人居留许可年限从 1 年、2 年延长至 5 年。广东则为原籍广东的外籍华人来华探亲、洽谈商务等提供 5 年多次往返的签证便利。

——北京、上海放开对外国学生两年工作经验的要求，以更开放、友好的姿态为外国学生在华创业就业提供机会。如北京允许具有硕士学位的应届外国毕业生在华就业，允许具有学士学位及以上的应届外国毕业生在京创业。

五、进一步提升中国移民签证制度建议

美国移民政策收紧或将大量具有国际视野和水平的高素质人才拒之门外，而这些人才无论是作为中国应对老龄化趋势严重的可持续发展资源的人口红利来说，还是作为中国创新发展原动力、一带一路重要支撑的人才红利来说，都是宝贵的财富，美国移民政策收紧实则为敞开怀抱招揽人才的中国送上了一份厚礼。中国应该抓住这个机遇，快马加鞭出台更为开放、友好的人才利好政策收获世界顶尖人才。为此，基于长期研究跟踪，从以下方面提出建议，助力建立更加开放、更具吸引力的国际人才竞争制度，实现中国在国际人才竞争中的后起超越。

（一）进一步放宽永久居留申请条件

公安部推出的支持北京创新发展 20 项出入境政策措施，自 2016 年 3 月起在中关村先行先试，主要针对外籍高层次人才、留学归国创业外籍华人、外籍青年学生和创业团队外籍成员提供出入境便利。截至 2016 年年底，已有 155 人通过此"直通车"拿到"中国绿卡"，迈开了中国从

70亿人中广纳贤才的第一步。但中国在放宽永久居留准入条件等方面仍有突破空间。

一是扩大在华永久居留申请者聘雇单位类型范围。建议《中华人民共和国外国人永久居留管理条例》，进一步扩大在华永居居留申请范围，允许在中华人民共和国境内企事业单位就业或中方企业驻境外企事业单位和机构就业的符合相关标准的外国人申请在华永久居留。

二是降低保持在华永久居留资格的最低时限要求。目前保持永久居留资格需要每年累积在华居住满三个月，或五年内在中国境内实际居住时间累计不得少于一年，建议进一步降低在华居住时限要求，以更开放、灵活的政策吸引国际人才。

三是扩大永久居留申请材料出具单位范围。目前外国人申请永久居留需提交健康证明和境外主要生活地无犯罪记录证明等材料，建议扩大出具健康证明医院范围，增设境内可出具无犯罪记录证明机构，为申请人办理永久居留提供便利。

(二) 进一步提前"绿卡"发放时间

目前对相关政策的改进主要是针对严格的永久居留申请条件进行了部分简化，却忽视了申请时间造成的机会成本对于吸收国际人才来华的直接影响。较之于美国有多种方式可以对还未到美国的外籍人士先发放"绿卡"，中国"绿卡"的发放则主要通过对已来华一定时间的符合条件者予以"追认"。这种方式可以裨益已在中国有所成就和贡献的外籍人士，但却并不利于中国在激烈的国际人才竞争市场中吸引到有意来华创新创业的优秀外籍人才。

建议允许有意向来华发展的外籍高层次人才直接在海外申请在华永久居留，免去先来中国住满一定期限的要求。对优秀外籍人才提前发放"绿卡"，有助于提高其来华工作出入境方面的便利，加强生活、医疗、保险和子女教育等一系列保障，以彻底解除优秀的外籍人才的后顾之忧，使其把来华工作作为优先选择。这也是中国在知识全球化时代，面向世界吸引顶尖外籍人才的自信力和积极态度的体现。

(三) 建立永久居留转入籍制度

目前，外籍人入籍中国的主要渠道是通过依亲关系获得，并没有出台非依亲关系外籍人入籍的相关政策或细则。用有关学者的话说，就是把外籍人才当临时工，不利于留住外籍人才。因此，建议完善人才移民入籍的相关渠道，已获得永久居留资格的外籍创新创业人员，在华创新创业满一定年限且符合一定条件者，经本人申请，可批准其加入中国国籍，并在此基础上探索研究外籍华人申请双重国籍制度。如获得"绿卡"后居留满五年且累积居留时间达三年以上，无任何违法记录，提出申请并通过入籍考试就可允许入籍。

(四）放宽对留学生在华工作和实习的学历限制

现行留学政策规定，"在中国境内高校取得硕士及以上学位且毕业一年以内的外国留学生，以及在境外知名高校取得硕士及以上学位且毕业一年以内的外籍毕业生"可以申请在华就业，目前这一标准仍不利于中国吸引优秀留学人才。2015年在华接受学历教育的外国留学生为184 799人，其中硕士和博士研究生为53 572人，仅占学历生的29%。现行政策排除了70%的本专科学历留学生，而他们在中国学习长达四年之久，对中国的了解甚至更多。因此，建议制定更灵活的留学生在华实习和工作签证制度。

一是放宽对留学生在华工作的学历限制。建议在中国境内高校取得学士及以上学位的优秀毕业生，在工作单位担保之下，可享受为期两年的工作签证，并建立工作签证与学习签证的有效衔接。二是建议推广中关村相关经验，打通境外高校外国学生来华实习通道。三是建立"全球优秀青年实习计划"，开放国际留学生实习机会。习近平主席2015年在亚非领导人会议上提出，中国未来五年内将向亚非发展中国家提供10万个培训名额，邀请2 000名亚非青年来华访问。建议包括亚非地区国家在内地的境内外高校符合条件的优秀学生均可申请实习签证，并视具体情况给予半年至一年的签证时长，毕业后自动终止。

(五）进一步加大留学生工作签证的发放力度

美国每个财年发放给外籍专业技能员工6.5个H-1B工作签名额，另外还有2万个名额分配给在美大学获得硕士或者更高学位的外籍员工。当这2万个名额供不应求时，移民局会先采用抽签做出决定，没有抽到者会跟随本科学位的申请者一起在普通的 6.5 万名额中再次抽签①。H-1B 申请时间通常 6~9 个月，且获签率高。较之于美国 H-1B 签证发放数额多且快捷、高效，很多来华留学生毕业后却因不是硕士以上学历或没有相应工作经验等而无法获得工作签，这不仅导致大量优秀的留学生毕业就不得不离开中国，也导致很多学生当初选择留学目的国时就因此而放弃到中国留学。

建议加强诸如美国 H-1B 工作签的发放力度，允许优秀的拥有专业技能的留学生毕业后留华工作，而没有相应学历却拥有高级技能的外籍优秀人才可以以其工作经历而抵换一定的学历要求，并且允许其在工作签到期之内由雇佣公司担保申请转绿卡。这将进一步满足日益增多的来华外籍人员，包括来自印度等国英语和技能等综合素质较高的外籍人员的切身诉求，有助于在全球新一轮科技革命中，有效提高"中国制造"转向"中国智造"而急需的吸纳全球顶尖科技人才的机会。

(六) 探索建立华裔卡制度和华侨身份证制度

一是建立华裔卡制度。《关于加强外国人永久居留服务管理的意见》中明确提出要"对长期在华居住、曾具有中国国籍的人员提供申请永久居留的渠道"。鉴于外籍华人与国内联系更为密切，建议来华创新创业，具有学士及以上学位的外籍华人或在华工作满两年的外籍华人可申请华裔卡，给予永久居留。

二是建立华侨身份证制度。华侨拥有中国护照，却无权申领居民身份证和拥有公民身份号码，导致其在回国办理事务时遇到诸多实际困难。建议制定《华侨居民身份证申领发放办法》，建立华侨居民身份证制度，将居民身份证发放范围扩展至华侨。

(七) 建立与国际无缝衔接的外籍人才社会保障体系

境外人才在缴纳、享受社保问题上存在诸多困难，如外籍人才与国内员工按同样标准缴纳社保，但很多外国人才缴纳社保不足 15 年即离开

---

① 美国移民局，https：//www.uscis.gov/eir/visa-guide/h-1b-specialty-occupation/understanding-h-1b-requirements

中国,难以享受企业代缴的保险。建议对境外人才来华工作期间社保的开户服务、缴纳标准、保障内容和离境衔接等进行明确规定,加快与他国签订社保互认机制,设立弹性社保缴费比例。目前中国已经与韩国、德国签订了互免养老保险的协议,需进一步扩大互免协议的国家范围。同时,参考世界其他的规定,放宽境外人才领取社保条件。如果境外人才在中国交纳了若干年保险,并于退休年龄前回国,应允许其回国时按照相应比例提取全部社保,而不仅是个人缴纳的社保。

(八) 制定移民法,完善移民法律制度体系建设

引进境外人才涉及境外人才出入境、在中国工作及在中国永久居留等方面。现有法律体系主要包括《外国人入境出境管理法》《外国人在中国就业管理规定》《外国人在中国永久居留审批管理办法》等三部法律(文件),以及一些相关办法和意见。由于引进境外人才涉及出入境、就业和生活等各方面,法律层面的顶层设计需要进一步加强。

从国际情况来看,各国都通过制定移民法规范外籍人才引进的各项制度。2016年3月中共中央印发的《关于深化人才发展体制机制改革的意见》指出,要完善外国人才来华工作、签证、居留和永久居留管理的法律法规。建议在综合现有法律法规基础上,加快研究制定《技术移民法》和《投资移民法》等,使中国在人才引进、人才移民与人才管理的法律框架更科学和系统,在具体操作上有法可依。

(九) 建立移民机构,优化国际移民管理与服务

随着国际移民涌入加速,中国建立移民机构,实现移民管理与服务专门化已提上日程,但其建设进程对于日益增长的管理需求较为缓慢,外国人签证、居留和移民等事务仍存在"多头管理"问题。

一是加快推进移民机构建设。借鉴他国经验,高效整合相关职能,尽快实现外国人签证、居留和移民等事务的统一管理。

二是发挥移民机构统筹管理海外人才引进的职能。移民机构可作为中央人才工作领导小组和中央组织部人才工作执行部门,统筹管理海外引进人才工作,承担建立国际人才信息库、设立和管理海外国家猎头和国际人才研究等职能。

三是加强移民机构移民权利保障及融入的职能。移民机构可保护移民在中国的人身、居住和财产等合法权益，还可设立移民融入处，在语言培训、文化融合和提供职业信息等方面发挥作用，让移民能够进得来、留得住、发展得好。

四是创新外籍人员监管和服务模式。目前境外人才信息尚不完备，建议建立外籍人员准入、就业和居留的负面清单制度，利用大数据和互联网建立以用人单位和服务机构为主的外籍人员服务动态跟踪机制，实现与公安、人社等部门信息共享及监管与服务一体化。进一步完善社会管理职能，开展涉外社工招募和政策宣讲培训等活动，为境外人才提供便利服务。

（十）加大引进外籍人才的宣传力度

每个发达国家对国际人才的争夺都不曾退让。中国是最大的发展中国家和人口大国，境外人才是否需要大量引进成为舆论热点。然而创新离不开不同国家、种族和文化的碰撞，境外人才来华创业创新对促进区域经济发展和增加本地就业也已是不争事实。对此，一是建议政府和有关单位提前做好对境外人才引进意义的宣传，消除对境外人才的误解与抵触，让国民更好地融入全球化，让外籍人才更好地融入中国社会。二是向欧美国家学习在全球舞台的宣传技巧，提升对全球人才的吸引力，集智慧与技巧于一体在国际舞台完美发声，为中国面向世界建立开放、包容和尊重的揽才环境助力。

京津冀人才发展一体化的战略构想

吴 江

摘 要：当前研究京津冀人才发展一体化的问题，需要紧扣京津冀协同发展这一目标，脱离了协同发展的要求，人才发展一体化就无从谈起。京津冀人才发展一体化的战略构想，既需要在政策创新、市场培育、公共服务、事业平台等方面整体设计谋划，又要采取务实态度，通力合作抓好重点突破，解决好关键问题。总体方向应该是构建京津冀人才发展共同体，确立区域人才发展新格局，依托以首都为核心的世界级城市群建设，汇聚全球顶尖人才，打造"天下英才聚集区"。

关键词：京津冀 人才发展 战略

京津冀是我国人才规模较大、质量较高、活力较强的聚集区。截至2015年底，京津冀三地人力资源总量为6 345万人，人才总量为1 940万人，分别占全国8.2%和12.3%；拥有全国1/2的两院院士、1/4的国家"千人计划"入选者、超过1/4的国家"万人计划"入选者。北京、天津和河北分别实施了地方重大人才工程，培养集聚了一大批海内外高层次人才。

研究京津冀人才一体化，需要紧紧围绕着京津冀协同发展这一主题。2015年年初，北京市、天津市、河北省三个地区的组织部门启动了京津冀人才发展一体化的规划。到底一体化要做什么？笔者认为，一体化实际上是要打造一个区域人才协同发展的良好生态群体。

一、打造京津冀人才"珊瑚礁"生态圈

珊瑚礁仅占地球表面积的1/1 000，却养育了海洋40%的生命，为什么环状珊瑚岛边的水域里可以有这么多的生物存在？人们把这一现象称作"达尔文的悖论"——在营养极少的水域里却生存着大量的生物，其生态位的数量多得惊人。不是因为这里好，实际上珊瑚礁本身没有多少养分，而是抵御海浪的神秘力量——组成珊瑚礁的那些微生物。大海波涛翻涌，越过宽大的珊瑚礁，力量之大似乎无可匹敌。奇怪的是，它却遇到了克星。这些克星表面上毫无抵抗力，似乎一攻即破。然而，并非是大海饶了珊瑚礁，相反是它死攻不下。为什么呢？因为有另一种力量参与其中，并与海浪博弈。这种神秘的力量将碳酸钙的原子与碎浪阻隔开，并把那些原子拼排成一种对称结构。尽管飓风把海浪撕扯成无数碎浪，但这种神秘的力量像建筑家一样，一直在修筑能抵抗海浪的结构，因此，珊瑚礁安然无损。达尔文观察到寄生在珊瑚礁周边的微生物结构对各种生命养育首先有保护的作用，然后形成了开放性的生态环境。最终，在达尔文的名著《物种起源》中解开了生命创造的谜底。

京津冀就应该成为创造无数生命活力的"珊瑚礁"。首先，这种生态群强调一种人才创造活力的开放性结构。中央对京津冀协同发展的战略构想，就是要打破"一亩三分地"门户短见，创造一个具有全球竞争力的区域发展环境。人才的创造力既不能依靠温室效应，更不能孤立生存，而是需要"珊瑚礁"的生态群落效应。京津冀协同发展的核心是疏解非首都功能，就是要把北京的创新创造创业能量释放出来，打造一个更大、更强的人才发展空间。北京"大城市病"的实质是"孤城"的病，症结在于区域发展的结构失衡与水平落差。正如交通发展有断头路一样，人才发展同样存在断头路，北京的人才"虹吸效应"，实质是破坏了人才生态群落规律，降低了创造活力。京津冀协同发展就是从无序的集中转变为有序的疏解，打造一个以首都为核心的世界级大都市群，

打造一个创造无限生命力的大生态圈，让这里成为能够聚天下英才而用之的大舞台。不仅是有存量，而且不断有增量。人才发展一体化核心是要打造一个生态群落，打造一个创造无数人才、让人才辈出的环境，一个能够养育、能够聚天下英才的生态群落。

其次，珊瑚礁一个重要的特性是相邻的生命可能性，能够利用互补性不断创造新的生命。活力来自于哪？实际上来自于每个孔之间的微生物结构，微生物之间既是独立的又是相互链接的生物群落，生命链来自礁体上的每个孔之间，每个孔相邻的生物才有可能产生食物链，不断发现新的生命机遇。这就是说开放性是有条件的，只有相邻的、互补的才是具有活力的，就像进入一个门必须再打开一个门、再打开一个门。这个特征对京津冀也有启发。人才集聚度、开放度越大，创造性就越强。打造世界级城市群的过程就是在更广的范围内集聚人才。京津冀区域的相邻性具有更直接的创造性，这种变化、开放，是一个扩展而开的过程，以首都北京为核心，逐步地扩展。北京周边，如廊坊、保定、石家庄、唐山、秦皇岛、承德、张家口，一步步逐步地往外扩展，形成统一市场、统一服务、统一平台、统一政策，由此看人才发展和人才成长还是有一定的规律性可循的。打造京津冀城市群，是创造无限生命力的大生态圈，形成能够聚天下英才而用之的最佳生态系统。

二、紧扣协同发展找差距补短板

当前研究京津冀人才发展一体化的问题，需要紧扣京津冀协同发展这一目标。脱离了协同发展的要求，人才发展一体化的问题就无从谈起。从这个角度来看，目前人才发展一体化主要有四个"不适应"。

一是区域人才结构与协同发展功能定位不适应。从国家为京津冀重新规划的发展功能定位来看，北京人才资源丰富，但缺乏世界级顶尖战略科学家和科技领军人才，人才结构与建设全国科技创新中心要求不相适应，人才分布呈枣核型，中端人才积压严重，"大城市病"在人才领域也有所反映，无序集中人才对周边地区的"虹吸效应"明显。天津最突出的问题是产业人才结构不合理，企业经营管理人才、高技能人才短缺，与建设全国先进制造研发基地要求不相适应。河北省人才流失比较严重，特别是配套产业转型升级创新的技术技能人才短缺，难以承接产业转移升级。当前河北已经有了250多个产业园区，超过了北京天津的总和。然而没有人才，光有地和房子是不行的。

二是区域人才国际化发展水平与世界级城市群的目标不相适应。北京是政治中心、文化中心、科技中心、国际交流中心，然而和纽约、伦敦、东京等国际城市相比差距还很大，外国常住人口比例不到1%，京津冀外国留学生占高校在校生的比重为1.36%，也与国际知名高校相距甚远。另外，国际人才合作载体不多，引进海外人才政策开放度有待进一步提升。人才在世界的影响力不大，在全球产业分工体系中，京津冀仍处于中低端环节，面向全球集聚人才的能力有待提高。新形势下引进外国人才的工作机制，是要让外国人才能够融入中国社会，享受国民待遇。引进来如何用好，能不能用好直接影响引进人才的可持续性。京津冀人才对外开放度是建设世界级城市群最重要的方面，而目前差距很大。

三是人才体制机制不适应。京津冀地区既有人才不够用的问题，也有怀才不遇的浪费问题，人才资源难以优化配置。一方面现有人才管理体制协同性较差，决策分散，机制僵化，政策落差较大，"碎片化"现象突出，难以形成制度政策合力。北京市的体制机制改革动作很快，是全国典范。中关村人才体制机制改革政策先行先试，但如何可以辐射到津冀地区？区域人才一体化市场配置程度较低，尚未建立一体化的人才市场、人才评价标准和人才信息平台，市场在区域人才配置中的决定性作用发挥不够充分。京津冀的人才市场配置程度相比上海、江苏、浙江长三角地区还有不小差距，政府仅靠有限的财政投入是难以撬动市场这个大盘子的。发挥市场作用还有很多文章可以做，政府要加快市场的培育。

四是人才公共服务提供不适应。教育、卫生、就业、社保、文化等公共服务水平的差距，加大了京津冀人才发展一体化的难度。越是分灶吃饭，公共服务均等化难度越大。三地教育资源实力悬殊，北京、天津知名高校众多，河北高等教育资源相对落后，人口平均受教育年限比京津落后2至3年；医疗资源差距明显，北京每千户籍人口执业医师、注册护士、医院床位数等方面具有较大优势，天津、河北相对不足；社会保障水平落差显著，河北企业退休人员养老金水平与京津存在较大差距。协同发展首先要加大公共服务的转移支付力度，特别是向河北的政策倾斜，中央财力要支持，京津地区也要做出补偿。这实际上是相互之间的双赢效应，从政府来说是转移支付，从整个社会来说就是要建立补偿机制，无论是教育就业，还是医疗和社保问题。

三、建立人才共享发展的战略新格局

京津冀人才一体化发展需要提出可行性思路，总体布局可以用"一体、三极、五区、多城"来概括。"一体"就是联合打造集事业（创新）平台、公共服务、人才政策、人才市场于一体的区域人才一体化发展共同体。三省市要联合推动形成一批产业集群，搭建一批高端创新载体，共建区域人才发展事业平台；整合人才公共服务资源，实现区域间人才公共服务互惠互享；构建区域人才政策网络，推动三地人才政策互联互通；构建区域创新人才网络，畅通人才信息渠道，促进人才要素在区域内自由流动，建立区域人才统一大市场；发挥区域科研院所高等院校创新资源集聚优势，完善区域教育合作机制，搭建人才信息共享平台，促进高等学校优质教学科研资源共享，打造协同创新共同体。

"三极"是指三省市人才重点发展的方向要各展所长。"三极"与"一体"是有统有分、统分结合的关系，"三极"走的是差异化发展路径，三地形成互补。围绕北京建设全国科技创新中心需要，重点集聚一批基础科学、前沿技术、高端服务等领域的领军人才，发挥中关村高端人才辐射带动作用，把北京打造成创新型人才聚集中心，形成京津冀原始创新人才发展极。围绕天津建设全国先进制造研发基地需要，着力集聚一批高水平现代制造研发人才，依托滨海新区高端制造产业优势，把天津打造成产业创新人才聚集中心，形成京津冀高端制造人才发展极。围绕河北省全国产业转型升级试验区建设，加快转型、绿色发展、跨越提升，重点引进和培养一批懂技术、懂市场、懂管理的科技成果转移转化人才，以石家庄为中心，打造京津冀创新转化合作人才发展极。

"五区"，就是要根据京津冀协同发展战略确立的空间布局和功能承载平台，结合区位特色，打造五个人才一体化发展示范区。率先实施一批特殊人才政策，率先突破一批人才发展体制机制，促进区域内高端紧缺人才资源有序开发，形成特色人才集群。以东部滨海发展区为载体，重点服务天津北方国际航运核心区建设，整合秦皇岛港、曹妃甸港、天津港、黄骅港等资源，加快现代信息技术、新能源与新能源汽车、高端

装备制造、现代物流、航运和海洋产业等方面人才集聚，建设产业人才发展示范区。以西北部生态涵养区为载体，重点服务张家口可再生能源示范区建设，加快能源管理、节能减碳咨询和技术支持、生态文明建设、旅游休闲等方面人才集聚，建设生态环保人才发展示范区。以中部核心功能区为载体，重点服务北京新机场临空经济合作区建设，加快航空、现代物流、商务会展、临空高技术等产业人才集聚，建设临空经济高端人才发展示范区。以南部功能拓展区为载体，重点服务河北·京津冀全面创新改革试验区建设，加快技术交易、中介服务、科技金融等领域人才集聚，建设科技成果转移转化人才发展示范区。以北京市通州区、天津市武清区和河北省廊坊市（以下简称"通武廊"）毗邻区域为载体，重点服务北京城市副中心建设，加快高端商务、文化、健康服务等领域现代服务人才集聚，建设京津冀人才一体化发展综合示范区。

"多城"即以京津"双城"联动带动多城联动。城市只有集群才有活力。可以考虑沿京津、京保石、京唐秦三条轴线布局一批人才资源，打造区域特色产业人才发展带，促进京津人才资源与河北多点城市有效对接。发挥京津高端人才资源引领和辐射带动作用，促进石家庄、唐山、保定、邯郸等区域性中心城市人才与产业有机融合，加强对张家口、承德、秦皇岛、廊坊、沧州、衡水、邢台等节点城市的智力支持，提升河北城市经济增长水平和综合承载服务能力，以人才引领支撑首都为核心的世界级城市群建设。

四、形成制度合力打造"天下英才聚集区"

京津冀人才发展一体化的战略构想，既需要在政策创新、市场培育、公共服务、事业平台等方面整体设计谋划，又要采取务实态度，通力合作抓好重点突破，解决好关键问题。总体方向应该是构建京津冀人才发展共同体，确立区域人才发展新格局，依托以首都为核心的世界级城市群建设，汇聚全球顶尖人才，打造"天下英才聚集区"。

一是合力引导人才在区域合理布局。北京、天津根据功能定位，加快产业结构调整步伐，实现京津产业差异化布局，以特色产业集聚一批人才资源。充分发挥河北资源禀赋优势，整合产业园区资源，提升产业承载能力，承接一批北京非首都功能疏解产业，以产业转移带动人才流动，促进人才资源在区域内合理布局。实施人才政策延伸机制，将北京中关村、天津自贸区可复制、可推广的人才政策向河北产业园区延伸扩展和交叉覆盖。建立区域教育、卫生资源共建共享机制，引导京津优质公共服务资源向河北辐射，提升河北人才公共服务水平。

二是合力共建国际高端人才发展平台。在京津冀三省市选择合适地域，联合打造跨国公司聚集区，搭建高端海外产业人才和经营管理人才发展平台。推广北京生命科学研究所新模式，共建一批新型科研机构，围绕京津冀产业发展重点，搭建一批成果转移转化平台，推进科研成果落地转化。支持区域内有条件的高校、科研院所、企业实施"走出去"战略，在海外建立办学机构、研发机构、离岸孵化中心，吸引使用当地优秀人才。

三是合力推动规范有序的市场主导机制。建立区域人才培养的市场化调节机制，依据产业、企业等发展需要动态调整培养方向，形成市场决定人才培养新格局。在区域内打破公益二类事业单位人才编制管理，充分向用人主体放权。改革事业单位、国有企业人才激励机制，突破工资总额限制，对特殊人才实施市场化工资调节制度。取消人力资源服务业跨区域经营限制，构建一体化人力资源服务标准。建立灵活多样的社会参与机制。改革区域政府人才项目运行机制，依托社会组织承接政府人才项目，提升政府人才项目实施专业化水平。鼓励设立跨区域人才社会组织联动机制，搭建人才合作交流平台。建立区域高端人才参政议政机制，畅通人才建言献策渠道。

四是合力建设区域人才公共服务平台。共同打造"京津冀院士之家"，联合成立区域性海外引才服务机构，为各类高端人才提供定制化服务。搭建区域性知识产权保护、法律咨询、劳动仲裁等服务平台，为人才开展创新活动提供全方位保障。建立京津冀一体化投融资平台，促进金融政策、投融资体系、信用产品等有机对接与创新。

五是合力开展区域人才政策先行先试。在东部滨海发展区、西北部生态涵养区、新机场临空经济区、河北·京南国家科技成果转移转化示范区、"通武廊"等区域，在人才引进与服务、创业扶持、交流合作、成果共享等方面取得政策突破，打造局部人才政策创新高地。

（原载于《人力资源管理》杂志 2017 年第 2 期）

关于新世纪人才创新的创新

王通讯

摘　要：自从20世纪之初熊彼特给出关于"创新"的定义以来，人们对创新概念的理解渐趋统一了。但是，随着历史的前进，今天已经进入信息社会，具体说，进入了"大数据时代"。在这个时代，创新已经悄然发生了一些变化。这就要求人们对创新的认识也必须随之变化。本文提出了新世纪创新的六个新特点，它们分别是：开放式创新、民主式创新、持续性创新、合作式创新、协同式创新与颠覆性创新。同时，本文还回答了在这种情势下，组织领导者与政府部门应该怎么做才是正确的。

关键词：新世纪　人才创新　政府

人才学研究认为，人才的本质特征就是创新。习近平总书记指出："创新驱动，实质上是人才驱动。"所以，研究创新，是一个永恒的主题。

历史进入新世纪，关于创新是不是有了什么与以往时代不同的变化呢？回答是肯定的。

人才的创新行为，远自人类出现就开始了。但是，对"创新"加以界定、给出定义一般认为是1912年经济学家熊彼特对创新的研究开始的。

我们不能满足于熊彼特关于创新就是"创造性破坏"的认识，而应该紧跟时代，提升自己的认识，去关心新世纪关于"创新"有什么"创新"，也就是"创新的创新"有什么新进展。

本文主要讲三个问题：新世纪，创新出现什么新特点；创新驱动，组织领导应该做什么；创新驱动，政府又应该做什么。

一、新世纪，创新出现六个新特点

从20世纪后半期到21世纪，创新出现了六个新的特点、新的形式。

（一）开放式创新

过去一说创新，就是象牙塔里的事情，就是保守秘密。现在，开放式创新却成为潮流，也就是不再完全依靠自己的实验室里的科技人员苦思冥想，而是充分利用社会力量，促进创新驱动。

宝洁公司来自公司以外的创新占到本公司的二分之一。

IBM公司将自己的500项专利技术对外界开放，谋求"创作共享"。

Google公司公开其地图生成技术，谋求"共享、重组、再造"。

东软公司将自己的软件产品放在了大型设备的硬件里，结果促使3 000家中国医院使用其设备，产品卖到46个国家。

加利福尼亚大学的一位教授说："当你和外界合作时，他们会承担一部分成本与风险，并加快进入市场的时间。"

许多企业开始与竞争对手合作，不能不说是一个新鲜事。

开放式创新由悬赏开始。

案例：能够确定"经度"的天文钟的发明

1714年，英国议会组织了定经度大奖。帮助船只找到确定经度的方法，无法确定经度在公海里会造成致命的失误。当时英国科学界对这个问题钻研了很久，仍然找不到好的方法。

英国议会悬赏2万英镑。牛顿坚信要从天文学知识中寻找。这是一次全球性开放创新。结果是自学成才的英国钟表匠约翰·哈里森获得奖金。他找到一种非常实用的方法：发明了航海天文钟。创新没有偏袒高学历与英国护照持有者。

但是，像这样开放创新的事情，过去实属稀少。

案例：怎样消除石油海洋污染？

英国石油公司前些年在墨西哥湾造成灾难性石油泄漏事故后，悬赏140万美元，寻找妙招。

存在的争议之处是：悬赏形式能够持续吗？政府应该使用这笔钱吗？

研究认为，网络悬赏平台，挖掘了迄今为止尚未开发的人类潜能，有助于解决重大问题，甚至可能因此创造一个更加智慧的世界。当前，在网上公开招标创新的事情已经十分普通。

（二）民主式创新

美国麻省理工学院教授埃里克·冯·希普尔说，"以客户为中心"的创新，就属于"民主化创新"。

他说，这种创新随处可见。热爱某种品牌——山地自行车、单人划艇、汽车的客户，喜欢改装这些东西。因为这些东西不具备他们真正喜欢的特质。他认为，不从他们身上寻找灵感创新，就是不得要领。"讨论知识产权市场，这仍然属于旧的模式"。企业应该密切关注对现状不满的新用户。

案例：科研众包

科研众包就是通过互联网，把科研项目发包出去，希冀有能力的个人或特点来承包完成。2009年，英国剑桥大学数学家蒂莫西·高尔斯通过众包，使一个数学定理得到证明。发表文章时采用了一个特殊笔名"博学者"。后来，他启动了"博学者项目"，将更多新问题放到网上。

> 我国清华大学张林刚教授,利用众包形式在北京汇聚到 407 名志愿者,收集到 11 万小时的室内 PM 2.5 数据。上海复旦大学的赵斌教授也利用这种众包方式获得生物多样性数据。他们认为,相比官方既有的数据,可能更加准确真实,具有代表性。(《中国科学报》,2015.5.25)

> **案例:科研众筹**
>
> 科研众筹在国外已经成为支持科研的新力量。其实是基于互联网的一种资金筹集方式。由研发者提出有潜力的科研项目,发布到众筹网站上,由此向社会筹集资金。
>
> 2012 年,美国华盛顿大学的三个学生创建了"实验"众筹网站。他们从 4 327 个科研机构搜集到 695 个项目,其中 272 个项目筹集到了资金 150 万元。(《中国科学报》,2015.5.12)

(三)持续性创新

熊彼特认为:创新带来的丰厚回报只能维持短暂的时间,因为不停地有后继者被吸引进来,他们效仿创新企业家的做法,分割他们的利益,最后甚至把他们比了下去。

因此,市场上的企业处于不间断的起伏之中。

这种循环往复的过程,被熊彼特称作是"永不停歇的创造性毁灭之风暴。"当前,这种特点已经出现日益加快的态势。

> **案例:持续创新的证明**
>
> 宝洁公司前任技术主管吉尔·克洛伊德研究了 1992—2002 年(在此期间互联网尚未充分发挥作用),发现美国消费品的更新周期缩短了一半。也就是说,持续创新特点非常明显。
>
> 原因有:
>
> (1)信息技术在传统领域的应用;芯片的知识循环功能 18 个月翻一番,价格降一倍。

> （2）不少公司由原来的内部循环改为一部分为外部循环，提升了创新速度。
>
> （3）创新热潮在世界涌起，发展中国家追赶上来。

（四）合作式创新

美国学者尤查·本科勒在《企鹅与怪兽》中说，在达尔文的《人类的由来》一书中，"适者生存"一词出现了2次，"竞争"出现了9次，"合作"出现24次，"同情"出现61次，"道德"出现90次，"爱"出现95次。这是达尔文在研究一般生物进化论时，所没有出现的现象。在达尔文看来，人与低等动物的区别是在道德或良心上。

本科勒告诉人们："人类不可能只是霍布斯丛林中只知道撕咬的野兽，他们也可以成为善待他人的天使。"他还说，"善，使人类成为这个星球上最善于合作的物种，从而创造出辉煌灿烂的文明，并成为宇宙中的奇葩。"

在互联网时代，大规模的合作，不是一个无关紧要的故事，而是代表着一种发展方向。他提出的"合作、共享与创新"模式，让人耳目一新。他清晰地指出，人类的本能中已经蕴含"合作"的基因，人们可以集合到一起，为自身创造更大的价值。

当我们探讨创新产生机制的时候，一般都会想到竞争。

也就是说，倡导竞争，有利于创新的产生。但是，被称为数字化未来十大科技思想家之一的美国学者史蒂文·约翰逊认为，事情没有这么简单。他思考了这个问题10年，考察了600年人类创新历程，搜集了5万条素材，发现了创新创意的七大模式，认为存在"达尔文悖论"。

约翰逊提出的七大模式是：

相邻可能：相邻是奇异之美，一旦突破别有洞天。

液态网络：固态网络不如液态网络。

缓慢的灵感：慢慢培育灵感，静待花开。

意外的收获：想法沸腾时有时会有意外收获。

有益的错误：歪打正着。

功能变异：转换角度，可以创新（葡萄酒榨汁机变为印刷机）

开放式堆叠：新创意使用旧房子，燕雀不必钻洞。

(五) 协同式创新

协同创新指的是，通过突破多个创新主体间的壁垒，实现创新资源与要素有效汇聚，充分释放要素活力而实现的深度合作。

教育部2011年制定的"高等学校创新能力提升计划"称：自2012年开始，四年一个周期，建立一批"2011协同创新中心"，以大力推动高等学校、科研院所、行业企业、地方政府以及国外科研机构的深度合作，探索适应不同需求的协同创新模式，营造有利于协同创新的环境和氛围。

协同创新中心有四种类型，包括面向科学前沿类、面向文化传承类、面向行业产业类，以及面向区域发展类。

(六) 颠覆性创新

过去，创新成果需要经过几年甚至几十年的时间来取代现有的产品和服务；但如今，任何企业都有可能凭借更好、更廉价的产品，一夜之间在市场上崛起，学者将这种创新称之为"颠覆性创新"，因为他们的出现意味着对相关行业彻底、而且是瞬间的重建。(拉里·唐斯《大爆炸式创新》) 有学者用海面上的"鲨鱼鳍"来描绘它的突发性与威胁力。

大爆炸式颠覆性创新有三个特征：①无章可循的战略；②无法控制地增长；③无可阻挡的发展。

显然，这是一种有着巨大能量的颠覆过程。对以往的创新者带来的是一场灾难。

颠覆式创新，又叫"大爆炸式创新"。因为大爆炸式创新会由近乎完美的市场信息所推动，能够显现出无限制式的增长，所以新产品和新服务会像病毒一样传播开来。

大爆炸式创新，会以两种方式摧毁现有市场，即先是缓慢进行，然后突然袭击。形象地描绘一下，就像海面上浮现的"鲨鱼鳍"一般：先出现某些奇点，然后突然崛起，再挤压周围，然后落下，似乎一切又平静起来。这正是宇宙大爆炸的模型。大爆炸式创新，就是说它类似于宇宙大爆炸的样子。

> **案例：BP 机没有几天日子过**
>
> 大家还记得 BP 机刚出现的情况吧？那时候，几乎每个人身上都别一个机器。没两天，手机出来了，一下子扫荡过去，BP 机无影无踪。这是典型的颠覆性创新。

数字技术摧毁了柯达胶卷，但是没有摧毁富士。

2006 年，微博出现，那时仅有一些内部用户。到了 2013 年，用户达到 2 个亿。遍布世界的用户，每秒发出信息上数千条。微博曾经几乎崩溃。经过努力，终于走出困境。微博出现，实际上属于组合创新。它没有什么新的技术，只是原有技术的组合而已。但是，威力巨大！

> **根源：指数科技是大爆炸创新的动力与平台**
>
> 推动大爆炸式创新的动力是信息技术。1965 年，美国英特尔公司的戈登·摩尔预言五年内计算机主要元件半导体的处理速度 12~24 个月翻一番，同时，价格不变。没想到，时间过了 50 年，摩尔的话，至今还没有过时。
>
> 有学者将这种在较短时间段里价格保持不变，性能一再翻番的技术叫作"指数科技"。指数科技，是大爆炸式创新的平台。
>
> 类似的指数科技还有：肝细胞研究、可再生能源、人类基因组、光纤、LED、机器人。

二、创新驱动，组织领导做什么

要想实现创新驱动，组织领导者要努力做到以下几点：

（一）领导者要做"创新构架师"

西班牙学者帕迪·米勒认为，"作为领导者，你的首要工作不是去创新，而是成为一名创新构架师，创造一个适宜的工作环境，帮助员工采取重要的创新举措，并使之成为他们日常工作的组成部分。"

我们以往总是讲，组织领导要倡导创新，支持创新，其实最主要的是要做一个创新构架师，使创新成为员工日常生活的一个组成部分。

> **案例：乔布斯亲自设计厕所**
>
> 讲到乔布斯，人人皆知他是一位计算机、手机创新人才。他设计手机属于正事，但为什么要亲自设计厕所？
>
> 原来他对企业所有成员的交集机会多少相当重视。能够多多交集的组织，有利于创新的萌生。乔布斯要求，要把厕所放到楼层的中间。这么一来，大家见面、交谈的机会就会自然多起来。
>
> 乔布斯在设计"皮克斯"办公室时，把厕所放在了大楼中间的位置，自然地使员工不得不与其他部门的同事接触。创新架构师必须想办法让员工多接触新世界。(《最受欢迎的创新课》)

（二）应该坚持的五种创新行为

帕迪·米勒指出，组织创新必须有五种关键行为：

(1) 专注于与业务相关的创意（不是只给自由）；

(2) 联系外界，以寻找新鲜创意；

(3) 调试，并挑战他们最初的创意；

(4) 挑选最佳创意，抛弃其他创意；

(5) 通过地下创新，绕过"组织政治"。

坚持以上五种行为，也就是坚持走日常创新的道路。

（三）领导者不能成为"创新抗体"

1847年，从事医院管理，塞麦尔威斯发现，一间因产褥热死亡率极高的产房，出入其中的学生常常解剖完尸体，就直接进去为病人做检查。他建议院长严格执行用一种石灰溶液洗手的规定。

克莱因院长武断否决了他的建议，合同到期时，顺手解雇了塞麦尔威斯。

从此克莱因院长获得一个称号：创新抗体。

（四）用体制对抗体制

帕迪·米勒指出，建设创新者文化的关键并不是对体制、流程和政策宣战,而是接纳并创新设计它,使其能够支持并促进创新行为。换言之,管理者必须用体制对抗体制,在团队和部门建立新的架构。

帕迪·米勒的主张,实际上就是对于旧的不合时宜的体制,要勇于改革,不能总是意见多多,而不见行动。埋怨不能解决问题,改革才是唯一出路。

(五) 提升个人与组织的信息化素质

什么叫信息化素质?今天,人类已经进入信息社会。所谓信息化素质,就是个人应掌握最基本的职业信息,保持对信息的敏感性,学会利用信息,提高业务水平,创造更大价值的能力。包括掌握必要的信息技术。对于组织来说,首先是加强信息设施建设。

中国与美国在信息技术上差6年。中国在世界信息技术上的排名在59位。

历史前进到21世纪,有的人不会使用电脑,不会发短信,就是信息素质不具备的突出表现。按照联合国教科文组织关于文盲的定义,大概要归入"文盲3"的范畴。

(六) 保持对信息的敏感性

瑞士一直是钟表业的老大。1968年时,世界手表市场份额瑞士占65%,利润占80%。没想到1975年,遭受重创,市场份额下降到10%。因为这个时候,机械钟表被电子钟表所挑战,传统机械钟表在很大程度上被电子表代替。瑞士许多钟表企业对创新信息忽视,没有来得及调整产业结构,遭受重大打击。

其实,1970年,联邦德国的哈密尔顿钟表公司就申请了第一件电子表专利。1971年,就出现了液晶显示产品。瑞士都没有重视其威胁性。此时的日本,敏锐地抓住了有价值的信息,一跃成为世界第一电子表大国。

当时我到深圳、香港,也买回来好几块日本的电子手表。很便宜,很准确。

(七) 做任何工作,都要信息先行

信息先行,就是预先进行信息调研,掌握比较全面的信息,再进行谈判或贸易。与之相反的是，不调查，不理解信息就胡乱拍板，非吃亏上当不可。

20世纪80年代，上海耀华玻璃厂要同英国波尔金顿玻璃公司谈判引进浮法玻璃工艺。对方开口索价125万英镑。理由是含有一大批专利。上海方面通过专利检索，发现对方专利共有137项，其中失效的有51件。对方看上海对专利情况很清楚，便把价格降至52.5万英镑。下降了一半多。这就是对信息掌握带来的好处与效益。

(八) 要谨防信息落后

居里夫人的女儿、女婿因人工合成放射性元素荣获1935年诺贝尔化学奖。但是，科学界人士说，他们在科研过程中，曾经三次失去获得诺贝尔奖的机会。他们两个对发现中子、正电子都做出过重要贡献。但是，他们不知道著名科学家有关这方面的学术新说，总是拘泥于自己的陈旧定见，打不开思路，换不了角度，总是用射线去解释它们。

对于当代重要科学家的思想，怎么能够不重视、不知道呢？信息的迟延给居里夫人的女儿、女婿带来的后悔太沉重了。

(九) 善于保护重要信息

什么叫保护？登记专利就是保护。有时，公开就是保护。

我国曾经成功开发出抗疟疾新药青蒿素，但是，研究单位只发表了论文，而没有申请国外专利保护，结果被国外企业稍加改进，抢先申请了新药专利。致使我国每年出口减少，蒙受损失2亿~3亿美元。

时间就是金钱。历史上，德国克虏伯公司发明的人造茜素在英国申请专利，只比英国人早一天，所以能够在英国长驱直入，占领了此类商品的英国市场。早一天就是别人的，而不是自己的了。

三、创新驱动，政府又该做什么？

为实现创新驱动，建议政府做好以下诸项工作：

(一) 要有新认知：技术创新的外在障碍是经营环境

世界银行颇有影响的《经营环境报告》说，开办一家新企业的时间在世界各地不一样：日本为 21 天；德国为 19 天；美国为 6 天；新加坡为 3 天。

英格兰的剑桥市是欧洲最佳创新园区，但是仍然远远落后于硅谷，原因就在创办新企业成本高昂、耗时良久。

（二）应明确：技术创新的主体是企业家

熊彼特指出，技术与管理创新的灵魂人物是企业家。

当别人在未知事物面前徘徊犹豫时，他们却勇敢地踏出一条自己的路；即使身处危机四伏的迷雾之中，他们也绝不因恐惧而战栗；没有经验、没有充足的信息，他们就紧紧地盯住追逐的核心，用自己的直觉做赌注；凭借坚强的意志和冲破一切的力量，他们拒绝安逸，勇敢地向一切阻碍创新的势力宣战。

这简直就是历史性的颂歌式的描述。不过，很多领导者不够清楚。

（三）大力加强：创新方法的传播

创新方法研究已久。在中国首先是传播问题。以美国为例，1933 年，美国通用电气公司首先开设《创造工程》一课，用以提高职工创造性。1938 年美国奥斯本出版《创造学》。1948 年，美国麻省理工学院开设《创造力开发》课程。1954 年，美国成立创造性教育基金会。1970 年，美国成立创造性领导中心。1978 年，美国成立创造性学习中心。1998 年，美国拥有创造性咨询中心 63 家。

美国成为 20 世纪全球经济大国，与其对创造性开发的高度重视是分不开的。

（四）重点促进：强化人才之间的交集

欧盟的一份研究报告指出，中国社会缺乏人与人之间的相互联系。就是创新者之间，存在着严重的"孤岛现象"。这对创新的产生是十分不利的。

打破"孤岛现象"，方法就是通过采取一些举措，加强人们之间的互联互通，促使创新思想之间的碰撞。中关村的"3W 咖啡屋""车酷咖啡"之创建，就是一种重要方法。

> **案例：裸眼 3D 项目的故事**
>
> 　　上海交大有三位教授，他们同住学校闵行校区，有同样的研究兴趣，但是却从来没有见过面，也不知道对方是干什么的。
>
> 　　2013 年，交大无锡研究院召开会议，这三个教授的助手碰到了一起，大家各讲各的，聊着聊着突然发现他们的研究可以凑在一起，互补成功。
>
> 　　更加巧妙的是，这次会上，还来了一位搞加工的老板，三个研究教授和一个老板加在一起，达成了项目合作。这样，裸眼 3D 从发起合作到研究成功，只用了半年时间。2014 年，产量超过万套。
>
> 　　无锡研究院对这个项目，还给予了 200 万元的基金支持。

（五）平衡驱动：政府与市场两个轮子

在新世纪，政府与市场是两个创新的驱动力。但唯有政府能够确保创新结构的合理。政府可以做以下六个方面的事：①维护法制；②鼓励风险投资；③实行实用的破产规范；④促进知识发展型基础设施投资，包括智能电网、宽带网络、基础研究、高等教育；⑤促进政府本身改革，例如信息公开；⑥推动学术界与产业界的深层次合作研究。

推进人才与经济的"深度融合"

桂昭明

摘　要：建立了人才"集聚度"和人才与经济社会"融合度"的概念，阐述了"集聚度"与"融合度"的相关性；提出了人才"集聚度"是创新驱动发展的前提与基础，人才"融合度"是创新驱动发展的本质与标志，中国人才创新驱动发展需要破除"四个结合不够紧密"、实现"四个对接"、推进人才与经济的"深度融合"等观点；对"四个结合不够紧密"和"四个对接"展开了分析与论述，由此提出推进人才与经济融合的重要举措，即绩效评价；简述了绩效评价的方法，并论述了绩效评价对实现人才创新驱动发展、对提升人才与经济社会"融合度"的作用。

关键词：人才　经济　融合　创新驱动

党的十八届五中全会通过的《中共中央关于制定国民经济和社会发展第十三个五年规划的建议》中，再次强调"要深入实施创新驱动发展战略"，"创新驱动的实质是人才驱动"。

一、人才"集聚度"：创新驱动发展的前提与基础

人才集聚度是考量人才资源及其所携带的人才资本、技术、研究成

果在区域、产业、行业等空间分布的集中性、聚合性程度的指标,是衡量区域、产业、行业等空间、领域人才发展状态和水平的重要标志。

人才绝对集聚度是人才集聚的总量,显示了人才资源及其所携带的人才资本、技术、研究成果在区域、产业、行业等空间分布的规模效应。

人才相对集聚度是人才集聚的分量,显示了人才资源及其所携带的人才资本、技术、研究成果在区域、产业、行业等空间分布的质量效应。

"千人计划"是集聚高端人才最为典型的代表作,是我国立足于当前、规划于长远、更好实施人才强国战略的重大举措,是在激烈的国际竞争中赢得主动的战略选择。

"千人计划"围绕国家发展战略目标,有重点地支持一批能够突破关键技术、发展高新产业、带动新兴学科的战略科学家和领军人才来华创新创业。这一计划的实施无疑有利于推动经济方式转变,极大的提高自主创新能力。截至2015年,共有11批5 208名海外高层次人才回国(来华)工作。

区域人才"集聚度"的前五名为北京、江苏、广东、上海、山东。

相关性分析结果表明,区域人才集聚度的多数一级指标都与"人才平台指标""人才生活环境指标"和"人才科技投入"这三个外在因素高度相关。这说明"人才平台""人才生活环境"和"人才科技投入"这三个外在因素是影响区域人才集聚度的主要因素。这一结论提示区域人才发展的决策者们要高度重视有利于区域人才发展的平台建设和为人才营造、提供良好的区域人才生活环境,以及注重对人才的科技投入。

相关性分析结果还表明,与人才发展外在因素高度相关的区域人才集聚度指标中,只有少量绝对人才集聚度指标,而较多的是相对人才集聚度指标。这一结果说明人才发展的外在因素不仅影响区域绝对人才集聚度,更多地在影响着区域相对人才集聚度,影响着人才集聚的结构。这一结论提示区域人才发展的决策者们不仅要高度重视区域人才数量的集聚,更要重视区域人才质量的提升。

二、人才"融合度":创新驱动发展的本质与标志

然而,我们不是为了聚集人才而聚集人才,而是为了用人才,以用为本。很多地方人才集聚了,但是人才用的如何,人才与各地经济社会

是否"融合"起来了，各地领导和决策部门不一定心中有数。无论是从专利授权量、有效发明专利的拥有量等（这些是创新成果），还是国家产业化项目、高新技术产业的主营业务收入、新产品开发收入等（这些是创业成果），都是创新创业人才与经济发展的"融合度"指标。在这些"融合度"指标中，广东、江苏在前列，而北京在之后。也就是说，人才"集聚度"，北京是领先的；但人才与经济的"融合度"，北京是靠后的。

对区域人才的"集聚度"和"融合度"进行了比较研究，结果显示：区域人才聚集度高并不一定人才与经济社会发展的融合度就高，人才集聚多不一定为经济社会创造的贡献就多。如，北京表征区域人才"聚集度"的人才综合指数、千人计划指数大大高于广东，但是表征区域人才"融合度"的发明专利授权量、高新技术产业主营业务收入、新产品开发项目以及收入等均低于广东。这个现象说明了什么？第一，北京集聚了比较多的创新性人才，而广东聚集的多为创业型人才。第二，广东的人才与经济社会发展融合度高，而北京比较低。第三，广东聘请外国专家人才指数方面大于北京，说明广东在外专人才引进和使用方面优于北京。

2016年3月21日，中共中央印发《关于深化人才发展体制机制改革的意见》（以下简称《意见》）。《意见》着眼于破除束缚人才发展的思想观念和体制机制障碍，解放和增强人才活力，形成具有国际竞争力的人才制度优势，聚天下英才而用之。《意见》强调服务发展大局。围绕经济社会发展需求，聚焦国家重大战略，科学谋划改革思路和政策措施，促进人才规模、质量和结构与经济社会发展相适应、相协调，实现人才发展与经济建设、政治建设、文化建设、社会建设、生态文明建设深度融合。

然而，我国目前人才发展与经济社会的发展存在"四个结合不够紧密"现象。中国人才创新驱动发展需要破除"四个结合不够紧密"，实现"四个对接"，才能推进人才与经济的"融合度"。

（一）人才创新驱动发展，需要破除"四个结合不够紧密"

2012年，我国拥有这样三项世界第一："现役"和"后备"工程师数量排名世界第一；2010年起SCI数据库收录中国科技论文数量排名世界第一；2011年起超越美日成为世界上申请专利最多的国家。但是这三项看似风光无限的世界第一，却没有改变我国自主创新能力相对较弱的局面，在全球产业布局中，仍然暂时不能改变"世界工厂"的尴尬。其中原因何在？

1. 科技人才同经济的结合不够紧密

我国工程师数量虽多，但据2014—2015年度GCR（全球竞争力报告），中国在"科学家和工程师的可用性"指标中，在144个国家中仅排名第43位，评估分值4.4分（最高分7.0分）。美国81%的工程专业本科毕业生可以立刻胜任工作，印度有25%的毕业生可能做到这一点，中国的比例只有10%。

2. 人才创新成果同产业的结合不够紧密

我国科技论文数量虽多，但在全球被引用次数居于前1%的论文（即"高被引论文"）数量仅居世界第6位。专利数量虽多，但整体转化率低于20%，产业化不到5%；且被世界公认的权威专利局授权的专利很少：2012年，在美国（USPTO）、欧洲（EPO）和日本（JPO）授权的三方专利局，中国专利权人获得专利授权的比例分别只有2%、1%、2%。而美国、日本和欧洲专利组织成员国（EPC）的专利权人获得专利授权的比例高达98%~99%。

3. 人才创新项目同现实生产力的结合不够紧密

毋庸讳言，有相当一些在我国中西部地区（大多在高等院校及科研院所）申报、落地的"千人计划"人才（其中主要是创新人才），却被吸引到东部地区的一些省市去创业了。

为什么？因为他们的创新项目在申报、落地的地区缺乏产业化平台，缺乏创业环境，无法转变为现实生产力；而东部地区的一些省市为他们提供了完善的、没有"天花板"的创业平台和没有"藩篱"的创业环境，使他们"如鱼得水"，能够充分展示其聪明才智。这些人才的"东南飞"，就不仅仅是20世纪末的孔雀"东南飞"，而是凤凰"东南飞"了。

现在有一个悄悄发生的现象，就是东部地区的一些高端人才悄悄地向南方流动，当然还没有形成一个趋势。原因是什么？创业过程中遇到的融资问题难以解决。在广州、深圳等地,建立了创业金融中心,很方便、很给力地为高端人才解决融资问题。而在东部地区的一些地方,高端创业人才的融资问题成为人才创新成果产业化的瓶颈。

我国由于缺乏自主创新技术,被动高价引进国外信息技术,对外技术依存度仍然高达50%以上,而美国、日本对外技术依存度仅为5%;我国技术引进经费与消化吸收创新经费的比例约为11∶1,与日本该项指标的1∶10形成鲜明的反差。对外技术的依赖已经成为当前我国许多行业自主创新能力提高的瓶颈。

4. 研发人员创新劳动同其利益收入结合不够紧密

人才价格的状况和走向(特别是价格与价值的偏离度)反映了一个国家、地区及社会组织的社会经济发展状况和人才资本开发与管理的水平,反映了当地人才市场的运作水平。

人才资本价格与价值相背离的根源,还是在于没有真正认识到或者不愿意承认优秀人才对经济发展的重要作用,不愿意承认人才资本的价值。

(二)人才创新驱动发展,需要实现"四个对接"

1. "四个对接"的主体是人才与经济的对接

"强化科技同经济对接、创新成果同产业对接、创新项目同现实生产力对接"三项对接,主体是人才与经济的对接。

科技同经济对接。从全球范围看,科学技术越来越成为推动经济社会发展的主要力量,即将出现的新一轮科技革命和产业变革与我国加快转变经济发展方式形成历史性交汇,为我国实施创新驱动发展战略提供了难得的重大机遇,科技同经济对接已经成为历史的必然,对接则兴,脱节则衰。推动科技创新与经济社会发展紧密结合,关键是要处理好政府和市场的关系,通过深化改革,进一步打通科技和经济社会发展之间的通道。

创新成果同产业对接。让市场真正成为配置创新资源的力量,让企业真正成为技术创新的主体。政府在关系国计民生和产业命脉的领域要积极作为,加强支持和协调,总体确定技术方向和路线,用好各类高端人才,集中力量抢占制高点。围绕产业链部署创新链,围绕创新链完善资金链，消除科技创新中的"孤岛现象"，破除制约科技成果转移扩散的障碍，提升国家创新体系整体效能。

创新项目同现实生产力对接。各地人才经济发展的实践证明，"产学研"相结合是吸引人才集聚、孵化创新企业、孕育创新创业人才、实现技术创新，进而实现产业的转型升级、形成新兴产业和高新技术产业，实现创新项目同现实生产力对接，推进经济可持续发展的有效平台。

2. "四个对接"的关键是人才与价值的对接

考察我国当前人才发展的现实，要践行"以用为本"的科学人才观，必须进一步解放思想、解放人才、解放科技生产力。中国改革开放已逾38年，国家经济层面的开放已经完成，中国已经崛起成为经济超日追美的"大国"。中国的硬件和基础设施也日趋完善，但中国在人才层面的解放还远没有完成，"国富"之后还没有"民强"，"大国崛起"的基石之下还并不是一个"人才强国"。

"人才强国"战略的实施还缺乏一个以解放人才和开放人才为主要要素的操作系统，还缺乏当代中国人才需要具备的以解放人才和"以用为本"为显著特征的核心诉求和价值体系，使得我国庞大的人才资本难以在运营中重组，在重组中优化，在优化中增值。

"激发全社会创新活力和创造潜能"，核心是要激发各类人才特别是高端科技领军人才的创新活力和创造潜能。"强化研发人员创新劳动同其利益收入对接"，其实质是人才与价值的对接，当务之急是要健全激励机制、完善政策环境，从物质和精神两个方面激发科技创新的积极性和主动性。让有突出贡献的优秀人才"名利双收"。

四个"对接"，其实就是针对这四个"结合不够紧密"而来的。四个结合不够紧密，需要从制度设计上寻求其根源；中国人才创新创业水平提升受阻，需要破解制度上的诸多障碍。

三、绩效评价，推进人才与经济的融合

《意见》强调，"加快实施创新驱动发展战略，就是要使市场在资源配置中起决定性作用和更好发挥政府作用"。运用市场机制发展人才经济、实现创新驱动发展，就是要运用市场供求机制吸引配置人才，运用市场竞争机制使用管理人才，运用市场价格机制激励服务人才。其中的

一个关键节点,就是评价人才,特别是人才的绩效评价。

(一)人才绩效科学评价是人才驱动创新发展的关键环节

人才引进并非最终目的,人才引领社会经济发展才是题中之意。各地各类人才项目的绩效如何,是需要各级政府和人才管理部门在"引才热"之后必须冷静思考并实施考察的重要问题,是提升人才发展与经济社会发展"深度融合"的重要举措。

但是,从目前各地人才工作的实践看,"引才"的热潮方兴未艾,热力未减;"用才"的绩效少有关注,标准不一。"高端引领"固然重要,"以用为本"更为关键。如何从"引才"链节的"高端引领"向"用才"链节的"以用为本"传递,是我们进行人才绩效科学评价的初衷,也是人才驱动创新发展的关键环节。

人才绩效评价是指建立一套正式的结构化的制度,用来衡量、评价并影响与人才工作有关的特性、行为和结果,考察人才的实际绩效,了解人才可能发展的潜力,以期获得人才与组织的共同发展。

(二)人才绩效评价对提升人才与经济社会"融合度"的作用

1. 引才导向

将预期绩效评估结果作为引才的指南。人才项目引进要从区域的产业需求出发,本着"有所为有所不为"的原则,有侧重的推行"节点引才"和"绩效引才",积极打造一批优势产业节点。要把绩效作为人才项目评价的核心,在人才项目申报之时就开展"预期绩效评估"。项目的评审认定按照绩效评估方法加以考量。

2. 管理抓手

把绩效评估成绩单作为项目管理的依据。明确落户满5年的人才项目必须开展绩效评估。根据各项目绩效评估成绩单实行分类管理。

评估优秀的项目给予重点鼓励与培育推进,评估不达标的项目要会同相关部门,与领军人才面对面的沟通,把脉问诊,深入查找问题症结所在,共同商议提出补长短板、解决制约瓶颈的推进方案(即绩效改进计划)。

在项目日常管理中,将项目绩效与兑现后续资助政策"绑定",明确人才项目达到绩效评估相应条件、经验收合格后，方可享受后续相关资助政策。

3. 升级标尺

将绩效评估情况作为评优升级的依据。每年通过绩效评估的方式，评审评选一批"领军人才创新创业示范企业"，树立绩效优良的人才企业或人才团队"标杆"，并加以宣传表彰。

同时，打破"一审定终身"的认定模式，将发展实绩与项目升级资助紧密结合起来。对发展实绩突出的人才项目，经专项绩效评估，可升级为"重点推荐"项目，再给予产业化资助。

4. 退出依据

将绩效评估结果作为项目清理退出的依据。打破"能上不能下、能进不能出"的局面，既要对人才项目有充分的宽容度，也要给予人才项目适当的发展紧迫感，而不是无限容忍。

对于部分发展慢、成效差的人才项目，要实行动态绩效评估，动态管理清退。连续几次绩效评估不达标的，予以取消领军人才项目资格。

绩效评估的"成绩单"与政府扶持绑定，打破了原先"一审定终身"的认定模式，将发展实绩与项目升级资助紧密相结合。

对评估表现不足的人才团队也不是"一棍子打死"，只有连续3年绩效评估不合格的人才团队项目，才会取消领军人才项目资格，以体现对创业的宽容度。

我们完全可以充满信心地展望：在我们深入贯彻实施《意见》，全力推进"创新驱动发展"的社会经济发展模式、努力实施人才强国战略的进程中，在国家和各地形成了一个充满生机与活力的人才汇聚机制之日，就是国外人才慕名而至、海外学子携手归来、国内人才才智涌流、人才与经济社会"深度融合"的国盛才兴之时！而这一国盛才兴局面的形成，有赖于全国各地组织人事人才工作者在深化人才发展体制机制改革、实施"创新驱动发展、人才开发先行"中的创新实践！

推进人才国际化：人才优先发展的新课题

沈荣华

摘 要：人才国际化是发达国家吸引人才的首要政策。把握大时代、大趋势、大人才，大力推进人才国际化，是新世纪新阶段中国人才发展的战略命题，对建立具有国际竞争力的人才制度优势，为实现"两个一百年"奋斗目标和中华民族伟大复兴的中国梦提供强有力的人才支撑具有重要意义。本文根据习近平总书记10年前对上海提出的"推进人才国际化"的要求，就我国人才国际化的提出、人才国际化的指标体系、人才国际化的目标和思路以及推进人才国际化的方向性对策建议，提出了自己的独到见解。

关键词：人才 国际化 战略设计

随着世界多极化、经济全球化的深入发展，人才国际化问题成为一个重要的国际问题。

关于人才国际化，习近平总书记早在2007年5月就讲过，他说，"贯彻党管人才原则，牢固树立人才资源是第一资源的思想，最大限度地开发人力资源，推进人才国际化，努力满足建设现代化国际大都市的人才需求"。① 随着经济全球化时代的到来。我国将在更大范围、更广领域和更高层次上参与国际经济技术合作和竞争。在这样的宏观背景下，审视我国人才发展，推进人才国际化将是其中一个极具重大意义的新课题。

一、人才战略选择：我国人才国际化问题的提出

人才国际化是新世纪新阶段人才优先发展的战略命题。它是指按照国际通行的人力资源规则和惯例，在全球范围内开发和配置人才资源，全面参与国际人才分工和交往的过程和状态。它的外延包括三个方面：一是人才机制要与国际接轨，具体包括用人机制、分配机制、评价机制、流动机制、管理机制等；二是人才总量、质量、结构等各项指标要达到国际大都市的相应水平；三是在人才素质方面，要培养、引进精通国际规则、具有跨文化沟通能力、能够在本领域内熟练地处理各种涉外事务的人才。

推进人才国际化的目的，就是要按照党中央提出的加快实施人才强国战略的要求，开发利用国内国际两种人才资源、两个人才市场，为实现中国梦提供强有力的人才保障和智力支撑。这是事关国家改革发展稳定大局的战略命题。

（一）经济全球化要求推进人才国际化

进入21世纪以来，国际经济发展呈现出三个新的特点：一是经济全球化进入一个新的发展阶段，生产、贸易、服务的国际化程度迅速扩张，各类生产要素，包括物资、资金、人才成为"资源流"，在全球范围内加速流动，当今世界人才流动和智力流动的频率不断加快。二是知识经济加速发展，高新技术的发展，即使新经济时代的产业结构发生重大调整，同时也促进了人才资源取代物质资源，成为新经济时代的第一资源，世界经济发展的动力已由主要依靠物力资本转到主要依靠人力资本。三是跨国公司日趋发展，为人才国际化提供了最直接的动力。实践证明，

---

① 习近平. 在2007年上海第9次党代会上报告［N］. 文汇报，2007-05-31.

经济全球化时代的主旋律是"国际化",而人才国际化作为"国际化"的核心组成部分,将是各国人才资源发展的一种必然趋势。

(二)国际人才竞争加剧要求加快人才国际化

社会的发展取决于科技的进步,科技的进步取决于人才智能发挥以及发明创造成果的推广,人才对社会生产力发展起着决定性作用,极大影响各个国家的前途命运。因此,世界各国千方百计争夺人才,今天人才竞争已在全球范围内演变为一场没有硝烟的人才大战。高层次人才是国际社会共同的稀缺资源,所以,对这部分稀缺人才的竞争更会愈演愈烈。在这种情况下,作为发展中国家仅通过防守战术来"守"住人才是不现实的,须主动采取"走出去"的策略。因此,我国实施人才强国战略必须是开放的,通过加快人才国际化进程,积极参与激烈的国际人才竞争,努力开发国际人才资源,才有可能获得相对优势。特别是入世后,我国人才工作已直接站在了国际竞争平台上,推进人才国际化就显得更加紧迫。

(三)全面建成小康社会要求提升人才国际化

"十三五"时期,是我国全面建成小康社会、加快推进现代化建设的关键阶段。小康伟业,人才为本。我国现阶段人才工作的根本任务,就是要大力实施人才强国战略,为全面建成小康社会提供坚强的人才保证和广泛的智力支持。当今世界,人才资源已成为最核心的战略资源,人才在综合国力竞争中越来越具有决定性的意义。人才数量的多少、质量的高低和结构的优劣,决定国家竞争力的强弱。因此,大力提升我国的核心竞争力和综合国力,就要大力提升我国的人才国际竞争力,积极推进人才国际化进程。

(四)我国人才国际化的严峻形势要求参与人才国际化

根据经济全球化发展和我国全面建成小康社会的要求,我国人才国际化工作面临严重挑战,突出表现有"五个缺乏":缺乏全球化的人才资源开发理念;缺乏国际化的人才素质;缺乏国际人才交流配置的市场;

缺乏和国际接轨的人才法律法规；缺乏国际人才成长的机制环境。解决"五个缺乏"，是中国人才国际化面临的一项重要任务。

二、国际评价标准：中国人才国际化的指标体系

人才国际化战略的实施离不开国际化人才。国际化人才，主要是指具有较高学历（本科及本科以上）、懂得国际通行规则、熟悉现代管理理念、同时具有丰富的专业知识和较强的创新能力及跨文化沟通能力的人才。具体包括以下五类人员：在国内工作的外籍专家和专业技术人员；在国内创业和工作的中国留学生中的归国人员；从中国外派出境工作的专业技术人员（含"走出去"的跨国企业劳务输出和交流人员）；境外企业在国内聘用的专业技术人员；其他人员（本土国际化人才）。国际化人才的基本素质是，必须具有宽广的国际化视野和强烈的创新意识；具有熟悉和掌握本专业的国际化知识；具有国际通用的能力证书；具有熟悉和掌握与业务活动有关的国际惯例；具有较强的以外国语为基础的跨文化沟通能力；具有独立的国际活动能力；具有较强的计算机及网络运用能力；具有良好的道德和健全的个性等。

评价中国人才国际化主要标准有五个方面（概括为五个"度"）。一是支撑度，即经济社会总体水准和国民教育、继续教育的完备程度。二是宽容度，即人才结构的跨文化容量，也就是看其吸收和容纳不同国家各类人才的数量和质量。三是融合度，即看其不同文化背景人员之间，是否保持良好的沟通、理解和合作共事，并具有较高的工作效率。四是流动度，即全球范围人才引入或输出的集散能力。五是影响度，即人才总体的实力及其在全球经济、社会、科学技术领域创造发明能力和国际交流能力。

中国人才国际化的指标体系
（美国、日本、新加坡、中国香港等为参照系）

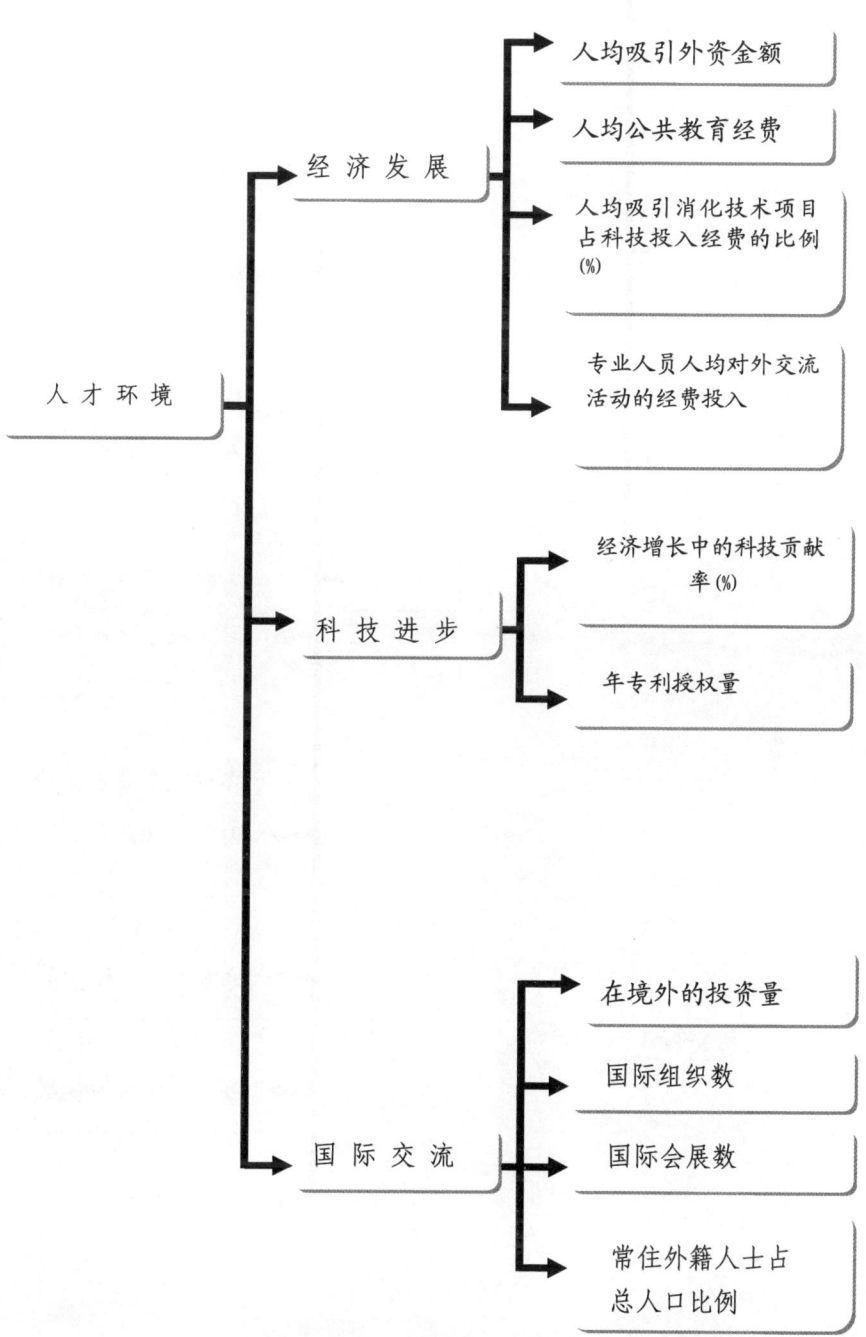

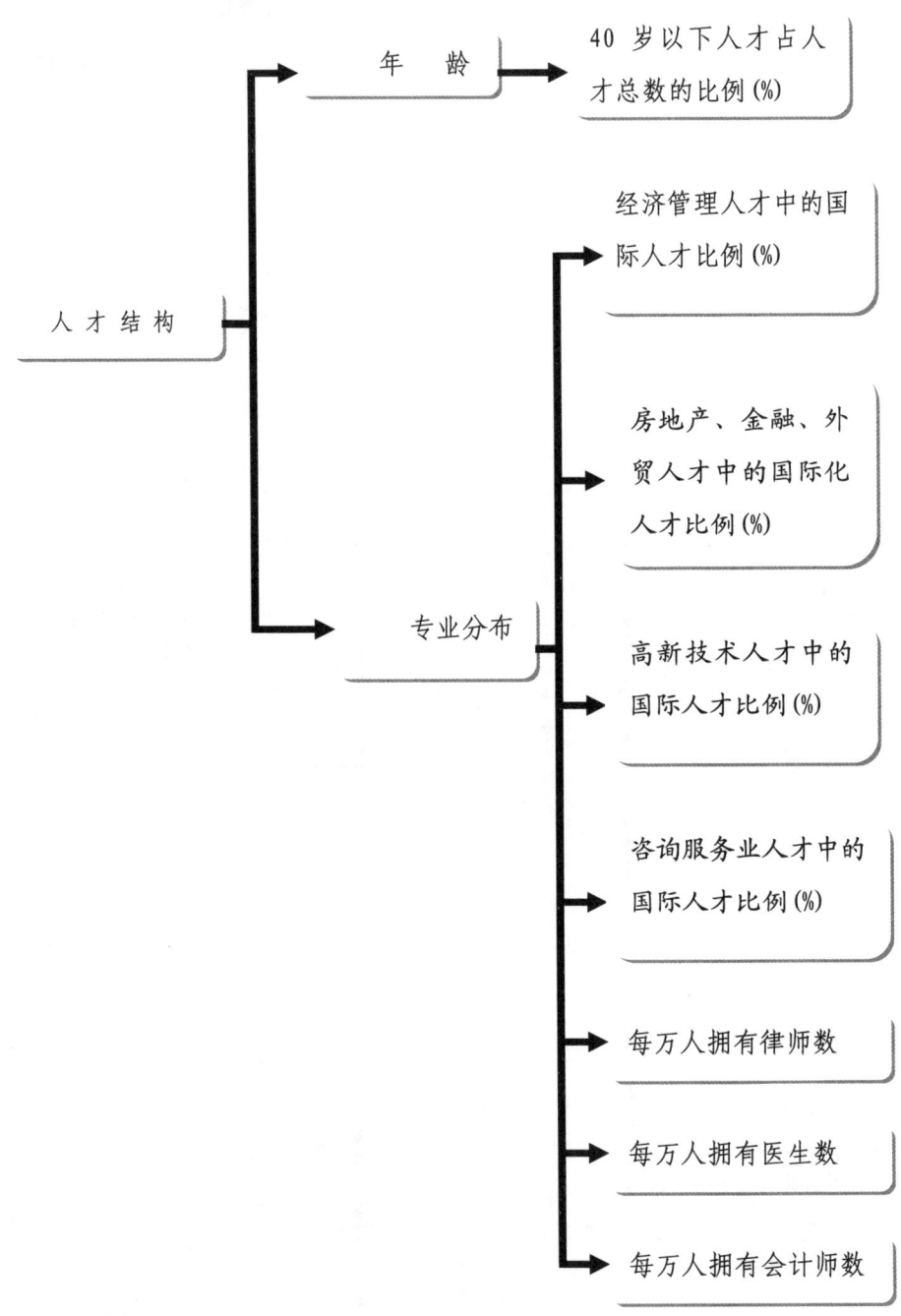

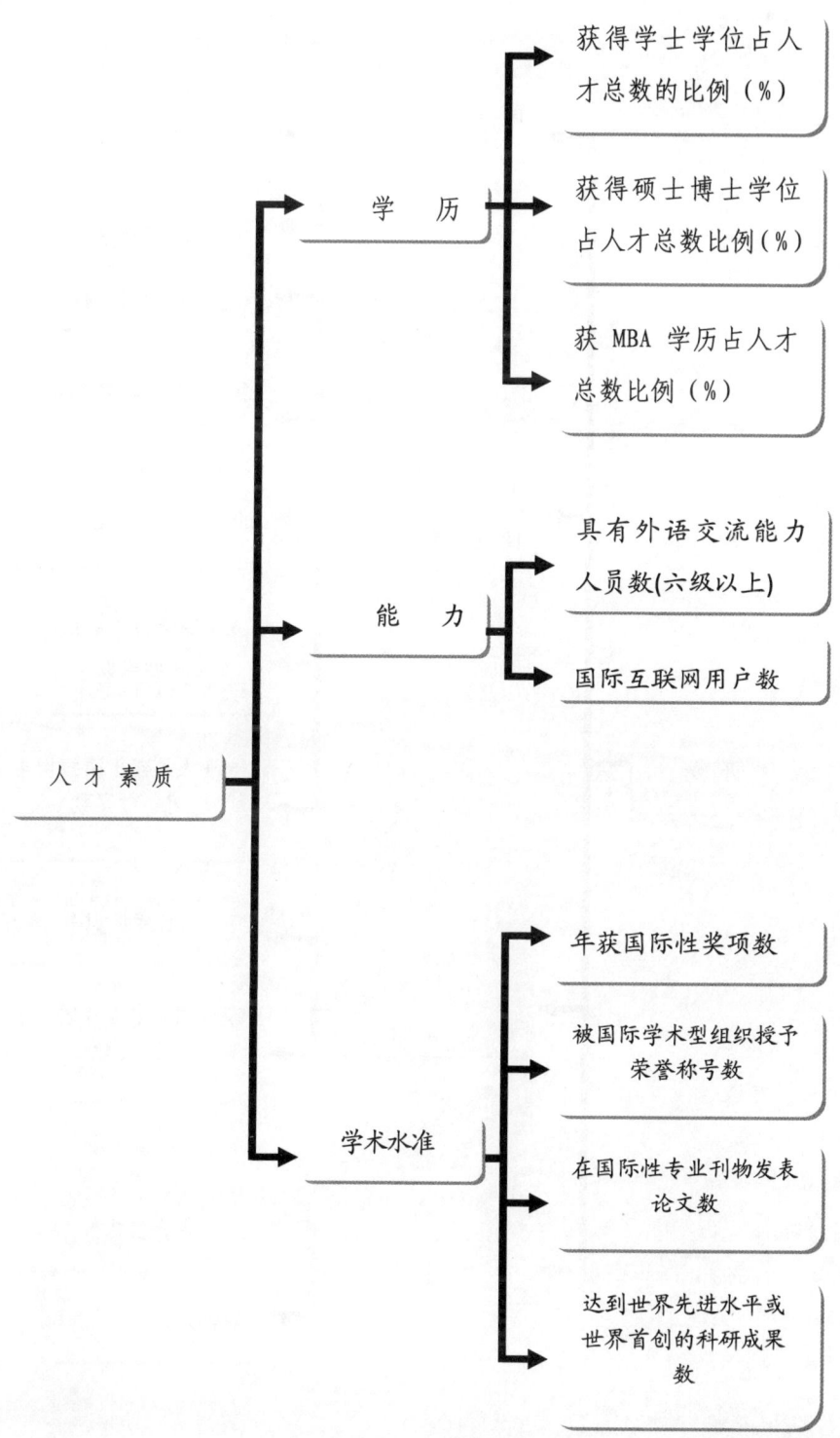

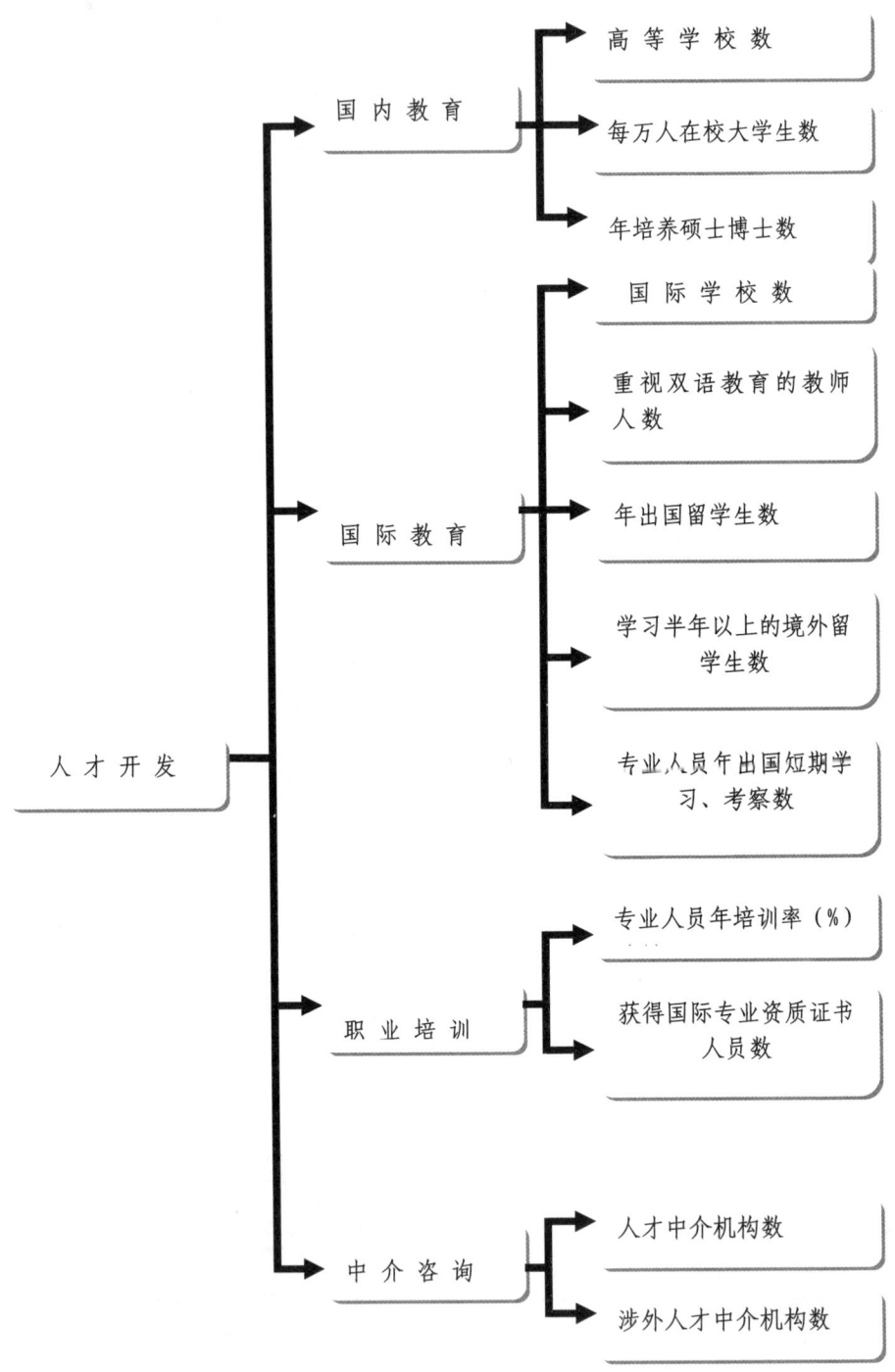

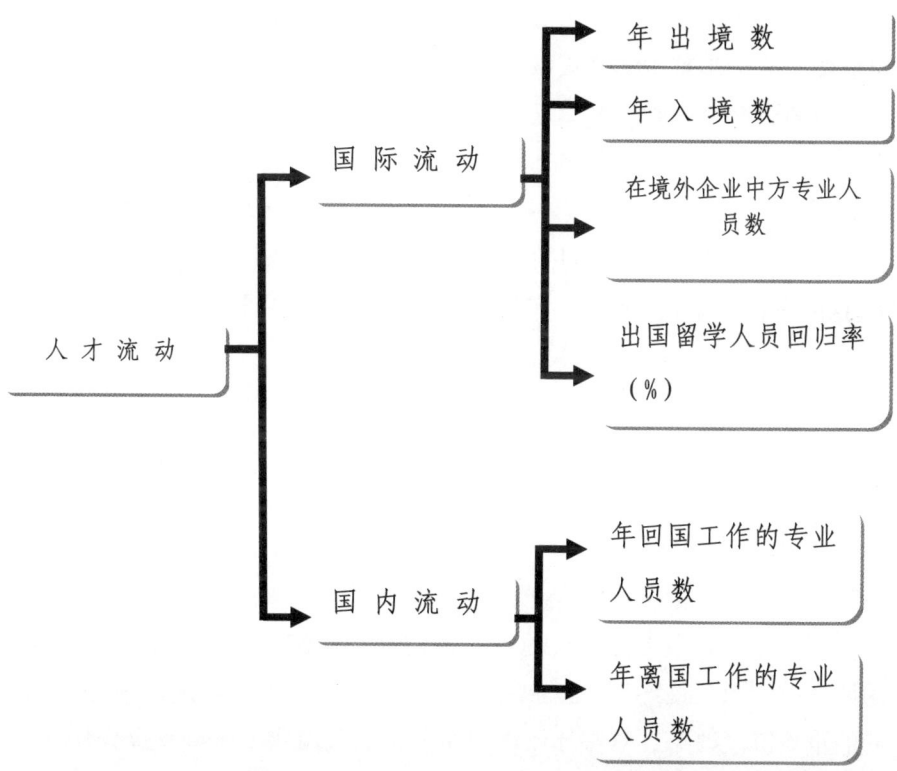

在中国人才国际化指标中，第一层次有人才环境、人才结构、人才素质、人才开发、人才流动五个指标；第二层次有经济发展、科技进步、国际交流、年龄、专业分布、学历、能力、学术水准、国内教育、国际教育、职业培训、中介咨询、国际流动和国内流动14个指标；第三层次有人均吸收外资金额等45个指标。从而构成了一个完整的、系统的、全新的中国人才国际化的指标体系。

三、全新开发视角：中国人才国际化目标和思路

（一）中国人才国际化的战略目标

根据"两个一百年"奋斗目标和中华民族伟大复兴的中国梦，到2045年全面实现人才国际化目标。实施步骤可分三步：第一步初步实现人才国际化。到2025年左右，通过实施各项人才工程和发挥市场力量，中国要初步形成人才支撑度强、人才宽容度好、人才融合度高、人才流动度快和人才影响度大的机制环境，努力实现吸引利用全球人才、用好

稳定现有人才、培养开发未来人才、容纳不同文化背景人才的人才国际化框架。第二步基本实现人才国际化。到 2035 年左右，中国综合国力和国际竞争力明显增强，基本实现人才构成的国际化、人才素质的国际化、人才活动空间的国际化，基本建成既能高效集聚人才，又能全面辐射人才的国际人才枢纽之一。第三步全面实现人才国际化。到 2045 年左右，真正做到"聚天下英才而用之，"全面实现人才国际化、人才信息化、人才市场化、人才法制化，实现国际人才竞争力位居世界前列。

（二）中国人才国际化战略思路

从人才的改革、开放、发展、环境四个维度，提出推进中国人才国际化的四大战略思路。

1. 从"政策推动"走向"制度创新"：从制度层面谋求对人才的解放

制度更具有根本性、长远性、稳定性。任何一项改革，都是对制度的调整或创新，最终都要以制度形式固定延续下来。特别是一些关系全局的重大制度改革，对整体制度改革和创新具有重要基础支撑作用。

改革开放以来，我国的人事制度改革取得了很大成绩。但反观这些改革，其基本特征还是"市场体制外的改革"多，即改革是靠政府以行政方式不断出台新的优惠政策来推动的，而不是靠市场机制来运作的，这种改革已经走到了极限。2016 年 3 月，中央下发《关于深化人才发展体制机制改革的意见》，这是中央第一个深化人才体制机制改革的文件，是人才发展制度创新的顶层设计。推进中国人才国际化的核心，从根本上说，就是要构建一个充分发挥市场决定性作用和更好发挥政府作用的制度框架，主要表现在两个方面：一方面，推进人才管理体制改革。就是明确以什么样的组织形式、规则、方式、方法，来实现人才管理的目标任务。中央提出 4 项措施：一要坚持党管人才原则。二要加快转变政府人才管理职能。三要保障落实用人单位自主权。四要纠正行政化、"官本位"倾向。另一方面，改革人才工作机制。中央提出 6 大机制：一是改进人才培养机制。重点以国家发展和社会需求为导向，改进培养支持方式，注重创新能力培养。二是创新人才评价机制。重点是突出品德、能力和业绩评价，纠正"三唯"倾向。三是健全人才顺畅流动机制。重点畅通人才跨地区、跨部门、跨行业、跨所有制流动渠道，提高人才横向和纵向流动性。四是强化人才创新创业激励机制。重点推动知识、技术、管理、技能等生产要素按贡献参与分配，促进科技成果资本化、产业化，实施股权期权激励，让人才合理合法享有创新收益。五是构建具有国际竞争力的引才用才机制。重点实行更积极、更开放、更有效的人才引进政策，不唯地域、不求所有、不拘一格，广开进贤之路、广纳天下英才。六是建立人才优先发展保障机制。重点发挥政府投入引导和撬动作用，建立多元投入机制，加大人才开发投入力度，促进人才与经济社会发展深度融合。

2. 从"封闭式"走向"开放式"：实行更加开放的人才政策

人才国际化是一个开放、动态的概念，这就要求中国的人才战略必须"外向化"，从封闭走向开放，"聚天下英才而用之"。第一，在指导思想上，要确立与国际惯例接轨的开放人才观。过去我国的人才建设，往往局限在一个封闭的领域里，即追求人才进、管、出的"封闭式"管理，实际上这是一种小生产观念。开放的人才观必须站在全球开放的大环境中来思考人才问题，以"天下人才为我所用"的气派，吸引全世界人才为我国服务。进一步拓宽留学渠道，吸引人才回国，支持创新创业，鼓励为国服务。第二，在具体运作上，要实现"三个贯通"；贯通党政机关、企事业单位、社会各方面人才流动渠道，研究制定吸引非公经济和社会组织优秀人才进入党政机关、国有企事业单位的政策措施；贯通"体制内"与"体制外"人才之间的流动渠道，把"体制外"人才作为人才队伍的重要部分，并促进体制内人才向体制外流动。贯通国内外人才之间的流动渠道，大力吸引和利用好高素质的海外人才，还要实施"走出去"战略，让国内人才参与国际人才竞争。第三，根据中国扩大开放的要求，积极做好人才国际化过程中各项法律法规制定工作。要深刻认识当前国际国内形势的新变化、新情况对我国人才工作带来的新考验、提出的新要求，继续推进人才工作的改革与开放，逐步实现人才理念、人才投资、人才机制、人才市场和人才法制等各个方面与国际通行规则的接轨，以适应人才国际化的要求。

3. 从"硬环境"走向"软环境"：实现人才素质整体高移

经过近40年改革开放洗礼，中国在人才"硬环境"建设上有了很大改善，某些城市已不比发达国家差。但是，从人才"软环境"建设上来分析，与国际化差距较大。中国人才要参与国际竞争，要实行可持续发展，光靠"硬环境"建设远远不够，必须从注重"硬环境"建设走向加快"软环境"营造，这样才能实现中华民族伟大复兴的宏伟目标。第一，转变开发重心，要从物质资本投资为中心走向以人力资本投资为中心。据1999年"世界科技发展报告"统计，教育支出占GDP的比重，世界平均水平为5.5%，发达国家在6%以上，而我国教育投资占GDP的比重只有4%，同世界平均水平还有不少差距。中国要推进人才国际化，必须实行资源开发重心的重大转变，即要从物质资本投资为中心走向以人力资本投资为中心，并逐步加大教育投资，这对中国推进人才国际化将产生很大影响。第二，加强能力建设，全面提升各类人才的综合素质。人才队伍建设的目标：在党政人才队伍建设上，培养一批高素质、专业化、并具有国际知识、懂得国际惯例的优秀党政人才队伍。在企业经营管理人才队伍建设上，培养一批国际化程度高、熟悉世贸组织规则、精通国际经济和法律、能够参与解决国际经营争端与国际竞争的企业经营管理人才队伍。在专业技术人才队伍建设上，培养一批高学历、对高新技术、新产业开发能力强、具有一批原创性知识产权，并在国内外具有领先水平的学术技术带头人和专业技术骨干队伍。第三，积极采取行动，全面提升人才资源综合素质。国际比较研究表明，以现代科技经济为主导的发达国家，劳动人口的文化程度一般以高中为起点，受过高等教育的人数比例至少要达到人口总数的25%以上，目前全球有60多个国家高等教育毛入学率已经超过80%。我国的行动方向是实现人才资源提升三大目标：一是到2020年新增劳动力平均受教育年限将达到13.5年；二是到2020年全国高等教育毛入学率达到50%以上；三是到2020年我国大专及以上文化程度人口将达到2.22亿人。

4. 从"单一文化"走向"多元文化"：创造一个中西方文化融合的良好国际人才环境

随着经济全球化趋势加剧和国际人才流动的加速，全球文化的跨越、中西方文化的融合已势在必行。这就需要实现中国优秀文化的现代化，世界优秀文化的本土化。中国要推进人才国际化，但更要建设国际化文化环境。第一，提倡以业绩为核心的"业绩文化"。"业绩文化"是从西方引进的一种文化理念，实际上讲的是一种竞争的哲学。我们在人才的管理文化上，必须更新人才评价标准，克服"唯学历、唯职称、唯论文"的倾向，建立以业绩为核心，由品德、能力、业绩等要素构成的人才考核评价体系。改革人才评价方式，积极探索主体明确、各具特色的评价方法。真正用"业绩文化"理念指导我们的人才管理。第二，建立海纳百川的"海派文化"。我们在人才选拔上，要有集聚世界人才为我所用的大文化气魄，重视用好"精英人才的精英阶段"；在人才使用上，实行国际通用的"柔性流动"方式，"只保一段，不包一生"；在人才管理上，除掌握国家经济、科技、国防核心秘密和尖端技术的人才要规范流动外，其他的人才应推行流动，以增强人才活力；在人才引进上，对有些海外人才在文化认同上有些差异，要有宽容度，真正做到容得下人，留得住人，乐于放人。第三，推行人才双赢的"经营文化"。从一定意义上讲，人才开发也是一个产业，也有个经营问题。在同国际人才的合作交流中，推行双赢的经营文化，即按照互利互惠、共同发展的原则，开展合作与交流。在海外人才引进或柔性流动到部门、单位后，我们必须按照平等的原则进行合作。在人才与部门、单位的关系方面，必须从"控制型"转到"合作伙伴型"，从"契约关系"转到"盟约关系"，使人才个体与单位组织共同发展、共同繁荣。

四、务实对策措施：推进人才国际化的七点建议

1. 创建一个新的"国际概念"——"人才"

中国作为世界人力资源和人才大国，在世界人才治理中应该体现国际担当和水平。这就要求在国内"人才学"30多年发展的基础上，急需创建一个新的"国际概念"——"人才"。在此基础上，建立完善中国特色的人才理论体系，形成与国际惯例接轨的人才制度，况且现在国际上有些国家也开始用"人才"概念。当前重点要建立两大"机制"：一是建立人才开发的"宏观调控"机制。重点在党管人才的总格局下，建立现代化人才发展治理体系。二是建立人才开发的"市场配置"机制。按照中国参与世界治理的目标，发挥市场机制在人才资源配置中的决定性作用，加快建设统一规范的国际人才市场体系，培育一批国际人才中介服务机构，形成"市场化"的人才服务新机制。同时，更加注重依法

治理，不断完善人才发展的政策法规。

2. 全面提升本土人才的国际化素质

针对我国国际化人才数量不足、国际化人才成长环境不佳和培养国际化人才能力不强等问题，深化教育制度改革，加快推进教育培训的国际化，全面提升人才国际化素质。主要体现在两方面：一是加大教育向全球开放的力度。结合高等院校"两个一流"建设，争取在未来30年吸引一批世界一流大学到中国办分校；鼓励有条件的高等院校拿出重点学科、专业与国外高校同类强项学科、专业进行国际化合作办学；师资队伍向国际化靠拢；学校管理向国际化接轨。二是加大人才国际培训活动的参与度。按照中央领导关于"开展国际学术交流活动也要从实际出发，支持专家学者走出去，不断提高学术水平和科研能力"的指示，继续选送优秀干部、人才出国进行中长期培训，学习发达国家的先进管理经验和技术。

3. 大力汇聚世界级大师人才

一是提升两大人才工程的能级水平。研究制定关于提升国家"千人计划""万人计划"的实施方案，加大引才力度，提高引才效率。二是抓紧研究出台移民法。结合国际惯例和我国实际，将我国目前的人才战略和人才计划法制化，探索出台"移民法"，包括技术移民和投资移民。建议可以先在北京中关村和上海浦东试点先行。三是推动建立首席专家制度、制定外籍科学家领衔国家科技项目办法。"人才政策方面手脚还要放开一些"，吸引在一线干事创业的顶尖科学家回国（来华）工作。四是继续完善外国人才引进体制机制。概括起来四句话："来得了、待得住、用得好、流得动。"

4. 建立统一开放的国际人才市场

要以更大格局继往开来，最大限度地提升中国人才的国际竞争力，建立统一开放的国际人才市场势在必行。一是在机制的运作上，既要强调中国特色，也要遵守国际惯例。让国际人才市场同世界各国的人才市场接轨。二是在市场的管理上，要向四个方向发展：信息化、多元化、产业化、法制化。三是在市场的架构上，根据中国人才国际化推进的程度，在美国、英国、日本、德国、法国、澳洲等发达国家建立完善国际人才市场的派出机构，以积极的姿态和气魄参与世界人才竞争。

5. 实现人才分配逐步向国际水平靠拢

据研究,国际人才高地,一般首先应该是薪酬高地。创新人才激励机制,对推进人才国际化有重大作用。一要用社会主义社会的劳动价值理论指导人才分配。人才可以凭借自身产权获得相应收入,也可以根据劳动成果、价值进行分配,真正实现科技人员的价值。二要改革科技成果产权制度、收益分配制度和转化制度,更好体现知识和创造的价值,真正做到让人才"名利双收""拥有财富"。三要把股权激励作为人才激励优先选择。并通过实践,完善理论和政策。四要对人才实行价值管理。要建立一套科学、客观、公正的人才价值评价体系,对人才的价值贡献进行计量分析。

6. 推进专业技术人员职业资格的国际互认

要让世界的人才进入中国,让中国人才走向世界,必须建立国际互认的职业资格制度,这样既有利于人才流动,也有利于积极主动地向国际通行做法接轨。当前,在职业资格改革中,应对信息、金融、咨询等急需发展的产业,尽快实行职业资格制度。此外,要积极参与国际有关国家组织的职业资格组织行列,积极同国外著名的职业资格认定机构进行国际的紧密合作。并在国内创办获得国际资格认可的职业资格中介机构,让国内的人才更多地获取国际职业资格。

7. 发起成立世界人才组织

根据中央《关于深化人才发展体制机制改革的意见》中提出的"创立国际人才合作组织,促进人才国际交流与合作"的要求,在上海或者北京等人才国际化先行城市,发起成立国际人才合作组织,建立世界人才大会永久性会址。世界人才组织主要负责世界人才交流与合作的治理。

我们已经进入一个新的时代。推进人才国际化,要求我们在人才优先发展方面,有新理念新设计新战略,真正做到"聚天下英才而用之"。人才迎来春天之际,中国也必然迎来伟大复兴!

参考文献:

蔡哲人,沈荣华. 走向人才国际化:上海人才发展研究报告 [M]. 上海:上海社会科学出版社,2002.

论人才高地建设战略

薄贵利

摘　要：建设人才高地，是许多地方落实人才政策、发挥人才作用、促进经济社会发展的重要抓手。为防止人才高地低水平的重复建设，迫切需要将"有特色、高水平"作为人才高地建设的战略目标，并通过制定和实施人才高地建设战略，有计划分阶段地促使这一战略目标的实现。

关键词：人才高地　建设战略

20世纪90年代，我国人才高地建设起步于上海，迄今已遍布全国许多省市，成为当地党委和政府落实人才政策、发挥人才作用、促进经济社会发展的重要抓手。调研发现，许多地方的人才高地建设确实取得了重要的进展和成效，但也存在一些不容忽视的问题，其中就包括政策和行为的短期化。这种急功近利的短期行为，非常不利于建设有特色高水平的人才高地。解决这一问题的重要途径之一，就是研究制定人才高地建设战略。

一、研究制定人才高地建设战略的必要性

研究制定人才高地建设战略，对于彰显人才高地特色，提升人才高

地建设水平，更好地发挥人才高地作用，都具有非常重要的意义。

1. 研究制定人才高地建设战略，是贯彻落实国家重大发展战略的需要

清末民初学者陈澹然有句名言，"不谋万世者，不足谋一时；不谋全局者，不足谋一隅。"这句名言之所以被此后的战略家和战略学者广为引用，是因为它精确地概括了战略的两大要点和规律。各地要适应未来经济社会发展的需要，建设有特色高水平的人才高地，就必须瞄准世界科技革命和产业变革的新趋势，以国家重大发展战略为指导，研究制定人才高地建设战略。

众所周知，新一轮科技革命和产业变革已经风生水起。为抓住新一轮科技革命和产业变革提供的机遇，中央制定了创新驱动发展战略，明确提出了三步走的战略目标：第一步，到2020年，进入创新型国家行列，基本建成中国特色国家创新体系，有力支撑全面建成小康社会目标的实现。第二步，到2030年，跻身创新型国家前列，发展驱动力实现根本转换，经济社会发展水平和国际竞争力大幅提升，为建成经济强国和共同富裕社会奠定坚实基础。第三步，到2050年，建成世界科技创新强国，成为世界主要科学中心和创新高地，为我国建成富强民主文明和谐的社会主义现代化国家、实现中华民族伟大复兴的中国梦提供强大支撑。

习近平总书记深刻指出，"人才是创新的根基，创新驱动实质上是人才驱动，谁拥有一流的创新人才，谁就拥有了科技创新的优势和主导权。"[1] "人才是创新的第一资源。没有人才优势，就不可能有创新优势、科技优势、产业优势。"[2] 为实现创新驱动发展的战略目标，迫切需要培养造就、吸引凝聚既能够适应现实发展需要，又能够有效应对未来挑战的创新型人才。"十年树木，百年树人。"要培养造就、吸引凝聚创新驱动发展战略所迫切需要的人才，就必须研究制定人才高地建设战略，明确未来10~15年人才高地建设的战略目标和战略重点。

---

[1] 习近平. 在参加十二届全国人大三次会议上海代表团审议时的讲话（2015年3月5日），中央人才工作协调小组编：《习近平关于人才工作论述摘编》第7页。

[2] 习近平. 在上海考察时的讲话（2014年5月23、24日），中央人才工作协调小组编：《习近平关于人才工作论述摘编》第5页。

2. 研究制定人才高地建设战略，是建设有特色高水平人才高地的需要

我国经济发展要避免重复建设，人才高地也要避免重复建设。否则，千篇一律、千人一面，就失去了竞争优势和市场价值。

人才是为经济社会发展服务的。因此，人才高地建设战略也必须适应经济社会发展的需要，根据本地的经济特色和重点以及产业结构调整方向，明确人才高地建设的特色和重点，有所为有所不为，有所大为有所小为，在彰显特色的前提下提升水平。而建成有特色高水平的人才高地，并不是短期所能做到的，必须从长计议，制定长远的人才高地建设战略，明确目标和重点，并为之不懈地努力。

3. 研究制定人才高地建设战略，是凝聚人才充分发挥人才资源作用的需要

充分发挥人才资源作用，需要有比较稳定的人才队伍。人才队伍的稳定很大程度上受到心理预期的影响。研究制定人才高地建设战略，向人才展示未来10~15年人才发展的目标和愿景，能够对国内外人才产生强大的吸引力，对已有人才产生强大的凝聚力，使现有人才在稳定的心理预期下，谋求自己事业的长远发展，从而最大限度地发挥现有人才的作用。而在人才高地建设中，缺乏长远的战略规划和设计，必然导致政策目标的短期化，从而使人才特别是高端人才增加了不确定性，缺少安全感，不利于凝聚人才和发挥人才作用。

二、明确人才高地建设的战略目标

有特色高水平，是对人才高地建设战略目标的基本要求。如何具体明确人才高地建设的特色和水平，则需要各地根据本地的发展要求实事求是地加以研究和确定。

人才高地的特色，主要体现在人才队伍的结构上，即在特定的时间段（10年或更长时间），哪几类人才是人才高地吸引和凝聚的重点？对此，许多地方已有明确的思路和规划。但也有的地方，思路不够明确，重点不够突出，存在着"捡到篮子就是菜"的现象。这种现象，势必导致人才结构难以支撑本地经济社会发展特别是产业结构的调整，同时，还在一定程度上造成人才资源的闲置和浪费。

各地在人才高地建设中都在追求高水平。人才高地水平的高低可以根据人才聚集度、人才匹配度、人才整体水平、人才高端化和人才产出效益等核心指标加以衡量。由于人才对经济社会发展既有支撑作用，又有引领作用和示范效应，因此，在人才高地建设中适当追求高水平，是完全必要的。

从国家和世界来看，人才高地大体可以分为世界级、国家级和地方级三个层次。所谓世界级人才高地，即汇聚了较多的世界级高端人才，在科技创新和产品研发中走在世界前列、引领世界潮流的人才高地。例如，被公认为是世界级人才高地的美国硅谷，集聚了美国各地和世界各国 100 多万科技人才，其中包括美国科学院院士 1 000 多人，获得诺贝尔奖的科学家 40 多人。此外，还集中了一些引领世界潮流的科技创新企业，如微软公司、苹果公司、惠普公司等。

国家级人才高地是指汇集了国内外较多的高端人才，引领国家科技创新潮流，带动国家产业结构转型升级的特定区域。在我国，北京中关村是公认的国家级人才高地。到 2015 年底，中关村集聚了 230.8 万人才，主要劳动年龄人口受过高等教育的比例达 73.7%，高层次专业技术人才占专业技术人才的比例为 21.6%，每万名劳动力中研发人员为 2 620 人，院士 764 人，国家千人计划人才 1 091 人，国家"千人计划"人才占北京市的 82%，占全国 21%。在中关村示范区，集聚留学归国人员 2 万人，"海聚工程"人才 424 人，占北京的 70%；在从业人员中，本科及以上学历人才占 52.1%，实现亿元收入需要从业人员数量为 56.7 人，到 2015 年底，累计主导创制国际标准 202 项。与其他省市的人才高地相比，北京中关村无论是人才资源总量、人才资源整体素质、高端人才总量、人才创新创业能力和产出效益，都遥遥领先。

所谓地方级人才高地，是指汇集了国内外和省内外较多的高端人才，能够在一些领域引领本地和国家的科技创新潮流，有效促进本地产业结构转型升级的特定区域。依据上述指标，可将地方人才高地划分为地方一级和地方二级。深圳市的南山区、南京市的江宁区和栖霞区、杭州市的余杭区、青岛市的崂山区等，可视为地方一级人才高地。其主要特点是院士和国家千人计划人才总量比较多，发挥作用比较大。例如，截至 2015 年年底，深圳市南山区的院士 8 人、国家千人计划人才 128 人；南京市江宁区院士 38 人、国家千人计划人才 19 人，栖霞区院士 39 人、国家千人计划人才 69 人；杭州市余杭区院士 18 人、国家"千人计划"人才 87 人；青岛市崂山区院士 28 人，国家千人计划人才 27 人。

国家和各省市应制定相关政策，鼓励人才高地升级，如在未来 10~15 年，国家级人才高地应发展成世界级人才高地，若干个地方一级人才高地应发展成国家级人才高地，一部分地方二级人才高地应发展成地方一级人才高地，使我国的人才高地建设能够有力地支撑创新驱动发展战略等国家重大发展战略。

三、构建支撑人才高地战略的领导体制和管理机制

构建国家级和世界级的人才高地，必须研究制定人才高地建设战略。为此，迫切需要加大体制改革力度，构建能够支撑长远发展战略的领导体制和管理机制。

1. 改革和完善领导体制，坚持人才高地建设的长远战略

制定和实施人才高地建设的长远战略，难免受到现行领导体制中党政一把手变动频繁的影响和制约。地方党政一把手调整频繁，加之不够科学的政绩考核体制，使许多地方党政领导行为出现比较明显、比较普遍的短期化。尽管不少地方也制定了地方经济社会发展战略和人才战略，但这些战略往往随着地方主要领导的调整发生变化。真正制定和实施一项 10~15 年的长远发展战略，一张蓝图绘到底的实在是凤毛麟角。

显然，不改革地方领导体制，地方人才高地建设长远战略就难以制定和出台，即使出台了，也难以真正付诸实施。为切实解决这一问题，可选择以下对策。

（1）依法严格实行地方主要领导的任期制和责任制，任期未满，原则上不得调整。对于因违法违纪、退休和故去而必须调整的，调整后也必须实行法定任期制和责任制。每届必须干满一个任期，可以连选连任一届。每届依法明确任期目标责任制，并对任期目标实行终身追责。

（2）改革领导干部政绩考核指标体系。在领导干部政绩考核中，既要考核当前的政绩，也要考核一任领导在任期间，是否制定和执行了包括人才高地建设战略在内的长远发展战略，是否对本地的长远发展创造了相应的环境和条件。

（3）人才高地建设战略由本地人大常委会讨论决定和监督实施。我国宪法明确规定："地方各级人民代表大会是地方国家权力机关。""县级以上的地方各级人民代表大会常务委员会讨论、决定本行政区域内各方面的重大事项"。习近平同志也明确要求，要按照宪法确立的民主集中制原则、国家政权体制和活动准则，实行人民代表大会统一行使国家权力①。巩固、发展和完善人民代表大会制度，确保人民代表大会的地位，充分发挥各级人民代表大会的作用，是实现国家治理体系和治理能力现代化的重要内容。研究制定人才高地建设战略，属于地方的重大事项，应由地方人大常委会进行决策并监督执行，地方党委和政府的主要职责，是负责具体贯彻执行。人才高地建设战略一经人大常委会讨论通过后，未经法定程序，不得随意修改，更不得随意废止。这是在现行体制下克服领导行为短期化的行之有效的办法。

2. 落实中央《关于深化人才发展体制机制改革的意见》，深入推进人才管理体制改革

2016年3月21日，中共中央印发了《关于深化人才发展体制机制改革的意见》，对深化人才发展体制机制改革做出了全面部署。紧密结合实际贯彻落实中央的精神和部署，应重点解决以下问题：

（1）根据政社分开、政事分开和管办分离的要求，强化地方党委和政府人才宏观管理、政策制定、公共服务、监督保障等职能，推动人才管理部门简政放权，消除对用人主体的过度干预，建立政府人才管理服务权力清单和责任清单，清理和规范人才招聘、评价、流动等环节中的行政审批和收费事项。

（2）加强用人单位的责任制，落实用人单位的自主权。在人才资源管理中实行简政放权的前提，是加强用人单位的责任制，没有这一条，简政放权在实践中就可能走样变形。因为，没有明确的责任制和严格的考核机制，一些用人单位的主要领导就可能任人唯亲或设阻受贿。只有依法明确用人单位主要领导的责任制和相应的考核机制，才能较好地避免这种现象，也才能全面落实国有企事业单位和社会组织的用人自主权，

---

① 习近平. 在首都各界纪念现行宪法公布施行三十周年大会上的讲话［N］. 人民日报，2012-12-05.

较好地发挥用人主体在人才培养、吸引和使用中的主导作用和决定作用。

（3）创新事业单位编制管理方式，对符合条件的公益二类事业单位逐步实行备案制管理。改进事业单位岗位管理模式，建立动态调整机制。探索高层次人才协议工资制等分配办法。

3. 推进以分类管理为基础的能力主义管理机制

所谓能力主义管理，简而言之，即唯有能者宜在其位。能力主义管理是由三个系统构成的：①人才能力公正评价系统；②人才能力合理应用系统；③人才能力有效开发系统。能力主义管理的三个系统的有机结合，构成了能力主义管理三角形（见图1）。

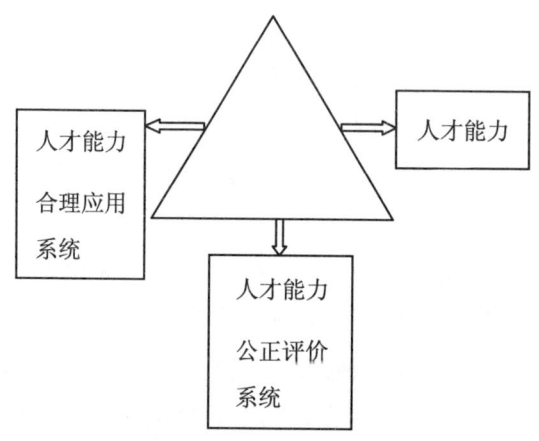

图1　能力主义管理三角形

在能力主义管理三角形中，人才能力公正评价系统是基础。对人才能力进行公正评价，第一，要对人才进行科学分类；第二，对每类人才的能力结构进行细化和尽可能的量化；第三，探索和实行符合公正原则的能力评价体系，包括评价主体、评价体制机制、评价的程序和方法等。

人才能力合理应用系统是能力主义管理的关键。这里，核心问题是用人导向和用人原则。传统的用人导向是任人唯亲（亲人、亲信），现代用人导向是任人唯贤和德才兼备，用人原则是能岗相宜。能岗相宜包括三个方面，一是人才能力的性质和类型要与工作岗位相适宜；二是人才能力大小强弱要与工作岗位相适宜；三是人才的意愿和志趣要与岗位相适宜，即人才有兴趣和志向愿意从事某一岗位的工作。

人才能力有效开发系统是能力主义管理的加油站。人才具有极大的潜力，经过持续不断的开发，能够在较长时间内最大限度地发挥人才的能力和作用。人才能力开发的前提是对人才能力的评价，其中主要评价人才能力与岗位的适应程度。如果某个人才的能力与工作岗位的要求有差距，而该人才又愿意从事该岗位的工作，就需要对其进行开发或培训。人才开发主要是弥补人才的短板，解决人才能力与相应岗位不相适应的问题。经过开发以后，再进入人才能力评价系统，经过公正评价后，如果能力得到提高或者短板得到弥补，就进入能力应用系统；如果经过能力开发和公正评价，一个人的能力仍然不适应原有岗位，就需要对该人的岗位进行调整。

能力主义管理的主要优点是：①能够比较客观、公正、全面地评价人才的能力，防止和克服以往人才评价的主观性和片面性；②能够充分发挥人才的特长和潜力，有效克服用人上的不正之风和因能力与岗位不适应所带来的低效率等弊端；③能够将人才的使用和开发有机结合起来，从而在较长时期内更好地发挥人才的作用。

由于能力主义管理有以上特点和优点，应在试点的基础上，尽快加以推广，使人才资源管理真正纳入科学化轨道。

四、将人才高地建设的重点转到创造良好的发展环境上来

在人才竞争越来越激烈的形势下，不少地方为争夺人才采取的通常做法，仍然是提高人才的薪酬待遇和出台各种优惠政策，如税收优惠、低利贷款、廉价土地、项目资助等。毫无疑问，薪酬待遇和优惠政策对人才来说，肯定具有吸引力。但必须看到，随着经济发展进入新常态和创新驱动发展步入新阶段，传统的招才引智办法已经作用有限。为提高对人才的吸引力和凝聚力，必须更加注重人才宜居宜业环境建设。因为，现代人才竞争说到底是人才创新创业环境的竞争。对高端人才更是如此。调查显示，吸引高端人才的首要因素不是薪酬待遇，而是科学的人才资源管理体制和良好的创新创业环境。哪个地方的人才管理体制和创新创业环境有利于实现他们的人生价值，他们就会流动到哪里，在那里创新创业。而薪酬待遇充其量只排在第三位。

1. 人才发展良好环境的主要内容

集聚人才并使之充分发挥作用的环境主要包括以下内容：①良好的

自然环境,如良好的空气质量、良好的水质、良好的土壤、良好的植被等。美国硅谷之所以被称为创业企业的栖息地,就是因为这个栖息地涉及土壤、气候、水源、植被和生物多样性等多个生态元素或生态链,它们相互关联,相辅相成,构成了企业创业发展的良好环境。① ②良好的基础设施,包括良好的交通运输、供电设施、通信设施、自来水设施等。③良好的社会环境,包括良好的法治环境、良好的社会治安、良好的社会秩序和市场经济秩序、良好的社会信誉体系、良好的社会风气、公平正义的社会氛围等。④良好的公共服务,包括高质量的基础教育,良好的劳动就业服务,较高水平的社会保障、基本社会服务、医疗卫生服务以及良好的住房保障和公共文化服务等。

2. 转变政府职能,建设服务型政府

党的十八大报告明确提出:"要按照建立中国特色社会主义行政体制目标,深入推进政企分开、政资分开、政事分开、政社分开,建设职能科学、结构优化、廉洁高效、人民满意的服务型政府。"建设人民满意的服务型政府,优质高效地提供基本公共服务,既是深化行政体制改革的重要内容,也是创造人才创新创业良好环境的重要任务。

(1) 加大政府职能转变的力度,将政府的主要职能转变到公共服务上来。当前,迫切需要尽快解决人才反映强烈的住房、环境、子女教育、医疗卫生和交通不便等突出问题。为提高中小学的教学质量和医院的医疗水平,应加大力度引进高水平的中小学教师和知名医生,配齐教学和医疗设备。在中小学教育上,为贯彻落实公平原则,实现基础教育服务的均等化,可借鉴某些发达国家的经验和做法。例如,日本中小学的硬件设施按照国家统一标准由政府出资建设,中小学教师的待遇比较高,同时每隔六年,城乡之间、发达地区和落后地区之间,中小学教师轮换一遍,以保障教育质量和水平的均等化。对于医疗卫生和交通问题,也可借鉴发达国家的经验,着眼未来,创新思路,切实加以有效解决。

(2) 优化政府结构,强化政府公共服务部门建设。建设服务型政府,公共服务部门是政府的核心部门,必须强化公共服务部门建设,既

---

① 沈荣华:创新人才工作需补足"三个短板",http://www.shjcdj.cn/djw/html/b5febf64ba7347e5aced24c5e2f2d534/4028811652f2b2a501534f067abb157b.html.

要强化公共服务部门的职能和地位，又要根据实际需要，适当增加公共服务部门的编制和预算，规范公共服务部门的权力运行，实行服务标准、服务过程和服务结果公开。

（3）在公共服务领域引入社会化和市场化机制。通过多元化和市场竞争，降低公共服务成本，提升公共服务的质量和效能。必须明确，提供基本公共服务是政府的职责，政府可以创新公共服务供给方式（如引入市场化、社会化机制），但必须坚持标准，保证质量，加强监督，绝对不能借此推卸责任。

（4）开展服务型政府绩效评估。邀请绩效管理专家，依据中央精神和要求，紧密结合本地实际，研究设计基本公共服务绩效指标体系和评估程序、方法，实行内部评估与外部评估相结合，开展服务型政府绩效评估。依据评估结果，对相关部门进行奖惩，促使政府各个部门切实提高基本公共服务的质量和水平。

3. 为人才充分发挥作用创造更加宽松的环境

研究表明，要吸引和留住人才，充分发挥人才的作用，必须为人才创造一个宽松自由的发展环境，包括自由思考、自由交流、自由研发、自由创造、自由流动等。对很多人才来说，这一点甚至比一些硬件条件更具有吸引力，也更加重要。为创造这样的环境，必须限制和规范公权力，实行底线管理。

所谓底线管理，即政府要守住法律、道德和基本公共服务三条底线。守住法律底线，要求政府严格依法行政，依法维护和保障公民的合法权益，依法维护社会秩序，依法打击各种侵权和破坏社会秩序的行为，为经济社会发展创造一个安定有序的法治环境。守住道德底线，要求地方党委和政府积极引导公民遵守社会公德、职业道德和家庭美德，用社会主义核心价值体系塑造公民的现代人格，为经济社会发展创造一个良好的人文环境。守住基本公共服务底线，要求政府要切实履行基本公共服务职责，优质高效地为城乡居民提供基本公共服务，促进基本公共服务的均等化。

在法律和道德的底线之上，就是公民的自由，公权力不得随意侵犯和干预。也就是说，包括人才在内的每一个公民，只要其言论和行为没有危害国家利益，没有危害社会公共利益，没有侵犯公民、法人的合法权益，就是自由的，其言论和行为就应受到法律的保护。有了这样宽松自由的环境，加之政府优质高效提供的基本公共服务，就能够吸引和凝聚海内外、国内外人才，使人才充分发挥自己的潜能和创新才能，为经济社会发展做出更大贡献。

直击体制机制痛点 破解人才发展难点

刘敏华

摘　要：人才发展体制机制改革是我国全面深化改革的重要组成部分，也是党的建设制度改革的重要内容。文章研究发现，当前，人才发展体制机制主要症结表现在简政放权不够充分、人才管理不够科学、人才工作者队伍素质不够过硬等方面，要破解这些症结，必须处理好先与后、内与外、事与人、点与群的关系，同时做好人才成长规律研究等有关工作。今后时期，应当坚持以人才发展体制机制改革为主线长线，高标准构建现代化人才发展治理体系，促进人才和创新要素充分涌流，形成具有国际竞争力的人才制度优势，让人才放开头脑创新、放开手脚创造，尽情展示聪明才智，为经济社会发展增添蓬勃活力、强大动力。

关键词：人才发展体制机制　改革症结　改革目标

人才事业具有全局性和战略性。人才发展体制机制改革是我国全面深化改革的重要组成部分，也是党的建设制度改革的重要内容。经过几代人努力，我国人才队伍建设取得了巨大成就，但人才队伍大而不强，战略人才、顶尖人才仍然稀缺，人才创新创造活力不足，成为制约创新驱动发展的"瓶颈"。解决这些问题的关键是全面深化人才发展体制机制改革。

一、人才发展体制机制存在的问题

（一）简政放权不够充分

习近平总书记指出，要完善和发展中国特色社会主义制度，推进国家治理体系和治理能力现代化。从人才工作看，构建现代化的人才发展治理体系是国家治理体系和治理能力现代化的重要组成部分，其中关键是推动政府简政放权，明确政府、市场与社会三方之间的职责和界限，让政府后退一步，促使市场和社会前进一步，充分发挥市场激励作用，用好社会评价杠杆，增强行业规制力量，集各方能量激发人才创新创造活力。

从人才工作实践看，当前人才工作行政化色彩浓厚，特别是政府管得"过多过死"现象突出，高等院校、科研院所、国有企业等主体缺乏用人自主权，在编制管理、岗位总量、工资总额等方面管得过死，不利于优秀人才的吸纳和使用。比如，部分医院因受岗位编制限制，雇用了大量编制外人员，造成同工不同酬问题突出，抑制了人才的积极性。同时由于职称比例限制，部分事业单位优秀人才获得晋升机会较少，难以脱颖而出。

要克服以上弊端，关键是要进一步简政放权，加大去行政化、去"官本位"力度。在人才引进培养、评价发现、流动配置、激励保障等方面，减少审批事项，优化审批环节，着力解决过多干预、过多限制、多头管理等问题。进一步准确定位政府角色，使政府职能由"前台"走向"后台"，由"操作"变为"监管"，由"政策制定"转向"环境营造"。比如，在人才引进培养方面，政府应该着力于营造公平竞争的就业创业环境，做好人才事业发展服务等主要工作，而不是简单拼资金、引人才。同时，要加大扶持社会组织的力度，充分调动社会组织服务人才发展的积极性，使他们更多地承担起人才培养、管理等方面的职能。

（二）人才管理不够科学

1. 在人才评价方面，还存在"一刀切"

人才评价方式过于简单、评价标准比较单一，唯论文、唯课题等现象依然存在，在人才的考核、晋升以及荣誉奖励等方面，很多都是以获得的"研究成果"为基础。这样的人才评价制度不符合科技人才成长规律，与其自身科研价值导向相背离。中科院开展的一项调查显示，约90%的科技人员都希望自己取得的科研成果能够转向实际应用；约72%的受访者认为，他们为了获得职称晋升、应付课题结题、提升自身影响力等非科技活动，不得不将更多精力放在文章发表、著作出版和专利撰写等方面；有超过45%的受访者认为，从事产业化研究的科研人员，其学术地位难以提高，获得科研项目支持的机会越来越少。在当前人才评价制度下，从事科研成果转化应用的人才，特别是在大学或科研机构中其学术成就很难得到认同，职称难以晋升，职业发展空间受限，削弱了科技人才将更多精力投入工程技术、科技成果转化等方面的积极性，不利于优化科技人才结构。

2. 在人才流动方面，还设有"多门槛"

人才流动法制体系还不健全，《中华人民共和国合同法》《中华人民共和国劳动法》等法律对涉及人才流动方面的问题只作了一般性规定，对各地区、各部门在人才流动环节承担的责任、获得的权益没有明确规定，导致人才流动不畅，国家层面人才发展战略得不到有效贯彻落实。人才身份管理存在问题，同一个人，在不同环境中能够享受的权利、应当承担的义务存在明显区别，人才从体制内流向体制外，从城市流向乡镇存在顾虑。户籍制度存在弊端，成为人才跨区流动的最大障碍，除非是正常工作调动，否则户口不能正常迁移，子女入学、爱人就业都将成为问题。社会保障制度不够健全，主要表现为各地区、各用人主体之间社会保障制度差异较大，人才流动前后个人待遇缺乏基本保障，不利于维护人才的合法权益。住房制度不够完善，相当一部分单位除了落实住房公积金制度外，缺乏其他住房性补贴补助，导致部分人才因购房原因对一线城市望而却步。从根本上说，需要进一步健全人才管理制度，使对特殊人才与一般人事的管理方式真正区分开来，不能以人事办法去管理人才，导致人才积极性不高甚至受到抑制，使人才群体聚集效果不彰。

3. 在人才激励方面，激励不足和重复激励同时存在

一方面，对大部分科技人才激励不足，使其缺乏将研究成果推向市场的动力。在科技人才从事科研工作过程中，大部分获益来自于前期关

键技术的攻关和突破，而非后期科技成果产业化开发阶段。相当一部分科技人才，在取得新的技术专利后，就将工作重心转移到新课题研究上，并不会致力于将技术成果产业化、真正推向市场。其中，获益周期较长、获益比例偏低是主要顾虑。另一方面，对少部分科技人才激励过度，一定程度破坏了科研环境、削弱了激励作用。近年来，国家为了鼓励科技人才多出成果、多出高质量的成果，设立了一系列人才奖项，如"国家科技奖""百千万人才工程""长江学者奖励计划"等。少数取得关键技术突破的科技人才，为了使自己的成果多获益，往往将一项科研成果用于申报多个奖项。虽然很多奖项明确规定不接受已申报其他奖项的成果，但是重复获奖依然存在，且形式更加隐蔽。这两方面问题，都导致科研人才动力不足，人才激励没有充分发挥调动人才积极性、树立人才发展导向的作用。

（三）人才工作者队伍素质不够过硬

新形势下，人才工作者队伍的素质与人才优先发展战略的要求还不相适应。

政策不熟。要成为一位优秀的人才工作者，往往需要精通各方面人才政策。当前，有的人才工作者，上不接天线，对党和国家的有关人才政策掌握不全、不深、不透，心中无数，无法做到精准施策。中不接当下，对本地及周边地区人才政策及发展情况不够了解，没有做到知己知彼、取长补短。下不接地气，深入基层、企业和人才群体的调研不够，无法掌握基层一线的真实情况，下面的声音听不到、听不懂，下面的诉求不了解。

创新不够。人才工作的发展，时刻需要创新。但是有的人才工作者还没有掌握创新这个法宝，在多创新、常创新、巧创新等方面下的功夫不深，在创新上带头不够。人才工作的理念和方法还比较陈旧、思维还比较固化，没有成为人才工作创新的推动者、有心人。这从一个侧面也反映出，大部分人才工作者还没有认识到伟大斗争、伟大事业、伟大工程包含着、依托着人才事业，需要树立先进的人才发展理念，激发强烈的人才事业责任、担当明确的人才工作角色。

服务不足。服务是人才工作的核心要义。人才工作发展至今，相当一部分人才工作者还无法真正摆脱行政化的管理思维,把人才等同于人事,服务人才的理念还没有完全树立。针对基层、企业和人才提出的需求,总是采取"大锅烩"的形式进行回应,不管基层需要不需要,需要什么。面对基层的强烈诉求,缺乏甘愿"跑断腿"的服务理念,缺乏"上前一步"的服务意识,没有真正把人才工作当成分内事,做到"有所求就有所应,有所需就有所帮"。

职责不适。当前,对人才工作者队伍的职责要求与人才发展的大环境还不相适应。一方面,职责不够明确,人才工作者的定位到底如何,日常开展的工作主要有哪些,与人事工作者的职责定位有什么区别,这些都没有进一步明确,导致落实工作中缺少抓手、比较盲目,往往是多点出击却成效甚微。另一方面,人才工作者队伍建设目标与当前尊才爱才用才的形势不相符合,人才工作者是专门服务人才的,专门服务社会具备优秀素质的个体或团队,必然要求素质精良、能力全面。但是目前,对人才队伍建设提出了具体目标,却没有对人才工作者队伍的建设目标进行明确,导致开展工作缺乏具体指导,人才工作者队伍水平参差不齐。

二、破解体制机制问题的关键

(一) 处理好先与后的关系

人才在发展起步阶段与功成名就时期个人追求存在明显差异。很多后来成为大家、大师的人才,在发展之初很需要政府和社会支持,需要良好的科研条件和职业前景。中科院一项问卷调查显示,青年科技人才最认可的前五项需求是:较好的科研条件和环境、职业稳定性、荣誉性奖励、职位晋升以及医疗保障。这些需求的满足能够帮助青年科技人才早出成果、多出成果。随着年龄增长,人才对社会认可和国家荣誉这些体现自身价值的激励需求会更加强烈。而现行人才激励政策没有充分考虑不同阶段人才的差异化需求,对所有科技人才采取同质化的激励措施,没有为最需要发展激励的青年人才提供良好的科研环境和科研自主权,没有为中老年科技人才提供更多物质层面以外的奖励,无法充分激发不同阶段人才的创造性和积极性。

锦上添花易，雪中送炭难。加大对优秀青年人才的支持，实际是"在最恰当的时间，支持了最恰当的人"，能够充分激发青年人才创新思维，稳定我国人才梯队的基础或者说人才的基础队伍。处于起步阶段的青年人才，一般都有较坚实的工作基础和成果积累，是精力最旺盛、最富创造力、最富激情的年龄段，他们有的或因资历浅或因留学回国时间不长，尽管思想超前、满怀抱负，但其科研能力和业绩还没有充分展示出来并得到业内专家的全面认可。对他们的支持，使这批最需要帮助的年轻人能够继续从事创新工作，从而避免因缺乏支持改变研究方向，导致"高精尖缺"优秀青年人才流失。

（二）处理好内与外的关系

现在对人才发展制定了很多好的政策，但是如果说以前阶段制定人才政策是"伯乐相马"，下阶段制定政策就是"引凤来巢"。随着国际化进程加快，世界各国越来越重视人才所在的环境到底如何，这就要求我们下决心营造最优的引才聚才国家和地方品质，建立人才发展的土壤、给予阳光和雨露。纵观古今中外，人才发展环境的优劣在很大程度上影响着该地区事业发展状况和人才的集聚程度。环境优越则对人才的吸引力就大，事业发展就会兴旺发达。环境落后则人才的聚集性就小，事业发展自然枯败凋敝。可以说，一个优越的发展环境是吸引和引进高层次人才的必要条件。

为此，要坚持综合施策、全面发力，成体系推动人才发展环境建设，有效提升引才聚才的品质。持续推进人才立法，构建更加公平正义的法制环境。建立人文品牌、打造文化载体，营造丰富多彩的文化环境。建立更具活力和竞争力的创新创业环境，"鼓励创新、宽容失败"。综合治理自然生态，建设更加舒适宜居的生活环境。同时不断完善配套政策，为高层次人才充分发挥作用提供良好的工作环境，努力做到待遇招人、事业留人、情谊感人、服务到人，使他们能够全力以赴地进行创新创业活动，为建设创新型国家贡献智慧。

（三）处理好事与人的关系

现在许多人才政策看起来很好，但是人才获得感不强，有些政策没有起到预期的作用。很多政策是围着事情转的，对着项目、对着课题，但不是针对人才的。一项研究发现，52%的科技人员指出"研究方向主要是根据获得项目的情况来定，有什么项目就做什么方向"，76%的科技人员认为，项目申请和管理的事务性工作需要耗费比较大的时间和精力，特别是对于尚不能申请到项目的青年科技人员，几乎无法进行独立的科研工作，承担着繁重的"任务性""技术化"工作，这极大制约了其个人科研兴趣的发展以及独立科研能力和创造力的培养。项目制使科研变成了短期性和利益驱动的任务，成果在项目结题后的研究开发缺乏必要的动力和保障机制。在当前以项目为导向的科研体制下，科技人员的研究方向和研究兴趣必须屈从于项目的可获得性，真正意义的自由探索受到限制和制约。

因此，重项目轻人才的思想观念亟须破除。政府和社会要真正为人才提供良好的工作和生活条件，鼓励他们的自由发展，宽容他们的失败，容忍他们长期没有成果，出台的人才政策要真正围着人才转，而不是围着项目转。在这点上，西方发达国家有很多做法值得借鉴。比如，安德鲁·怀尔斯在沉寂了7年后才证明了"费马大定理"，期间没有从事其他任何方向的研究；诺贝尔生理学和医学奖获得者悉尼·布雷内也是在默默工作长达10年后才发表了第一篇论文，期间没有参加过其他任何项目的攻关；曾因化学胚胎学贡献入选英国皇家学会院士的李约瑟，因为自己兴趣转而研究中国科技史，剑桥大学仍尊重他的选择，继续为他提供良好的条件支持他"不务正业"的研究。

（四）处理好点与群的关系

目前，各地区、各部门对顶尖人才的支持力度较大，出台的政策也较多。针对国内高层次人才培养和扶持等方面，很多部门都出台了有关办法，从内容设计、制度安排、遴选标准等方面，直指高端人才培养，全方位给予政策优惠。比如，有的支持杰出人才成长为世界级科学家，有的支持具有潜力的青年拔尖人才成长为各领域领军人才，还有的支持领军人才成为代表国家核心竞争力的杰出人才，应该说，对顶尖人才的支持力度都非常大。但这些政策主要是针对个人的，还没有涉及对创新团队的整体支持。随着科学技术的进步，各学科之间的联系更加密切，学科间的界限越来越模糊，各学科间的交叉性、渗透性和综合性日渐突出。科学研究已成为一项集体协作的活动，需要多学科、跨学科的合作。也就是说，单兵作战的小学科时代已难以满足当今科学技术发展的要求，与他人联合组成团队进行科学研究已成为一种必然趋势，整个团队的作用越来越凸显。

因此，在研究和出台人才政策过程中，除了要考虑对顶尖人才的支持和吸引，还应考虑到对整个团队的支持和激励，这样才能促进人才梯队建设，形成万鏊争流的局面。比如2016年9月，北京市出台了《关于引进全球顶尖科学家及其创新团队的实施意见》，就是为了加快聚集一批对首都构建"高精尖"经济结构和现代产业体系有带动作用的国际顶尖科学家及其创新团队，对于更好地培养、引进、使用高端人才领衔的团队力量，具有重大的战略意义。

（五）研明人才成长规律

习近平总书记指出"聚天下英才而用之，关键要遵循社会主义市场经济规律和人才成长规律"。这就要求我们认识规律、尊重规律、按规律办事，不断提高人才工作科学化水平。

人才的培养、开发和使用是一门科学，人才成长规律是人才成长过程中带有普遍性的客观必然要求，遵循规律则事半功倍，违背科学则事倍功半。我们最新研究发现，人才成长具有六大规律：一是内驱律，强大的内生动力是人才成长的主成因，这就要求我们必须更加注重人才激励制度设计，引燃人才创新创造活力；二是教育律，良好的教育背景是人才成长的助推器，这就要求我们提供更加优质丰富的教育资源，使人才获取信息更加便利、学习知识更加快捷；三是时代律，进取的社会大风气是人才成长的催化剂，这就要求我们着力营造尊知重才的社会环境，使人才在这个时代受到尊重、受到重用、个人价值得到实现；四是环境律，良好的工作环境是人才成长的好土壤，这就要求人才政策更加具有针对性，对不同的人给予不同的阳光雨露，不拘一格支持人才发展；五是历练律，多岗位大项目的经历是高端人才的炼钢炉，这就要求我们科学设计人才成长路径，使人才在更多岗位上经受锻炼、在更重要的项目中进步成长；六是伯乐律，知人善任的名导师、好领导是人才的引路人，这就要求我更加注重做好传承工作，使人才优势、创新优势得以延续发展。

三、人才发展体制机制改革的目标

新世纪人才事业发展至今，体制机制的症结之靶已经立起，制度改革的破解之箭蓄势待发。当前，世界主要强国争夺人才的战争，已经从最初的拼资金、拼政策，开始向以体制机制为核心的人才制度竞争转变，深入推进人才发展体制机制改革是大势所趋、必然之举。2016年3月，中共中央印发了《关于深化人才发展体制机制改革的意见》，在破除束缚人才发展的思想观念、体制机制障碍等方面做出了重大战略部署，为我国形成具有国际竞争力人才制度优势迈出了关键一步。

今后，我们将以人才发展体制机制改革为主线、长线，高标准构建现代化人才发展治理体系，促进人才和创新要素充分涌流，形成具有国际竞争力的人才制度优势，让人才放开头脑创新、放开手脚创造，尽情展示聪明才智，使一切创新想法得到尊重、一切创新举措得到支持、一切创新才能得到发挥、一切创新成果得到肯定，为经济社会发展增添蓬勃活力、强大动力。坚持以人才支撑创新，以创新推动科技，以科技带动发展，真正实现"人才是支撑发展的第一资源、创新是引领发展的第一动力、科技是第一生产力、发展是党执政兴国的第一要务"这"四个第一"的有机统一，以济济多士、恢恢广智支撑中华民族伟大复兴的中国梦！

参考文献

[1] 孙锐. 简政放权与现代人才治理体系 [N]. 中国组织人事报，2015-09-23.

[2] 刘洪银. 科技人才激励政策成效评估 [J]. 开放导报，2015 (8)：106-109.

[3] 程郁，王胜光. 科技创新人才的激励机制及其政策完善 [J]. 中国科学院院刊，2010 (6)：602-611.

[4] 侯军帮. 人才流动中的制度障碍分析及政策建议 [J]. 职业技术，2007 (8)：115-116.

[5] 谭爱英. 克服人才流动障碍畅通人才流动渠道 [J]. 江西行政学院学报, 2008 (4): 20-22.

[6] 高广学, 许玉清. 探析人才评价的难点问题 [J]. 中国石油大学胜利学院学报, 2006 (2): 22-23.

[7] 新华网: 加快建立集聚人才体制机制——《关于深化人才发展体制机制改革的意见》解读, 2016-03-22.

[8] 沈荣华. 未来中国人才政策发展趋势 [J]. 中国人才, 2013 (9): 26-28.

[9] 仲祖文. 尊重人才成长规律 [N]. 人民日报, 2014-08-19.

[10] 北京市人力资源研究中心. 高端人才成长规律研究 [J]. 2017 (2).

青岛市吸引国际人才
助推城市国际化发展的实践

于炳波[①]

摘　要：本文结合青岛市人才国际化建设的状况，首先总结了青岛市吸引国际人才取得的成效，并简要分析了成效取得的原因。同时，重点从创新人才国际化政策、拓展人才国际化领域、搭建人才国际化平台和推进人才国际化交流模式等方面解读了青岛人才国际化的重点举措。

关键词：国际人才　城市国际化　青岛人才

党的十八大报告指出，"要加快人才发展体制机制改革和政策创新，形成激发人才创造活力、具有国际竞争力的人才制度优势"。随着中国改革开放进程的深入、经济产业结构调整以及创新型国家建设战略目标的提出，人才智力需求达到空前的热度。在这个大背景下，青岛积极从创新人才国际化政策、拓展人才国际化领域、搭建人才国际化平台和推进人才国际化交流模式等方面，不断加强提升青岛人才国际化的环境，

[①] 于炳波系山东省青岛市外国专家局局长。

并取得了显著成就。

从青岛"十二五"人才发展的成果来看。5年间,全社会研发经费投入占生产总值比重从2.2%上升到2.81%;市级以上重点实验室、企业技术中心、工程技术研究中心达到908家;高新技术企业达到964家,新增675家。海洋科学与技术国家实验室、国家深海基地投入使用,中科院、中船重工、中国电科、中海油、机械总院等17个国字号科研产业基地建成运营,西安交大、哈工程、天津大学、清华大学等10所重点高校先后在青岛市建立研发机构,阿斯图中俄科技园、中乌特种船舶研究设计院等8个国际高端研发平台加快建设,科研实力和创新能力再上新台阶。累计发明专利授权1.26万件,是上个五年的5.5倍。技术合同交易额达到89.5亿元,是2010年的5.5倍。大力实施百万人才集聚行动,引进培养各类人才51.5万人。创新科技资金投入机制,组建11只天使投资基金,引导社会资本投入创新创业。获批国家创新型试点城市、科技金融结合试点城市、知识产权示范城市和科技服务业区域试点城市。

表1　　　　　　　　2016年青岛吸引国际人才的成效

序号	类别	成就
1	引进外国专家	3 108人,完成全年计划128%
2	新增留学回国人员	2 705人,完成全年任务的137%
3	获批引智项目	44项,同比增长40%
4	入选国家"千人计划"外专项目	1人
5	中国政府"友谊奖"	1名专家
6	山东省政府"齐鲁友谊奖"	2名
7	出国培训项目	实施25项318人
8	海外引才引智工作站	6家
9	海外人才招聘	组织4批海外人才招聘团分别到美国、加拿大、俄罗斯、德国、英国等9个国家12个城市开展人才政策及海外人才项目推介交流活动24场次,共吸引到近900名硕士博士参会
10	其他	连续五次入选"魅力中国—外籍人才眼中最具吸引力的十大城市",首次入围中外城市人才吸引力榜单19名,位居大陆城市第三名

引才成果的背后与青岛市提供的政策支持和综合服务密不可分。青岛鼓励各类用人机构,面向国际招聘和使用人才智力,通过合同或协议

约定的方式，引进外籍人才长期或不定期来青岛工作或转移智力成果。外籍雇员在青岛市工作期间，享受医疗卫生、保险福利、子女就学等优惠保障，鼓励用人单位以协议工资、效益工资、项目工资、年薪制等多元化、市场化的形式确定外籍雇员薪酬。以成果导向、科学公正的原则，围绕岗位职能和工作目标，开展外籍雇员工作考评考核。外籍雇员可按规定享受相应税收优惠政策；在青岛市工作期间的发明创造，可依照《中华人民共和国专利法》申请专利；支持外籍雇员按照知识、技术、管理、技能等创新要素贡献参与分配。

同时，目前青岛市也面临转型发展的压力。主要体现在高层次、高技能人才不足，新产业、新业态发展不快，自主创新能力不强。现代服务业水平不够高，制造业转型升级亟待加速。因此，青岛市要充分利用国家深入实施"一带一路"倡议带来的发展机遇，大力实施创新驱动发展战略，坚持以人才和科技创新为核心，以产业创新为主导，加快建设国家东部沿海重要的创新中心。坚持把人才作为创新的第一资源，深入实施百万人才集聚行动，启动高层次人才支撑计划，组建"一带一路"国际人才智力合作联盟，推进海外高层次人才在青岛市开展离岸创新创业。而为了吸引国际化人才，青岛市坚持从创新人才政策、拓展人才合作领域、搭建国际化新平台、推进人才交流新模式四个方面持续发力，推进青岛市人才国际化建设，为提升青岛国际竞争力，打造国际化城市提供人才保障。

一、创新人才国际化新政策

（1）创新研究《青岛市外籍雇员管理暂行办法》。为进一步解放和增强青岛人才工作活力，推动形成"聚天下英才而用之"的体制机制，加快实施人才强市战略，创新探索在政府机关、事业单位、公共管理服务机构等各类用人单位推进实施外籍雇员，引导和鼓励面向国际招聘和使用高层次人才智力，通过合同或协议方式，与青岛市用人单位形成固定或柔性劳动、劳务关系，长期或不定期来青岛市工作或转移智力成果，推进青岛国际城市建设。

（2）研究出台《留学回国人员来青岛市创业启动支持计划实施细则》。为更好吸引和扶持海外人才、留学人员来青岛市创业，出台政策明确来青创业可享受创业培训、创业孵化、创业补贴等优惠政策，使创新创业政策覆盖到全体留学回国人员。同时对创业不足3年的海归企业进行重点扶持，依托计划启动海外高层次人才和留学人员创新创业大赛，重点企业可获得最高50万元的奖励。

（3）修订《青岛市鼓励中介机构和个人引进高层次人才实施细则》。奖励最高标准由原来的5万元提高至30万元，进一步提高了我市引才的区域政策优势，引导更多社会力量积极参与全市引才引智工作。

（4）出台《青岛高层次人才创业中心管理办法》。进一步规范完善高层次人才创业中心运营管理机制，对批准入驻企业提供240平方米办公用房，3年内房租免缴等优惠政策，可直接为入驻企业最高减负近百万元。

（5）出台《关于取消聘请外国专家单位资格认可后相关工作流程的管理办法》。根据国务院取消外国专家聘请资质许可等一批行政许可部署，经请示国家局和省局同意，对文教类聘专单位参照经济类聘专单位办理流程，在全省率先开展服务，满足了政策调整期间部分单位外国文教专家聘请需求。

（6）率先启动"两证合一"政策衔接。正式启动外国人来华工作许可试点工作，设立"外国人来华工作许可"窗口并挂牌，由市外国专家局统一受理，国家外专局有关司领导专程组织到青岛召开现场会。

（7）做好国际人才与青岛产业发展的政策对接。积极对接市政府关于蓝色经济、智慧城市建设、健康服务业发展、影视业发展、财富改革金融管理试验区建设等行业发展规划，研究国际人才智力工作与这些行业发展的结合点与服务支撑点，做好国际人才智力推动相关行业发展的政策对接。

二、拓展人才国际化新领域

（1）拓展与国际城市管理协会就推进青岛人才国际化达成八项合作。市人社局牵头市委高校工委（市教育局）、市科技局（知识产权局）、青岛大学等部门，与国际城市管理协会（ICMA）就举办2017年度国际城市高峰论坛（青岛）、设立国际城市管理协会中国中心青岛办公室（办事处）、共建国际知识产权保护及纠纷处理培训基地、为青岛外籍雇员制实施引进有国际先进城市公共管理经验的官员或专家等 8 个方面达成合作。

（2）拓展与美国加州伯克利市政府、全球协作联合会开展合作。市外专局牵头城阳区政府与美国加州伯克利市政府、全球协作联合会，就推进三方在友好合作、国际高端人力资源引进、智力资源共享等方面达成七项共识。重点就轨道交通、影视动漫、知识产权开发与保护、分布式能源综合利用等领域的高端人才智力引进、国际知名研究院所引进与渠道开发、国际创业创新资源共享以及青岛外派官员岗位"影子"实训工程等方面达成合作。

（3）推进新领域高端引智取得新成果。引进的美国、德国等高端专家执行的课题项目或国家重点立项，青岛大学"高分子杂化材料创新引智基地"和青岛理工大学"海洋环境混凝土技术创新引智基地"成功入选国家外专局地方高校"111 计划"。助推三迪时空网络科技公司与青岛市立医院合作建立国内首家 3D 打印眼科应用研发中心。聘请的俄罗斯籍专家西嘉阁娜·葛丽娜荣获 2016 年中国政府"友谊奖"。

（4）大力推进国际海洋人才专项引进计划。围绕深入实施蓝色引领战略，巩固、提升我市海洋经济在全国的领先地位，为建设国际先进的海洋发展中心提供人才支撑，面向海内外首次发布《青岛市集聚海洋高端人才行动计划（2016—2018）》，明确青岛市今后三年海洋人才引进的重点群体、计划目标、引才主体及产业布局，集中推送了青岛市在集聚海洋人才方面拟采取的具体行动、优惠政策、平台载体、服务举措及制度保障等一系列措施，展示了青岛集聚全球海洋英才、打造蓝色人才高地、实现蓝色跨越的计划和平台。

（5）实施引智与引技、引资有机结合的引智新模式。加大青岛市高层次人才创业中心招商引才工作力度，完成高创中心 12 批次 22 家企业入驻评审工作，目前高创中心入驻高层次人才企业达 60 家。

三、搭建人才国际化新平台

（1）建立"国家引进国外智力示范区"。2016 年 9 月 13 日，国家外专局与青岛市人民政府，在青岛新海岸新区挂牌成立"国家引进国外智力示范区"。重点支持青岛建设西海岸新区建设国家级引智示范区、探索创新引智引才政策、设立中国国际人才市场青岛分市场、构建区域性"一带一路"人才智力合作联盟。

（2）创新举办第16届"蓝洽会"。围绕当前国际人才交流新形式和青岛蓝色经济发展、国际城市建设的新任务，不断搭建并创新人才国际化的国内对接平台。本届"蓝洽会"以"智汇青岛、创赢未来"为主题，组织开展留学人员创业创新大赛、海归创新创业峰会、海外引才引智主题建言会、人才和项目洽谈会、海外高层次人才项目专题推介、高层次人才青岛蓝色经济行签约仪式等板块活动，为海内外高层次人才交流、技术合作搭建了广阔的平台，取得了较好效果。共征集海内外人才、技术合作项目577个，吸引40多名国家"千人计划"专家、156名海外高层次人才、40余家中科院系统的科研院所、80余家国内科研单位、400余家市内用人单位参会对接洽谈，现场达成合作项目146项，取得了人才合作与成果转化的"双丰收"。

（3）创新举办海外人才推介招聘活动。2016年全年共组织4个海外人才推介招聘团（美加团、俄芬瑞团、德英团、日韩团），通过创新引才模式，突出高端引智，成效显著。围绕促进蓝色经济发展的主线，分别开展青岛市海外高层次人才环境政策推介、高层次人才项目洽谈、走进知名高校招聘等推介招聘活动，举办的17场推介会吸引到近900名博士参会，一批高层次人才通过第16届"蓝洽会"平台与青岛市达成来青岛创新创业或智力合作。

（4）成功推进"一带一路"国际人才交流合作机制建设。围绕人才智力工作更好的服务城市融入"一带一路"发展倡议，邀请十多个"海上丝绸之路"沿线国家和发展中国家官员来我市开展"一带一路"国际人才智力交流合作青岛峰会，巴基斯坦总理府投资审查委员会副主任阿布杜哈米特等5名外国政府官员，青岛大学"一带一路"研究院院长徐修德等4名国内专家在大会发表主旨演讲。驻青高校、科研院所及重点外向型企业单位负责人共110余人参会。会上倡议在全国率先构建"一带一路"国际化人才智力合作联盟，共商"一带一路"人才智力发展大计，共话"一带一路"人才智力合作愿景，共享"一带一路"人才智力发展机遇，倡议得到了与会代表的一致认可。

（5）举办高端论坛，群策群力共商国际人才智力发展。邀请中央电视台栏目主持人、首届中国世纪创业大赛冠军杨守彬，原中共中央组织部人才局副巡视员、中国国际专业人才委员会副会长胡建华，国务院特殊津贴专家、混序部落创始人李文，西南财经大学工商管理学院博士生导师、国家自然科学基金评议专家肖慧琳，浪潮集团执行总裁冷严凌等专家，为青岛海归创新创业提出意见建议。同时，组织召开了海外引才引智主题建言会，组织青岛市 30 家海外引才引智工作站负责人为我市推进人才国际化进程、海外高层次人才引进等工作出谋划策，搭建了国际化人才引进、培养、输出的对话合作平台。

四、推进人才国际化交流新模式

（1）建立海外研发机构，以"飞地引智"突破束缚国际人才智力交流瓶颈。针对一些国际顶尖专家因时间紧等原因无法长期来华工作的困难，鼓励有条件的单位，到海外设立研究院、孵化器，实施就地引智引才、就地孵化研发的"飞地引智"模式。软控股份有限公司在欧洲设立软控欧洲研发中心，在美国设立软控美国研究院，解决了该单位聘请的卡罗尔·万卡等高端外国专家因故无法长期来华工作的困难。青岛某研究所在乌克兰建立智力成果孵化基地，就地开展国际智力交流合作，解决了该所聘请的高端专家来华工作缺乏相关配套设备而不具备研发条件的障碍。

（2）建立青岛国际人才智库，探索国际智力服务公共决策水平，提升以助推经济社会发展的新模式。当前，智库建设已成为治理能力现代化的重要内容，是发展软实力的重要组成部分。青岛市委、市政府高度重视国际智力在政府决策、咨政建言、舆论引导等方面的积极作用，组建了"青岛国际人才智库""北方国际人才研究院"等机构，召开多场次国际人才建言活动。目前，已有 25 位专家成为青岛国际人才交流协会海外会员，5 人成为青岛市政府特聘专家，3 人成为青岛国际城市建设战略推进委员会专家委员。

（3）实施"百千万引智服务基层工程"，探索国际智力成果转化为现实生产力的新模式。为了把高端的国际智力资源引入到基层单位发展和人民群众致富实践中，启动了跨区域、跨部门的"百千万引智服务基层工程"。活动开展以来，共引进高端外国专家 80 人，到 600 多个单位的工作一线现场指导，解决生产发展难题7 000多个，有效推动了引智成果合作共享体系的建立，促进了"二次引智"在青岛的发展。

未来，青岛市将探索在全市的公共管理服务机构、各类用人单位推行外籍雇员，允许政府机构、事业单位采取项目合作、购买服务，乃至聘用等方式，吸引外籍人才来青岛工作和创新创业，全方位推进青岛国际城市建设，让国际人才智力在引领和支撑城市国际化发展中真正发挥第一资源和核心动力的作用。

海外高校的人才战略及其启示
——新加坡南洋理工大学的个案分析

刘 宏 贾丽华[①]

摘 要：新加坡南洋理工大学自1991年成立以来，在教学、科研和创新等领域均取得了显著的成效，在世界主要的大学排名中均名列前茅。本文以南洋理工大学的师资引进、培育和评估为具体个案，分析人才培养在高等教育发展中的核心作用，并进而探讨它对当前中国高校建设"双一流"（一流大学和一流学科）的启示。本文分为四部分。第一部分简单介绍南洋理工大学在教学和科研领域的发展；第二部分分析该校人才战略的具体内容和实施方式；第三部分探讨师资绩效考核与评估的方式和程序；结语部分讨论南洋理工大学个案的启示和借鉴意义。

关键词：人才战略 绩效评估 高等教育

新加坡南洋理工大学自1991年成立以来，在教学、科研和创新等领域均取得了显著成效。目前在世界主要的大学排名中均名列前茅。本文

---

① 贾丽华系吉林大学人力资源和社会保障处副处长、博士后工作办公室主任。

以南洋理工大学的人才引进、培育和评估为具体个案，分析人才培养在高等教育发展中的核心作用，并进而探讨它对当前中国高校建设"双一流"（一流大学和一流学科）的启示。

一、南洋理工大学（NTU）：一所迅速崛起的全球性大学

南洋理工大学（Nanyang Technological University，以下简称 NTU）是新加坡一所科研密集型大学。愿景与使命是全方位教育，培养跨学科博雅人才，创新高科技，奠定全球性卓越大学。其前身是 1981 年在原南洋大学校址"云南园"上建立的南洋理工学院。1991 年，南洋理工学院重组，将国立教育学院纳入旗下，更名为南洋理工大学，开始由培养技术人才向培养专业人才转变，学校也逐步向综合性高校方向发展。2006 年开始自主化办学以来，通过引进高端人才、致力于跨学科创新型领袖人才的培养等一系列改革创新，现已发展成为一所以理工、商科、医科、通讯与传播、教育、人文与社会科学等多学科并重的世界一流大学。

作为一所迅速崛起的国际性大学，南洋理工大学是既具有国际观，又处在东西文化融合的交汇点，是个多元化的学习枢纽和跨学科研究的温床。

据 2016 年的统计数据，员工总数 7 310 人，其中教师（faculty）有 1 660 人（含客座教授），占全校员工比例 22%；科研人员（research staff）2 890 人，占全校员工比例 40%；教师与科研人员中多数为外籍人士。行政人员（management & support staff）有 2 760 人，占全校员工比例 38%，现有在校学生 33 000 多人，学生来自全球 80 多个国家。

NTU 积极对接新加坡推动研究和创新的国家战略，借助现有的学科优势，2010 年开始在可持续发展、新创意媒体、保健医疗体制科技、新丝绸之路和创业创新生态模式五个方面（"NTU2015 战略"的重点）加大研发力度，力求形成优势学科。2016 年实施的"NTU2020 年策略"，旨在将大学推向卓越研究的更高峰。计划侧重五个主要的研究高峰——可持续发展、环球亚洲、安全社区、健康社会和未来学习。这些领域充分发挥大学的各种优势。

二、人才战略：南洋理工大学迅速发展的关键要素

为什么一所年轻大学能在成立后短短的 25 年间（尤其是过去 10 年

来）取得如此举世瞩目的成就？我们认为，一支高水平的教学科研队伍是高校发展的第一资源，师资水平在很大程度上决定着大学的发展速度、高度和广度及其未来前景。大学发展的最主要原因，2006年新加坡政府批准南洋理工大学实行自主化办学以来所实施的一整套人才引进、培育、管理和评估体系。NTU人才战略主要体现在三个方面："上下"一体、"内外"结合的全球人才招聘体系；具有国际竞争力的人才待遇和培养体系以及与国际接轨的学术发展路径。接下来具体介绍这套体系背后的理念、内容和实践。

NTU的人才招聘模式是由院系负责招聘工作，整个招聘过程实行"上下"一体、"内外"结合的模式，既有学生、学校高层，也有院内教职人员和校外专家的参与和监督。通过明确的程序，全程公开招聘流程，保证人才招聘公平公正、保障人才能力与职位相匹配。

招聘之前院系会制定人才规划，编制人才预算，为人才引进目标和标准提供信息指导。人才规划主要由院系提交，从宏观角度确定1~3年之内要引进的人才的领域和层次；人才预算主要是围绕学院人才发展需要以院级预算单位制定，程序上采用自上而下与自下而上结合的方式。所谓的自下而上，即预算由院系报送——大学审查——提出反馈意见——批准后经费下拨给学院使用。具体流程如图1所示。

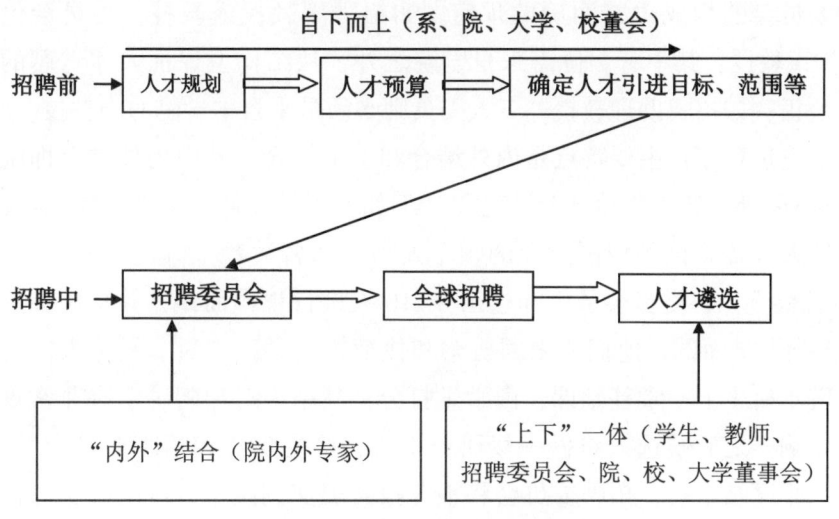

图1　南洋理工大学师资招聘体系

资料来源：刘宏，王辉耀. 新加坡人才战略与实践［M］. 党建读物出版社，2015.

1. 教师聘任的理念和原则

（1）服务学校发展的理念，一切工作都围绕战略目标，最终为了实现大学的愿景；

（2）实现增值性人力资源服务的理念，提高工作效率，注重提升质量；

（3）公开公平公正的原则，所有程序在网上公布，全球招聘，操作过程中体现公平公正的原则；

（4）学校统筹，学院自主的原则，每年学校负责提出方案及日程要求，教师聘任的具体工作由学院自主组织实施。

2. 师资聘任与管理的程序

（1）师资聘任的分类。NTU 教师聘任管理分为聘和任。"聘"是指新聘教师；"任"是指获得终身教职和晋升。大学从 2016 年起开始实施新制度。第一个合同期限为 4 年，在此期间可以提出申请终身教职，但属于破格，要求非常高。4 年的合同期完成后，考核合格者，学校与其签订第二个合同，期限为 3 年。续聘三年内可申请一次终身教职，申请成功即晋升为副教授，并聘任为终身教职；没申请成功终身教职的人员一般不再聘用，但为了其另寻职方便，学校一般会再续聘一年。

每个职位学院都会在全球发布招聘广告，保证有广泛的候选人。招聘委员会的构成也有明确的规定。如招聘副教授或教授，委员会包括 5 位正教授，其中有 2 位需来自学院之外，从结构上保证人才选聘的公平公正；如招聘助理教授，三人委员则必须是来自本学院的副教授。

遴选程序：主要特点是内外结合和上下结合。其中内外结合即院内评选+院外评鉴人都给评分或意见。例如，正教授候选人需要 10 名校外评鉴人（需是该领域国际上的领军人物或知名学者）。假设一个职位有 50 位候选人，委员会从中筛选出 8~10 人进行视频面试，并从中筛选出 3 人到大学面试，他们的来回机票和住宿皆由学院支付。候选人需要给学院本科生上一堂基础课，由学生打分，其结果对招聘决定有非常重要的影响。之后候选人将做一场研究报告、接受院长和招聘委员会面试。这些程序结束后，招聘委员会将推荐报告提交到院里，再由院长写推荐报告到学部长（College Dean）和大学教务长兼常务副校长（Provost）（后者的委员会可批准助理教授和讲师的任命）。副教授以上的教师聘用和晋升则还需校长、大学董事会的学术委员会的批准。

通过这套严格程序引进的师资皆为各领域的优秀人才，他们成为NTU迅速发展的关键力量。在人才培育方面，NTU主要采取的措施包括：第一，提供具有国际竞争力的待遇，包括工资和福利待遇（包括每年42天的带薪休假、医疗与人寿保险等）和生活发展待遇（协助解决人才的居住和子女教育问题，对于未成年子女，学校每年会提供教育津贴）；第二，提供优良的学术环境和完善的人才培育机制。提供科研启动基金，实行首年教学量减免；第三，传帮带机制（Mentor Program）和教学培育（Teaching Foundation Program），前者由资深老师引导，为新加入的老师提供有关论文发表、申请科研项目、参加学术会议等方面的建议；教学培育则由每年被学生评选出来的优秀教师为新老师讲授高校的教学方法。

（2）终身教职（Tenure）评审程序。在海外大学，终身教职是教师事业的一道最重要门槛，它不仅是对老师教学和科研的认可，也是他们的事业保障（可以一直工作到退休而非合同制）并享有每工作5年有8个月的全薪海外学术假期（sabbatical）。对助理教授而言，晋升副教授与申请终身教职是同步的，学校每年组织两次这项工作。终身教职的获得要经过严格的评估程序，在教学、科研、服务三方面都要通过评估，这三方面所占比例是5∶5∶2。其中，教学方面的评估主要从四个层面进行评估，一是学生对教师上课的评价；二是课程设计；三是课程改革；四是对学生的辅导。科研方面的评估没有具体量化要求，主要看被评估者在国际同行中的影响，包括发表文章的数量、质量、他引次数等。服务方面的评估主要看被评估者是否担任国际刊物的评委、担任国际会议主席、在国际学术会议上做主旨报告等国际影响力指标以及是否在学校和社会担任行政工作等指标。教学评估主要是看学生的打分，科研方面的评估主要看国外同行的评议，还要邀请国际知名同行撰写推荐信。同行评议要请6位国外同行专家，其中，申请人可提名3位专家，学院提名至少3位专家。这项工作由学院专门成立学术委员会开会商定，院长需全程参与评审的程序。

（3）副教授晋升教授评审程序。副教授晋升教授的评审工作，学校每年组织一次。同样是从教学、科研、服务三个方面进行考评，这三方面所占比例是5∶5∶2。科研方面评价主要是看国外专家的同行评议，要请10位专家进行同行评议,申请人和院方各提名5位专家。其具体程序与助理教授申请终身教职相似,只是对服务方面的考量比晋升副教授要重,也更看重其在国际上的影响力。教师晋升考核评价,外请同行专家评价意见、学院委员会、学院院长意见、学部审核过程及投票结果,对被考核教师是保密的。

晋升的最主要依据是申请人是否在他/她的研究领域具有国际上的影响力。它由一系列指标构成,既有量化的内容(如论文数量、引用率、科研项目经费等),亦有定性的部分(如担任国际刊物的编委、国际性学术会议的主题发言等)。教学和社会服务(包括学术领导等)也是重要的考量。

三、师资绩效考核的程序与内容

前面介绍南洋理工大学师资的聘任和晋升程序。大学人才战略中的重要环节之一是绩效考核和评估。大学在考虑教授、副教授、助理教授、高级讲师和讲师等教师系列人员的职级特点,在教师绩效考核上科学谋划,综合设计考核内容,实行奖优罚劣的动态考评机制,既激发了优秀教师的创新力,又约束了部分教师的职业倦怠,从而促进教师系列人员的人尽其才。

(一)教师绩效考核与评估程序

教师年度绩效考核按学年度进行考核,每年4月份学校组织启动该项工作,被考核人员在绩效考核系统(PAS)填报相关数据,逐级评价打分。学院(school)考核评估委员会会议,上报学部(college),学校考核评估委员会通过。

NTU在教师年度绩效考核评估程序设计具体透明,便于教师了解熟悉相关规则,保证考核程序的严谨细致。教师绩效考核的相关文件既规范了考核内容,也详细规定了考核程序,从制度上避免管理缺位和越位带来的问题。

(二)教师绩效考核与评估内容

基于教师系列各类人员的工作特点,选择教学、科研和服务三个层面作为权重标准,结合量化和定性标准,设计教师系列各类人员晋升、考核和管理制度,对于教授、副教授和助理教授系列,一般按照5(教学):5(科研):2(服务)的权重进行考核,这一系列人员强调教学科研并重,设计具体的服务指标(包括教师讲课、参加社会活动、提出对策建议、服务学生成长等定性考核标准)。对于高级讲师和讲师系列,按照8(教学):2(科研):2(服务)的权重进行考核。该系列着重考核教师知识传授、学生评价、辅导和教学方法等教学组织能力,科研比重较小。对于双肩挑的教授,如院长、系主任等,可以选择2(教学):2(科研):8(服务)的权重进行考核,重点考核其行政领导和管理能力与贡献,强调其对大学发展和服务的示范辐射作用。对于正教授,大学还加入额外的考核指标(学术领导力和跨学科研究推动)。以上三类具体指标内容如下:

1. 教学业绩指标

(a) 过去1年及3年的教学指数

讲堂课及辅导课;全院教学指数分平均值

(b) 指导硕士学生已毕业数/正就读数

指导博士学生已毕业数/正就读数

(c) 教学奖

(d) 教学创新

教学总分为教学得分×权重值

2. 科研业绩指标

(a) 发表论文和著作的总数

(b) 过去1年(3年)总发表数

第一作者/主要作者数

(c) 一级期刊发表总数

一级期刊第一作者或主要作者数

(d) 过去1年(3年)一级期刊发表总数

过去3年一级期刊第一作者或主要作者数

(e) 过去3年被引用的总数

(f) Hirsch 指数;

(g) 过去3年专利数

（h）学术期刊编委成员

（i）过去3年所获得的研究经费，特别是外部竞争性的研究经费、课题组负责人（PI）或联合负责人（Co-PI）

（j）过去3年的研究奖项、成就及影响

科研总分为科研得分×权重值

3. 服务及其他贡献指标

（a）学术服务、行政工作量、外部组织和社区服务。也包括创业活动、技术转让、为大学筹款的推介项目等

（b）过去1年所获得的服务奖

服务总分为服务得分×权重值。

4. 总分

总分为科研业绩得分、教学业绩得分与服务与其他贡献得分之和。

（三）教师年度绩效考核与评价反馈

作为评估过程的一部分，评估人（系主任和一位资深教授）正式地与教师讨论其总的绩效状况及职业发展。综合评价由评估人填写，具体内容包括：

1. 总体绩效表现及学术进展

2. 被评估人的强项

3. 被评估人的弱项

4. 其他意见和建议

系主任或学院院长将被考核教师做出的贡献、需改进的地方、被考核教师优势和劣势等评估结果反馈给被考核教师，被考核教师要签署意见，以表明评估的意见已经呈现给被评估人，但不一定表明被评估人同意评估的意见。与此同时，学院院长要撰写系主任、副院长考核潜能发展报告。

学院组成考核委员会对教师绩效进行综合评价排序，考核结果分为A、B、C、D、E五个等级，每个等级都有全校相同的固定比例，如A等级（占12%）表明被考核教师能力水平远超过职级要求，达到卓越标准；D等级（占10%）表明被考核教师基本符合职级要求。

绩效考核结果作为当年发放个人表现花红（奖金）和下一年度工资

涨幅的依据。D等级的则无花红。由于全院只有院长知道全体教师的薪酬和花红，避免盲目攀比，减少内耗，有助于不同教师之间形成良好协作关系。

四、结语：南洋理工大学人才战略的启示

南洋理工大学之所以能在短时间内发展成为全球知名大学，一方面，在于新加坡政府对高等教育的重视与大量的经费投入（教育支出占了政府总支出的20%左右），使得大学在教育经费使用上得到有力的保障；另一方面，更源于其良好大学治理结构和模式，尤其是人才引进和培育、人才评估、绩效考核、终身教职评审等学术管理机制。NTU不仅制定了一系列适合自身发展的明确制度和程序，更重要的是保证其规范的有效实施，从而达到了推动学校实现跨越式发展的实际成绩。

随着中国综合国力的提高，国家对高等教育越来越重视。《国家中长期教育改革和发展规划纲要（2010—2020年）》提出，全面提高高等教育质量，建设一批国际知名、有特色高水平的高等学校，若干所大学达到或接近世界一流大学水平。为实现该目标，中国高校要把提高质量作为教育改革的核心任务。中国和新加坡国情不同，中国不可能也不应该照搬外国模式。但在高等教育普及化、多元化、国际化、信息化的时代，NTU快速进步的经验，对于中国高校的发展有着一定的启示意义。

1. 发现、建立并维持大学的特色，发挥其培养学生、推动学术进步、服务国家和地方经济社会发展的多重作用

新加坡教育发展和社会及经济的转型发展密切配合。2000年以来，新加坡重点发展高科技高增值产业（如生物医药业）、建立知识型经济、学习型国家和优雅的社会。NTU根据全球形势和国家发展需求，确定了创新高科技，奠定全球性卓越大学；全方位教育，培养跨学科博雅人才的愿景与使命。

在中国有近3 000所高校，每所高校扎根于各自不同的社会历史和文化土壤，形成了独特的学校传统和类型。国家按照教学主体功能和承担科研类型的差异性对高校进行分类指导。可以进一步将高校明确划分为"学术研究、应用研究、应用技术和应用技能"四种类型；按照主干学科门类（本科与研究生）或主干专业大类（专科）建设情况，将高校

划分为"综合性、多科性、特色性"三个类别,由此形成分类发展体系,促进高等教育分类发展、特色发展和多样化发展,而非一味地追求大而全或从学院升级为大学,从而实现高校从"一列纵队"向"多列纵队"发展。

高校要提高对国家和社会经济发展贡献度。可以按照"政府政策引导、高校自主选择"的原则,确定各高校在分类体系中的目标定位和发展空间。基于自身基础能力建立特色专业群,实行个性发展,进一步增强与经济的全球化和科学技术飞速发展的匹配度,以便在激烈竞争中找到自我发展的出路,形成独具特色的大学文化。

2. 实施国际化人才战略,发挥人才在高等教育发展中的关键作用

如上所述,国际化、高水平的师资队伍对 NTU 的快速发展做出了突出贡献。NTU 近年来放眼世界,延揽重量级学者并采取各种措施力促青年人才的成长。NTU 把校院预算管理制度作为保证学校有效运作和发展的支点,在人事预算、人才引进程序以及人才战略的实践三个方面推进人才战略。

"十三五"期间,人才问题依然是中国高校改革与发展的核心问题。与世界高水平大学比较,国内大学各学科顶级人才引进和培养数量的差距较大,表现为支撑优势学科、新兴学科发展及开创新领域的拔尖人才偏少,居于国际学术和创新前沿的高水平领军人才明显不足,支撑一流创新平台和高水平教学团队的关键人才十分紧缺。为了尽快实现中国大学腾飞的愿景,要积极实施更加开放的和有竞争力的人才政策。可以考虑着力做好以下几个方面工作:

(1) 建立面向全球竞争的招聘遴选制度。通过实施海内外高层次人才引进计划,集聚具有国际影响的学科领军人才。在明晰岗位设置与岗位要求的前提下,逐步建立实施与国际惯例接轨但又具有中国特色的人才引进和绩效考核体系。

(2) 创新并健全高端人才发现、吸引、培养、使用机制,拓展海内外人才引进渠道。高层次人才的选聘采取面向全世界公开招聘的方式选拔,招聘的信息刊登在与高等教育相关的重要媒体以及相关国际学术网站,包括在专业学术会议上进行公开招聘,确保岗位招聘的竞争性、高度行和前沿性。

（3）整合校内外资源，为吸引和留住高层次人才创造条件。完善国际化人才、外籍高层次人才、特殊领域高层次人才在居住、社会保障、医疗、子女教育、出入境、退休等方面的生活保障条件。

3. 完善教师职务的多元化聘用制，发挥保证师资队伍活力的支撑作用

2006年起NTU教学科研岗的教师全员实行终身教职制度（Tenure），在实行终身教职制度的头几年，有200余人由于评估不合格离职。大学同时还大量增聘杰出学者和年轻教授。这一措施促进教师的流动畅通，解决教师能进不能出的问题。同时最大效率地发挥教师的潜能。国内高校（尤其是科研密集型）可以学习国际高水平大学经验，采取多种聘用形式以保持师资队伍活力。

（1）借鉴终身教职（Tenure）制度，完善教师职务聘任合同管理办法。探索教职人员的终身制与合同制、固定岗位与非固定岗位、专职与兼职相结合的多元化用人模式。科研人员以项目制的形式聘用，副教授以下不设终身教职。可以设置特聘岗、长聘岗（常任轨）、准聘岗（竞争岗）等聘任合同岗位形式，实现"按需设岗""竞争聘岗"，逐步对合同聘任制教师实行"非升即走"制度，结合中国现有的事业单位人事制度和规章，对不符合学校发展要求的教师，建立退出和向校内外分流的机制。

（2）加强教师分类管理和评价，推进聘用制度改革。优化教师资源配置，区别教学科研并重型、教学为主型、科研为主型三种不同岗位，实行精细化分类管理。对不同岗位类别的教师，制定不同的目标任务及考核权重，提供不同的职业发展平台与通道。

（3）改善教师职务聘任的单一评价标准，建立科学的评价体系。针对国内许多高校普遍存在的教师聘用及专业技术职务晋升，依据单一学科、单一学院评价标准，且仅在单一学科、单一学院范围内竞争的半封闭做法，按照联合学科组或学部评议、择优竞聘等方式完善教师职务晋升的评价标准，使教师晋升在更大舞台上同台竞争。

（4）晋升的标准明确但不是简单的量化；教学、科研与服务兼顾，长期与短期兼容；制定严格而透明的程序并确保有效实施，杜绝任人唯亲的可能性；同时还需校内外专家以及学生的积极参与。

4. 健全科学合理的教师考核评估机制，有效发挥绩效评估的激励作用

南洋理工大学的校院预算管理制度是发展重要支点，大学通过预算手段影响学院的发展，通过实施灵活的薪酬待遇配套措施，提升教职人员的绩效水平，吸引和留住优秀人才。

我们认为，国内高校可借鉴相关国际经验，完善薪酬分配体系，加大薪酬分配的激励力度。

（1）进一步理顺内部分配关系，着力提升教师岗位的分配水平。使广大教师的薪酬具有外部竞争力和内部公平性，以吸引和集聚更多的海内外优秀人才加盟。

（2）强化预算管理，健全校院两级分配机制。科学合理地配置经费资源，统筹规划薪酬和福利体系，分类管理，形成以岗位工资为主体，绩效工资为辅，对引进的高端人才实行协议年薪制、项目工资制等并存的多元化收入分配格局。

（3）加强教师业绩考核，保证考核结果与绩效分配的联动性。一是完善绩效工资分配体制和机制，根据不同类别，不同评价标准构建相应的薪酬分配体系。对教师采取以定量为主，定性为辅的评价办法，细化合同上的岗位任务，实施岗位与绩效紧密结合的薪酬体系。二是完善高层次人才评价考核及薪酬体系，建立"高风险、高收入、高产出"的联动机制，体现薪酬的外部竞争性和内部公平性。

[本文资料来源主要根据第一作者从2011年以来参与南洋理工大学院校管理工作的实践和体会。本文部分的文字表述和分析得益于他所指导的中国留学基金委高校行政管理人员研修班学员的结业报告（贾丽华、王建军、刘志国、刘丽《探究南洋理工大学教师聘任管理与绩效考核评价实践对中国高等教育的启示》）。作者对他们的贡献特此致谢。本文仅代表作者个人的观点和解读，与其任职机构无关。]

权力、能力、魅力
——论人才安全的实现

郑其绪

摘 要：人才安全即当事主体依据法定责任、义务与承诺，维护各相关主体合法权益，保证人才发展各个环节有序运行。人才安全的实质是国家安全。当前人才安全出现的问题集中表现在权力、能力、魅力缺失与异化，解决这一问题的关键是给权力、能力、魅力正确定位，同时，建立机制，让"人情""天理""国法"三位一体，形成权力自觉、权力约束及弄权惩处的机制。让拥有权力者明理崇德、心有敬畏、慎权慎微，形成管理的"势"，造就监督的"场"，使权力约束时刻处于"箭在弦上、弹在膛中"的状态。从而形成"自加压、自寻优、自运行"状态，以至于达到"明法至于无法"的最高境界。总之，人才发展的全过程都要心有良知、行有天理、胸有敬畏、知行合一。

关键词：权力 能力 魅力 安全

2016年3月，中央《关于深化人才发展体制机制改革的意见》明确提出，"研究制定促进人才开发及人力资源市场、人才评价、人才安全等方面的法律法规",将人才安全问题提到了法制的层面。所谓人才安全,即当事主体依据法定责任、义务与承诺,维护各相关主体合法权益,保证人才发展各个环节有序运行。人才安全可以保证人才正常发展,避免关键人才流失,规避关键岗位人才不当行为。人才安全的实质是国家安全,这也是世界各国对人才安全备受重视的根本原因。

为什么如此严肃地提出这个问题?就是因为在市场经济条件下,一些堪称人才的领导者、管理者、专家、学者没有实现安全发展,在施展才华的过程中出了问题,走向了人民的反面,不仅个人发展没有安全,甚至于国家安全受到了威胁。这些人在应用权力的时候失去了定力,没有做到事忙人不茫,人忙心不盲。他们对公权不是充满敬畏,而是随心所欲地亵渎。他们不明白权力、能力、魅力的递进关系,以为有了权力就有了一切。其实不然,有权力不一定有能力,有能力不一定有魅力。明代王阳明认为,君子欲济天下之难,不能不操之以权。现在看仅此还远远不够,有了权力仅仅是开始,之后一个永恒的任务就是矢志不渝地强化能力与魅力。

一、权力、能力、魅力定位

当今社会一个普遍现象就是权力至上、能力本位、魅力崇拜。然而,现实中却出现了权力背反、能力异化、魅力缺失。这些人没有把权力、能力、魅力的定位搞清楚。

(一) 权力定位

权力是法律赋予的享有某种作为或不作为的许可。通俗地讲,权力就是法律赋予的支配力。权力具有三大特征:第一,权力具有使命性。权力是一种责任和使命,干部是人民的公仆,这是巴黎公社确立的原则,为民造福是行使权力的根本目的。习近平总书记曾经引用北宋大儒张横渠的话来告诫权力者:"为天地立心,为生民立命,为往圣继绝学,为万世开太平。"就是说权高不忘责任重,位尊不忘公仆心。第二,权力具有指向性。权力是在规定的岗位、系统、领域发挥作用的力量,权力只能在法定的范围内发挥作用。权力在法定的领域是主导力,在其他领域只能是辅助力,而且,在法定的领域之外不强调主动性用权。第三，权力具有时限性。权力因岗位而存在、因离职而消失。就是说，权力与岗位共存亡。权力在握可以指挥千军万马，一旦离任则回归一介平民。

（二）能力定位

能力是达成目标的过程中表现出的素质。能力的外延很丰富，诸如创新能力、协调能力、决策能力、组织能力……而这一切能力都是以下4个基本能力的延伸，成为能力的源头：第一，学习能力。主要是指知识更新能力、知识融合能力、接受新事物能力、萃取众人智慧能力。当今社会是一个信息社会，知识浩如烟海。所以学习是人生的主题，学习必须不失时机。意大利军事家杜黑说过："凡没有做好准备的将没有时间再准备，也没有时间改正以往的错误。"这就决定了学习的三原则：及时学习、随处学习、终身学习。第二，思维能力。主要指创新能力、分析综合能力、感知感悟能力、决策能力。当今是一个思维待深化、待活化的时代。自古以来，人类对"思"的呼唤从未停止过，从孔子的"三思而后行"到韩愈的"行成于思，毁于随"，从笛卡尔的"我思故我在"到IBM的百年厂训"思考"，从《第五项修炼》的核心思想"思考"到我国中央电视台讨论成功密码，最终归结为"择业、工作、思索"……都应了古希腊哲学家亚里士多德的一句话：人生最终的价值在于思考的能力。第三，人脉能力。主要指组织能力、交往关系、协调能力、合作共事能力。美国钢铁大王卡耐基说："专业知识在一个人成功中的作用只占15%，而其余的85%则取决于人际关系……能够掌握并拥有丰厚的人脉资源，你就在成功路上走了85%的路程。"人脉可以定夺事业的江山，可以增强事业的合纵连横，可以取长补短、互通有无，可以振臂一呼、应者云集，可以见贤思齐，见不贤而自省……第四，驾驭能力。主要是指挥能力、落实能力、实践能力、坚持能力。具体表现在驾驭时局、驾驭团队和驾驭自己。当前面两个驾驭实现之后，驾驭自己就成为成功的决定性因素。法国思想家蒙田认为心灵之高尚"在于知道如何控制与约束自己"。所以，情商使人有了"平庸"与"杰出"之分。

以上四个基本能力为权力注入了无限的活力，否则，有权力而没有能力的结果一是毁业败业,二是权力短命。这是能力缺失的悲剧。

(三) 魅力定位

魅力是一种令人倾情的吸引力和影响力。魅力让人怦然心动、爱屋及乌,让人着魔着迷、挥之不去。总之,魅力让人不可思议、充满神奇色彩。魅力来自于思如泉涌、才华横溢的感召力,不断进取、历久弥坚的意志力,一片冰心、品行高洁的亲和力,身心健康、风度高雅的生命力。具体地说就是:第一,能干事、干成事。能干事是精神、干成事是能力,这是行动与结果的完美统一。有思想、有作为、有成果这是所有成功者的三部曲。第二,力行之、恒久之。人的平凡之处是容忍惰性、寄望轻松,小成即满、随遇而安,常立志、常无志。人们常常感叹于功亏一篑,何意?就是一步之差,没有"再坚持一下"。所以,意志力是一种成熟的涵养,更是一种深谋远虑的坚持。我们倡导的是逆境下的坚韧、顺境下的理智、常境下的有恒。第三,品端正、行高洁。自古以来,人们倡导品端学粹、行能高洁。就是一身正气、光明磊落,不为利诱、不为物牵,不媚权贵、不鄙卑微。这种品与行润物无声,涓涓入心,持久而有效,是人品、能力、情感的综合体现,是一个人的人格魅力,是权力之外的影响力。第四,神智盈、身健猛。老子《道德经》讲"神智聪赢,身健雄勇,不怒自威,玉树临风",就是对这种状态的赞美。人生就是奋斗有两层意思:一是事业的成功需要奋斗,二是生命的延续需要奋斗。非凡的体质、气质,给人自信、自豪。人们旺盛的精力、积极乐观的态度、敏捷的感受力及对各种环境的适应力、对突发事件的承受力等,无一不是来自健康体魄。当今社会,各种巨大系统提供的信息使我们的思维负荷越来越重(仅中国每天就产生 300 亿条信息),人们在精神上、心理上、体力上都要承受巨大的压力,有时人体机器不得不超负荷运转,所以健康的体质不仅是个人的幸福和幸运,而且是事业的需要和保证。如此等等,构成了人生的永恒魅力。

二、权力、能力、魅力异化

异化是指将拥有的东西转化成对立的东西。简言之,就是现实走向了本意的反面。改革开放以来,权力、能力、魅力皆出现了异化现象。

(一) 权力异化

王阳明认为,"权为天下利害所系,小人窃之以成其恶,君子用之以济其善"。拥有权力本不是坏事,但是,权力被"小人窃之"则成大患。由于中国几千年的封建专制影响深远,权力至高无上,中国人在权力面前诚惶诚恐,且又充满了强烈的追求欲,以至于一些人对权力朝思暮想、梦寐以求。元代大将严忠济讽刺这些人,宁可少活十年,休得一日无权。这种心态,决定了一些人对权力顶礼膜拜,对权力的追求不择手段,对权力的使用随心所欲,以至于最终使公权走向异化。

当前权力异化主要表现在四个方面:第一,专权。无视民主集中制,有了权力一览众山小,独断专行。最终导致权力失控、决策失误、行为失范。第二,恃权。也叫弄权,即依靠权力傲视一切。恃权者以手中的权力为筹码要挟他人、玩弄权术、刁难服务对象。于是必然恃权傲民、恃权凌人、恃权乱政、恃权轻法。剧作家萧伯纳说过:一切世俗的权力都会使人成为无赖。第三,渎权。即尸位素餐、为官不为,消极等待、坐失良机。渎权者是典型的不作为,这种人常常成为绊脚石,拦路虎,自己不为,让别人也无法作为。第四,乱权。即随心所欲、超越职权、为所欲为,将严谨、严肃的权力约束视若无睹,让权力信马由缰。

(二) 能力异化

能力本应在其权限内服务社会发展和科技进步,造福于人类,然而能力一旦异化则走向反面。主要表现是:第一,能力用错地方。能力必须在权力界定的领域发挥作用,否则就用错了地方。如球赛赌博、医生推销药品谋利、高科技犯罪等。美国画家尼戈因描绘 20 美元假钞被判刑,入狱后他的三张肖像画每幅均卖 5 000 美元。画一张 20 美元假钞所用的时间完全可以画一幅肖像画,可是他没有这样做,从而毁灭了自己的人格、尊严,亵渎了自己的人生价值。所以,中央巡视组的通报中用了"能人腐败"反映这一现象,就是指能力用错了地方。第二,能力受外力胁迫。即能力不再是展示个人意志的力量,而成为他人用来表达欲望的工具。这种外力主要来自家人、亲戚、同学、同乡以及行贿者。有些人伸手抓了一把钱,脖子上却套了一根索,不得不受制于人。第三,能力惰化。能力惰化是有能力而不愿劳神劳力，得过且过。马克思说过，凡是有人群的地方都离不开监督劳动。在人们的认识水平、思想觉悟尚未极大提高的时候，监督劳动将是极其必要的环节。

(三) 魅力异化

当权力、能力异化的时候，魅力也就不见了。所以，权力、能力异化必然导致魅力异化。改革开放以来，出现了一批"少帅""英才""典范"，他们叱咤风云、魅力四射。然而，其中一些人忽而光环退去、魅力不再，以致成为"阶下囚"。为什么？发人深思。

改革开放之初我们力图避免三个问题：环境污染、财富集中、道德滑坡。结果30多年过后无一幸免，尤其是道德滑坡令人惊心动魄。在政府部门，一些人利用手中的权力大肆作恶，到了疯狂的程度、无耻的程度。在企业界、学术界，在商界、财界、军界、司法界等腐败现象触目惊心。这些人都在遵循着一个共同的规律：挑战正义。就是马克思所言：有百分之五十的利润，就会铤而走险；有了百分之一百的利润就敢践踏人间一切法律；有了百分之三百的利润就敢冒上绞刑架的危险！所以，一个人一旦失去了道德、践踏了正义，就从根本上失去了魅力。

(四) "三力"异化导致毁己、败家、灭国

"三力"异化导致毁己、败家、灭国，有这么严重吗？是的。毁己、败家是显而易见的，更严重的恶果是灭国！敌对势力的"和平演变"就是从此开始的。2010年，前苏联部长会议主席雷日科夫撰文"大国悲剧：乱自何来"，反思苏联解体的沉痛教训。其中用了大量篇幅讲到1945年美国中情局局长艾伦当着总统杜鲁门大谈瓦解苏联的手段："人的脑子，人的意识，是会变的。只要把脑子弄乱，我们就能不知不觉改变人们的价值观念。""我们将不知不觉地，但积极地和经常不断地促进官员们的恣意妄为，让他们贪婪无度，丧失原则。""官僚主义和拖沓推诿被视为善举，而诚信和正派将被人耻笑。""我们要把他们变成无耻之徒、庸人"……40年后，一切果然这样发生了。雷日科夫痛心地说："如果内部没有一个完全奉行苏联的敌人所树立目标的'第五纵队'，而只靠外部力量，谁也不能把我们的国家怎么样。"

西方敌对势力对罗马尼亚实施了同样的战略，同样得逞。现在他们又对中国如法炮制，而腐败者就是他们最容易猎取的对象，"三力"异化就是他们煞费苦心所要的结果。

这些年，一方面，我国经济社会在发展，另一方面，社会风气被污染，社会的价值观在扭曲。事实上，中国又一次走到危险的境地！所以，人的价值观一旦扭曲，悲剧便接踵而至。防止权力、能力、魅力异化就是保证我们的制度安全、道路安全、文化安全；就是保证国家安全、中国共产党安全。否则，"第五纵队"将会在中国出现，改革的成果将被葬送，"两个一百年"的目标将无法实现，敌对势力的阴谋将会得逞。

三、权力、能力、魅力安全

当前，一个全国性的、力度空前的反腐败斗争令人震惊、又令人振奋。这场斗争以刮骨疗毒、壮士断腕的决心，以踏石留印、抓铁有痕的力度展开，决心之大、力度之猛历史罕见。党的十八大以来已有十几万人被查处，其中包括各级干部、专家学者、一批将军。这些人大都曾经是不可多得的人才，他们有的身居高位，有的成果累累，有的功劳卓著，到头来，他们安全了吗？没有。为什么？就是他们亵渎了权力、枉费了能力、糟蹋了魅力。我们不得不痛下决心，解决人才发展的安全问题，让人情、天理、国法三位一体、并用并重，强调权力自觉、权力约束及弄权惩处。

（一）权力自觉——人情

权力自觉的基础是人民之情、组织之情、群众之情、家庭之情。权力本身不可能使人自然变得高尚，恰恰相反，权力失去了自觉就会走向反面。英国前首相皮特认为，无限的权力会毁掉它的占有者。所以必须强调权力自觉，让拥有权力者明理崇德、心有敬畏、慎权慎微。第一，明理崇德。核心是明白权力何来、人生何如。权力何来？我国宪法规定："中华人民共和国的一切权力属于人民。"人民是权力的主体，权力是人民赋予的，服务是权力的本质。不把这一点始终牢记、始终高扬，就极易亵渎权力、滥用权力。人生何求？这是一个千年的追问，这个千年追问不知难倒过多少人。有人说人生如画、岁月如歌，于是激情荡漾奉献社会;有人说人生如罪、光阴苦度,于是一生悲悲切切、凄凄惨惨;有人说人生苦短、转眼百年,于是拼命索取以享富贵。对人生不同的诠释就有不同的境界、不同的行为、不同的结局。奥斯特洛夫斯基的名言,"人的一生应当这样度过:当一个人回首往事的时候,不因虚度年华而悔恨,也不因碌碌无为而羞愧。"其实,人生美好境界就是奉献社会、完善自我、享受生活。就这么简单、就这么明白。所以,职位可以增加人的权力,但增加不了魅力、增加不了高尚,人生必须明理崇德。第二,心有敬畏。权力在握,必须常有使命之感,常有敬畏之心。古人云:"天下之事,成于惧而败于忽"。惧就是敬畏。敬畏什么?敬畏人民、敬畏法纪。人民和法纪是威严的、神圣的,它对于背叛者是利剑,对于尊重者是盾牌。权力失去敬畏就必然远离理智走向贪婪、走向放纵。权力放纵的代价是高昂的,它祸国殃民、葬送前程、殃及家庭、败兴友人、终日惶恐。第三,慎权慎微。由于时间和空间的无限性,监督的职能往往出现鞭长莫及和覆盖不到的"空档",此时主要靠自律,自律是一种至高无上的境界——摆脱自发、达到自为。人能够进入自律状态,就是由必然王国走进了自由王国。马克思有一句至理名言:"一切差异都在中间阶段融合,一切对立都经过中间环节而相互过渡。"因为中间阶段、中间环节是模糊的、隐蔽的,关键是不失警觉、不疏细节。贪官多次引用"温水煮青蛙"的故事说明走向堕落往往从"不拘细节、疏于忽微"开始。

(二) 权力约束——天理

权力制约和权力监督是人类政治生活的永恒主题。当前,我国正处于"中等收入陷阱期",其他国家的实践告诉我们,这是一个腐败的高发易发期。况且,在我国社会生活中,长期存在着若干"无解"的问题:一是人治大于法治、人情压倒原则。这种状况导致不民主、反民主;导致政策、法纪、程序变得苍白无力;导致跑关系、走后门,打"擦边球"、搞"变通",导致上有政策、下有对策,"抢绿灯""赶黄灯""绕红灯"。二是管理不闭合、系统运行缺乏内驱力。闭合的核心是有效地制约管人的人。管理系统的内驱力就是系统自身产生一种动力与活力,从而形成"自加压、自寻优、自运行"状态。三是监督制约机制不完善。监督制约必须形成全覆盖：立法者被监督；执法者被监督；最高权威（一把手）被监督；形成便捷的监督网；有效保护监督者；对违规者迅速彻查深究。四是管理机构官多权大。我国改革开放初期，官民比为1∶67，2014年为1∶21，吃国家财政者快速攀升。这种现象导致权力集中与权力分散并存，致使权力分布畸形。如此之多的无解问题必然导致决策的随意性，管理缺乏权威性，政策缺乏连续性，执法缺乏独立性。解决这一问题的唯一有效的办法就是建立机制、约束权力。

法国政治家贡斯当认为，"权力只要可以不受惩罚地滥用，它就会得到更多的滥用"。还有法国的思想家孟德斯鸠说，"一切有权力的人都容易滥用权力，……要防止滥用权力，就必须以权力约束权力。"有人把权力比作一辆迅跑的车，失去制动将会车毁人亡。所以，习近平总书记再三强调："把权力关进制度的笼子里。"

（三）弄权惩处——国法

国法是对天理的进一步强化，是伸张正义、明辨是非的最后手段，它具有明显的强制性和不可抗拒性。到了这一步，执法与被执法都没有了后退的余地。孟子曰："人不可以无耻。无耻之耻，无耻矣。"对于无耻之徒别无选择，只有用法。所以，平时我们以法警人、以法育人，到了关键的时候就要依法治人、依法治世。放眼过去，几乎所有放纵者都是走了条"自负——自恋——自恃——自毁"之路。开始，奋发有为；掌权，蜕化变质；入狱，悔不当初。最终导致终日心神不定、草木皆兵，于是食无味、睡无眠、行无力、情无常。巴西医生马丁斯研究了583个案例得出结论：腐败致癌。这就叫人不惩天惩、天不惩自惩。

看看那些阶下囚们，头发斑白，面容憔悴，眼神黯淡，精神萎靡，间或满脸悔恨的泪水。当初的一荣俱荣与当前的一损俱损形成巨大的反差。悔恨、歉疚、恐惧以及对未来生活的万念俱灭足以击溃一个人的所有心理防线。妄图为所欲为，结果一无所为；妄图贪天所有，结果一无所有。这些人统统一罪掩风流。

沉痛的教训令我们不堪回首，巨大的代价让我们明白必须建立机制，规范权力。多年来，机制已经成为流行词，诸如成才机制、保障机制、用人机制、激励机制、流动机制……然而要问：什么是机制？如何建立机制？这些问题并非所有人都能正确回答。不搞清楚这些问题，对机制的理解就只能停留在表面。实际上，平时说的各种机制大都属于管理机制。管理机制是管理系统内各子系统之间相互促进、相互制约的内部质的规定性。

建立机制必须做好组织准备、技术准备、作用发挥和评价反馈，用以保证机制运行的规范性、实践性、应用性和自为性。从而形成管理的"势"，造就监督的"场"，使权力约束时刻处于"箭在弦上、弹在膛中"的状态，以至于达到"明法至于无法"的最高境界。

总之，人才安全的实现一靠他律，二靠自律，而且起决定作用的是自律。人才发展的全过程都要心有良知、行有天理、胸有敬畏、知行合一。就是说，人必自助而后人助之，人必自助而后天助之！

新时期人才队伍思想政治建设的
理论逻辑与路径选择

马抗美

摘 要：思想政治建设在党和国家改革发展中具有"生命线"的时代意蕴，加强人才队伍思想政治建设不仅具有必要性，更具有紧迫性。针对目前对思想政治建设在人才开发中的作用认识不清、人才队伍思想政治建设的力度不够、针对性不强、协同配合不足等主要问题，人才队伍思想政治建设亟待加强和完善，要树立方向意识、人才主体意识和实效意识，实现人才思想政治建设由突击型向建设型、由经验型向科学型、由被动型向主动型的转变。

关键词：人才队伍 思想政治素质 思想政治建设

高度重视人才思想政治素质的统帅作用，坚持德才兼备、以德为先的用人导向，是习近平人才思想的重要组成部分。习近平总书记站在全局和战略高度，多次强调"国无德不兴，人无德不立"的重要思想，深刻阐释了新时期人才思想政治素质的基本要求，彰显出思想政治建设在党和国家改革发展中"生命线"的时代意蕴，是当前加强人才队伍思想政治建设的重要指导思想。

一、人才队伍思想政治建设的必要性和紧迫性

当前,在新的国际国内形势下,人才队伍建设面临着重要的机遇和挑战,加强人才队伍思想政治建设不仅具有必要性,更具有紧迫性。

(一)思想政治素质是人才成长与发展的统领性要素

在当今时代,综合国力的竞争就是人才的竞争、创新驱动就是人才驱动,人才是第一资源,其重要性是不言而喻的。习近平指出,"我们比历史上任何时期都更接近实现中华民族伟大复兴的宏伟目标,我们也比历史上任何时期都更加渴求人才。"[①] 在全国高校思想政治工作会议上,习近平又强调,"我们对高等教育的需要比以往任何时候都更加迫切,对科学知识和卓越人才的渴求比以往任何时候都更加强烈。"[②] 然而建立起一支什么样的人才队伍才能担当起如此重任呢?

根据人才学的研究,人才素质是人才的基本内在品质,这些内在品质影响着人才的成长和发展。思想品德是人才依据一定的社会道德准则和规范,在处理与社会、他人和周围事物关系时所表现出来的较为稳定的思想特点和行为习惯,包括政治品德、职业道德和社会公德。

政治品德决定了人才基本的政治立场和态度,为人才确定服务对象和确立社会责任感与使命感提供方向,是人才实现社会价值和个体价值的"指南针"。因此,政治品德是人才的灵魂,确保人才的政治方向,是人才成长和发展中最强有力、最持久的内在动力。职业道德决定着人才的职业态度、职业情感和从业行为及习惯。在每个人的一生中,都要有职业生涯的经历。每一个行业都有自己的道德,官有官德,医有医德,文有文德,戏有戏德,师有师德。各行各业的情况虽然不同,但在职业道德中也有着共同的要求,与专门人才的成长成才关系最为密切。社会公德决定着人才在日常社会公共生活中的行为表现。良好的社会公德,可以引导人才切实履行公民义务,积极维护社会公众利益,它对维系社会公共生活正常秩序和协调人际关系具有重要作用。

---

① 习近平. 在欧美同学会成立 100 周年庆祝大会上的讲话 [N]. 人民日报, 2013-10-22.
② 习近平. 把思想政治工作贯穿教育教学全过程 [N]. 人民日报, 2016-12-08.

政治品德、职业道德和社会公德虽然有着不同的内容，但在相互联系中决定着人才创造性劳动的方向和动力，是人才成长和发展的统帅和灵魂。习近平曾指出，"必须坚持德才兼备，以德为先"，"既要在大事上看德，也要在小节上看德"。① 思想境界上的差别，必然导致行为方式上的差别，从而造成行为结果的巨大反差。思想政治品德这个首要问题解决得好，就会促使人才产生极大的热情和积极性，如"两弹一星"的前辈，他们把自己所从事的工作，不仅仅看作是一个职业，更是一项为国家强盛而奋斗的伟大事业，因而才会有几十年如一日的无私奉献和执着追求。相反，思想政治素质一旦缺失，不论哪种类型的人才都会在发展道路上出现不同程度的偏差，极有可能成为人才的阿喀琉斯之踵（Achilles' Heel）。② 由此可见，思想政治建设能够为人才提供正确的价值导向，促使人才的知行转化，是人才队伍建设的首要任务和核心目标。

（二）人才的思想政治素质具有特殊的社会影响力

人的素质和社会发展密切相关，尤其是思想政治素质是人的政治立场、政治态度、政治方向和政治观念的综合体现，对促进国家政治文明的建立和发展具有重要作用。当前，我国社会主义现代化建设中面临的诸如依法治国、民主政治建设、廉政建设等重大问题的解决，都离不开人的思想政治素质的提高。人才是国家和民族的精英。从整体上来看，人才这一特定群体的素质要高于、优于一般人。他们不仅是当今社会先进生产力的代表者，而且是社会政治文明、精神文明的倡导者，对社会风尚的形成和发展具有明显的引领、示范和辐射作用。尤其是高层次人才往往被看作是社会精英、事业成功的代表，其理想信念、职业操守，乃至对社会公德包括对家庭的态度，都对于社会成员有着特殊的影响力，都会产生广泛的社会影响。一旦在他们身上出现了道德失范，就会造成人们思想上不同程度的混乱，从而动摇人们对现有的社会道德规范的信

---

① 为伟大复兴造就宏大人才队伍［N］. 学习时报，2016-06-23，http：//theory.gmw.cn/2016-06/23/content_20774052_2.htm

② Achilles' Heel 即致命的死穴、软肋。古希腊神话中的阿喀琉斯是海神之子，是一个战无不胜的勇士，他虽然号称刀枪不入，却有一个致命之处——自己的脚后跟。唯一没有浸泡到神水的地方。

任,使其应有的规范和教化作用难以充分发挥。

因此,从这个意义上可以说,人才是社会先进文化思想的传播者,社会文明建设的表率和榜样。这不但是人才思想政治素质高低的综合体现,更是人才的一种社会责任。因此,越是高层次人才,越要重视思想政治素质的塑造。如果各行各业的人才都能把正确的政治品德、职业道德、社会公德变为自己的自觉行为,发挥道德示范引领作用,那么我国现代化建设的各项事业将会出现新的局面。通过人才队伍的思想政治建设,强化人才在坚守社会价值体系和道德伦理方面的示范和推动作用,是人才队伍建设的首要战略任务。

(三)思想政治建设是人才队伍建设的时代命题

我们党历来坚持德才兼备的选人用人标准,各类人才为促进社会发展做出的重要贡献有目共睹。但现实世界是一个多元化、充满各种诱惑的时代,人才队伍中也会出现不同的问题。党政干部队伍中有人贪污腐化,科技人才中有人运用高科技犯罪,高学历人才中有人的抄袭剽窃,经营管理人才中有人违规运作等。我们可以盘点一下,出问题的这些人到底是什么情况,是知识更新不快,还是心理素质脆弱,抑或是技术水平不高?都不是!无一例外,他们当中的绝大部分人恰恰是思想道德方面出现了偏差。由于缺乏正确的是非观、义利观、权力观、事业观,各种问题的出现就在所难免。这些人都曾经在各自领域叱咤风云,不可不谓之人才,但最终的落马不仅给个人带来了灭顶之灾,而且给国家造成巨大损失。这些人才异化的现象给我们敲起了警钟。司马迁曾经说过,"才者德之资也,德者才之帅也"。① 人才的知识和能力固然重要,但纵然知识再多、能力再强,一旦缺乏坚定目标和正确方向的指引与规约,将难以发挥人才应有的正能量作用,相反可能沦为精致的利己主义者,甚至是祸国殃民的危害者。

诚然,法治化是解决这些问题的重要措施。但是,从思想观念发展变化的规律来说,它是一个潜移默化、逐步发展的过程,有些问题并不是一开始就能完全适用于法律加以解决。习近平总书记指出,"必须坚

---

① 司马迁.资治通鉴[M].第一卷周纪一周威烈王二十三年(戊寅、前403).

持依法治国和以德治国相结合。"① 法安天下，德润人心，法治和德治不可分离、不可偏废，国家治理需要法律和道德协同发力。持之以恒、润物无声的思想政治工作能够在问题萌发之初及时帮助人们发现思想认识上的偏差，引导人们主动加以改正，从而避免问题的严重化，这对人才来说又何尝不是一种重要的关爱和保护呢？只有坚持不懈地抓实抓好思想政治建设，不断提高人才的思想政治素质，引领人才其他各项素质的全面提升，才能使人才队伍焕发出更大的活力。这不仅是我国改革开放不断深化的时代需要，也是人才成长的必由之路。

二、当前我国人才队伍思想政治建设存在的主要问题

在人才强国战略和创新驱动发展战略的推动下，我国人才队伍建设取得了令人瞩目的成绩。然而，受思想观念、文化氛围、体制机制等综合因素的影响，目前我国思想政治建设是人才队伍建设中较为薄弱的环节，存在的问题主要表现为：

（一）对思想政治建设在人才开发中的作用认识不清

如前所述，思想政治素质的状况，决定了人才其他素质发挥的程度，因此与人才潜能的开发密切相关。然而，目前人们对这些尚未形成客观清晰的认识。例如，在人才理论研究和人才工作的实践中，比较注重如何提升人才的思维能力、心理素质、知识更新等问题，但对于如何提高我国人才队伍的思想政治素质的研究和措施，则相对较少。再如，从人才成长的过程来看，普遍比较重视思想政治教育在人才培养中的地位和作用，但对思想政治建设在人才开发中的作用则认识不足。究其原因，是我们对思想政治建设在人才开发中的功能和作用的认识还不到位。须知，人才思想政治素质的培养，对人才潜能的激发有着极其重要的作用。

（二）人才队伍的思想政治建设力度不够

随着改革开放的不断深入，我国的社会结构发生了巨大的变化，利

---

① 习近平. 坚持依法治国和以德治国相结合 [N]. 新华网，2016 - 12 - 10，http：//news.xinhuanet.com/politics/2016-12/10/c_1120093133.htm

益的多元化、思想的多样化已成为普遍现象。然而，面对新的形势，人才队伍的思想政治建设却出现了某种程度的弱化现象。这不仅表现为"无用论"，即思想政治建设"说起来重要、做起来次要、忙起来不要"；还表现为"回避论"，即刻意回避思想政治建设，怕被人家贴上"洗脑"的标签；此外还有"形式化"等不同表现。这种困境的形成，虽然有着各种复杂的原因，但必须引起我们的高度重视。毋庸置疑，越是社会分化，越是多元化，就越需要有共同利益和价值观的引领。思想政治建设不仅关系到人才自身的成长，而且事关中国特色社会主义事业的兴衰成败。我们必须在继承过去思想政治工作优良传统的基础上，不断创新思想政治建设的方式，拓宽渠道，完善方法，从而适应新形势、新变化，体现思想政治建设的时代特征。

（三）人才队伍思想政治建设的针对性不强

当前，我国思想政治工作的实效性时常遭受诟病。习近平总书记曾深刻地指出，"与新社会群体说话，说不上去；与困难群众说话，说不下去；与青年学生说话，说不进去；与老同志说话，给顶了回去。很多场合，我们就是处于这样一种失语的状态，怎么能使群众信服呢？"[1] 思想政治工作效果不佳的重要原因之一在于我们对人才成长规律和思想政治工作的规律性认识不足。人才现象是最复杂的社会现象，人才的成长成才是一个复杂曲折的过程，不同的阶段有着不同的特点。而社会分工所造成的人才的分化，又使得不同类型的人才各具特色。人才所从事的劳动还具有不同于普通劳动的探索性、开拓性和创新性等特征。如果对此认识不足，用千篇一律的、说教式的方式进行思想政治教育，必然达不到预期的效果。人的世界观的转变、灵魂的塑造绝不是一蹴而就的，而是一个长期、艰苦、细致的过程。随着经济社会、意识形态格局以及国内国际形势的发展变化，思想政治教育的环境和方式都发生了根本性的变化。如果不能适应新的形势和变化，找不准思想政治建设的突破口和着力点，就不可能取得实效。

---

[1] 金秋. 官员终结"念稿时代"[J]. 领导文萃, 2008 (1).

（四）人才队伍思想政治建设中的协同配合不足

人才思想政治素质的形成和发展不是朝夕之功，而是一个循序渐进、曲折反复的过程，是长期性和复杂性的统一。因此，人才队伍的思想政治建设是一个系统工程，不仅贯穿于人才成长的全过程，而且覆盖于家庭教育、学校教育、用人单位职业道德教育乃至于社会公德教育等不同的成长环境之中。然而在现实中，人才成长不同阶段和不同环境的思想政治教育往往相互脱节、单打独斗，难以相互支撑和配合，形成合力。从思想政治教育实施的主体来说，有些部门对人才的思想政治工作比较重视，而有些部门人才队伍的思想政治工作则名存实亡，还有的部门就是空白。从人才开发的过程来说，有的环节好一些，有的环节则相对薄弱。将思想政治建设贯穿人才队伍建设的全过程，打通渠道，实现不同教育主体之间的相互配合，促进人才成长不同阶段思想政治素质培育的有效衔接，是加强人才队伍思想政治建设协同配合的重要突破口和着力点。

三、加强人才队伍思想政治建设的路径

针对新时期、新形势、新变化，只有树立方向意识、人才主体意识、实效意识，强化思想政治建设在人才队伍建设中的地位，才能切实发挥思想政治建设的真正作用。

（一）树立方向意识，凸显党管人才的着力点

树立方向意识，就是指人才队伍的思想政治建设要始终与我国社会主义社会发展的要求相一致，坚持鲜明的政治原则和正确的价值导向不动摇。习近平总书记指出，"宣传思想工作就是要巩固马克思主义在意识形态领域的指导地位，巩固全党全国人民团结奋斗的共同思想基础。"[①] 当今时代，坚持马克思主义理论指导，坚定不移地走中国特色社会主义道路，热爱祖国、热爱人民，自觉践行社会主义核心价值观，为

---

① 习近平. 意识形态工作是党的一项极端重要的工作 [N]. 新华网，2013-08-20，http://news.xinhuanet.com/politics/2013/08/20/c_117021464.htm

现代化建设服务是我国人才所应具备的基本思想政治品德。

习近平总书记在全国高校思想政治工作会议上明确指出，我国高等教育发展方向要同我国发展的现实目标和未来方向紧密联系在一起，为人民服务，为中国共产党治国理政服务，为巩固和发展中国特色社会主义制度服务，为改革开放和社会主义现代化建设服务。①这"四个服务"不但是对高等教育的要求，而且集中体现了对我国人才队伍思想政治素质的具体要求，是我国人才队伍建设必须坚持的基本原则和基本宗旨。因此，我们要理直气壮、坚定不移的把"四个服务"贯穿于人才队伍思想政治建设的各个环节和组成部分。

"四个服务"不仅是我们人才队伍思想政治建设的基本原则和目标，而且集中体现了党管人才的着力点。从"党管干部"到"党管人才"，充分反映了党对人才工作的高度重视，其制度优势逐步显现出来。党在"管宏观、管政策、管协调、管服务"的基础上，还有一项十分重要的任务，那就是应当管人才队伍的思想政治建设，即管方向、管根本。这是我们党自建党之初就形成的看家本领和独特优势，在革命、建设和改革开放的各个历史时期，思想政治建设发挥了巨大作用，成为我们党不断取得胜利的关键所在。

面对人才工作的新任务和新要求，要确保党管人才原则深入贯彻落实，发挥党管人才的真正优势，必须"牵"住人才工作的"牛鼻子"。思想政治建设是人才队伍建设中"凝魂聚气、强基固本的基础工程"，②各级党组织在制定政策、创新机制、改善环境、提供服务等各项人才工作中，要把思想政治建设贯穿始终。

(二) 树立人才主体意识，激发人才创新活力

人才队伍的思想政治建设，其核心目标就是要激发人才的创新活力，更好地为我国经济社会发展服务，助推人才社会价值的实现，这就需要有更长远的眼光和更广阔的胸襟，尊重人才的主体地位，树立人才主体意识。

---

① 习近平. 把思想政治工作贯穿教育教学全过程 [N]. 人民日报，2016-12-08.
② 星海. 凝魂聚气、强基固本的基础工程 [N]. 光明日报，2015-07-15.

人才的主体地位至少有三个方面的含义：

一是从经济形态上说，人才是一个国家最宝贵的财富，最重要的资源。人类社会的发展史表明，无论是新的生产力的开拓，还是先进文化的倡导，乃至于社会形态的革命性变革，都离不开人才的重要作用。美国经济学家卢卡斯认为，"从传统农业经济向现代化经济转型的成功关键取决于人力资本积累率的提高"。[①] 随着知识经济的不断发展，人们越来越清醒地认识到人才资源是区别于物质资源的宝贵的第一资源，人才的重要性越来越充分的显示出来。

二是从政治形态上看，人才为社会发展所做出巨大贡献绝不是凭空得来的。由于创造性劳动自身的特点，他们要付出更多的体力和精力，要面对更多的挫折与失败，要承担更多的风险和压力。由此可见，人才资源的优势不是自然保持的，如果开发使用不当，其遭到破坏的后果更加严重。因此对人才主体权利的确认和尊重、实现和保障就成为人才工作的重要组成部分。

三是从教育形态来看，思想政治教育是做人的工作，但这种工作不是一部分人高高在上的去教育另一部分人。马克思曾说过，"环境是由人来改变的，而教育者本人一定是受教育的。"[②] 无论是管理者还是各种不同类型的人才，虽然都有可能在某些知识或技能方面具有优势，但在思想境界和道德水平上却不能自持高人一等，每个人都有不断提升自我修养的任务。因此，思想政治教育应该是一个自我教育和相互教育的过程。

要真正树立人才主体意识，首先要求我们放下身架，改变教育者高高在上教育别人的观念与做法，从人才的尊严、权利、需要和发展出发，尊重人才的主体地位、尊重其个性发展，在平等的前提下与人才进行思想交流和情感沟通。在自我教育和相互教育中，促使思想政治建设的目标内化为人才自身的动力。同时要做好团结、引领、服务工作，真诚关心人才、爱护人才、成就人才，为人才排忧解难，为人才施展才华搭建舞台，为人才全面自由发展铺平道路，在潜移默化之中增强人才对中国

---

① 卢卡斯著. 经济发展讲座 [M]. 罗汉, 等, 译. 南京：江苏人民出版社, 2003：278.
② 马克思恩格斯文集 [M]. 北京：人民出版社, 2009：500.

特色社会主义理论、党和国家的大政方针的认同感,从而发挥思想政治建设价值导向的重要作用。

(三) 树立实效意识,实现"三个转变"

党的十八大以来,党的人才工作不断创新,得到了广大人才和社会各界的好评,这就为人才队伍的思想政治建设创造了前所未有的大好环境。习近平总书记在高校思想政治工作会上指出,思想政治工作要因事而化、因时而进、因势而新。[①] 按照习近平总书记的指示,我们应当抓住当今人才工作的有利时机,进一步探索人才队伍思想政治建设的新途径、新方法,助推人才队伍的成长和成熟,以焕发更大活力。当前,要努力实现人才队伍思想政治建设的三个转变:

1. 由突击型向建设型转变

思想政治建设是一个由多种因素和环节构成的有机整体,是一项系统工程,因此特别需要整体设计与规划,有步骤地实施和运行。而在以往的思想政治工作中,往往会表现出不同程度的突击性。如某一纪念日的庆祝活动、应对上级的相关检查、参加各种评比等等。在这些工作中,思想政治工作者和相关人员处于高度紧张之中,过后又无事可做。虽然这种工作方式也能够产生一定成效,但不易持久且容易出现反弹。同时,在突击型的工作之间也很容易出现空白。思想政治建设并不排除必要的突击性工作,但必须要有整体性的系统思考,如果各自为政,就事论事,只抓一点,不及其余,就会导致使思想政治建设的链条断裂。习近平总书记形象地比喻为"就像接力赛一样,第一棒跑到了,下一棒没有人接,或者接了不知道往哪儿跑"。[②]

当前,针对思想政治工作协同性不足的问题,要运用系统思维,强调"系统完备、科学规范、有效管用、简便易行"体制机制建设,建设完整的"链条",突出人才思想政治建设工作中各种因素的关联性,在人才的培养、选拔、使用、评价、激励等各个环节都要体现出统一的目标和价值导向,才能发挥合力作用。就思想政治建设的整体而言,需要

---

① 习近平. 把思想政治工作贯穿教育教学全过程 [N]. 人民日报, 2016-12-08.
② 习近平在科学院工程院院士大会上的讲话全文 [N]. 新华网, 2014-06-09, http://news.eastday.com/c/20140609/u1a8138438_2.html

有深厚的群众基础，建立起稳定的长效机制，既有顶层设计，又有具体措施；既明确职责分工，又有制度保障，真正使思想政治建设贯穿于人才工作的全过程。

2. 由经验型向科学型转变

改革开放以来，社会的组织形式发生了很大变化。计划经济下人员的单位终身归属已为合同、契约所取代，利益分化越来越明显；人才流动日益成为人力资源配置的调节器；信息技术的迅猛发展极大地改变了信息传播方式。这些变化都对传统的思想政治教育提出了挑战。与在校大学生相比，各类人才个性更鲜明、思想更活跃、人生阅历更丰富、知识结构更立体。面对这样的群体开展思想政治教育活动，仅凭经验是远远不够的。

人才队伍的思想政治建设向科学型的转变，首先要求我们深入研究人才成长成才的规律和思想政治教育的规律，自觉运用规律指导实际工作。不同类型的人才有着不同的思想行为特征，例如，党政领导人才的工作具有服务的公益性、岗位的权责统一性等特点；企业经营管理人才专业化、职业化程度高、流动性、竞争性强；专业技术人才普遍具有很强的自主意识、学习能力和创新能力等。习近平总书记曾深刻阐释了新闻人才、政法人才、军事人才、企业经营管理人才、高校人才、青年人才等不同人才的素质要求，特别强调了思想政治素质的侧重点。不深入了解人才成长的特点和规律，无视新形势新问题，盲目按照老一套去做工作，只能是事与愿违、事倍功半。只有遵循其成长规律，紧密结合时代特点和人才需求，实行分类指导、细化思想政治工作的内容和方法，才能切实增强实效性。

3. 由被动型向主动型转变

当今时代是一个千变万化、令人眼花缭乱的世界，人才的思想也是处于高度活跃状态，会随时产生各种各样的想法和困惑。有人认为，只有在人才出现了问题，或是找上门来，才需要做思想政治工作。当然，当问题出现或矛盾激化时，思想政治工作自然是不可缺位的，但是更需要主动作为，而不是守株待兔。因此，只有在与人才的密切接触中，才能了解人才的所思所想，发现其兴趣点和关注点，及时回应当代人才内心中的困惑和期待，才能与人才有更多的共同语言，形成相互之间的信任和尊重,从而在平等对话中求得共识。

主动型思想政治工作还要求我们变单向型工作方式为双向、多向型工作方式,主动从中华传统文化深厚底蕴之中、中国革命与建设的艰苦探索之中、从改革开放的伟大实践之中发掘具有解释力、说服力、感召力的多种动员资源,把简单说教变为渗透启发,把强制要求变为善意疏导,把枯燥无味变为生动活泼,把解决思想问题与解决实际问题结合起来,把传统工作方法与网络新媒体工作平台结合起来,不断提升思想政治教育的亲和力和针对性,增强时代感和吸引力,从而调动人才主动参与思想政治教育的积极性和主动性。以主动的姿态投入工作,就能发现思想政治建设的广阔天地。

完善创新创业人才评价激励机制

桂昭明

摘　要： 在国家建设人才强国的背景下，本文系统介绍了创新创业人才绩效评价的必要性、评价机制、人才评价的激励作用，并在此基础上从纵向和横向两个方面阐述了人才绩效评价的拓展。

关键词： 创新创业　人才评价　激励

2015年10月29日中国共产党第十八届中央委员会第五次全体会议通过的《中共中央关于制定国民经济和社会发展第十三个五年规划的建议》中，提出了"加快建设人才强国"的任务，要求"深入实施人才优先发展战略，推进人才发展体制改革和政策创新，形成具有国际竞争力的人才制度优势"。其中，"完善人才评价激励机制"是其重要的内容。

一、创新创业人才绩效评价的必要性

目前，跨国度引进海外人才，跨省域、地域引进外地人才，形成了我国及各地人才引进的"热潮"。

"千人计划"是其中最为典型的代表作,是我国立足于当前,规划于长远,更好实施人才强国战略的重大举措,是在激烈的国际竞争中赢得主动的战略选择。以"千人计划"为代表的高端人才引进,促进了全国各地招才引智的"高热",形成了各地人才引进大竞争、大比拼的局面。

然而,人才引进并非最终目的,人才引领社会经济发展才是题中之义。各地各类人才项目的绩效如何,是需要各级政要和人才管理部门在"引才热"之后必须冷静思考并实施考察的重要问题。由此引发了对人才项目绩效评价的理论研究及实践探讨。

如今,2009年国家首批引进的"千人计划"人才在各地创新创业已有6年多的时间了,各地跨省域、地域引进的首批外地人才也经过了若干年份。

"试玉需烧三日满,辨才须待七年期",是古人对人才评价的认识,说明真正辨识一个人才是需要经过长时间的实践考察的道理。然而,在当今的信息社会,除了基础科学研究和生物医药等类技术开发需要较长时间才有可能取得成果外,一般情况下,应用科学研究及其成果的产业化在3~5年时间内就应该或可以显现成效。这是我们对时下引进的人才团队在经历一段时间的创新创业实践后应该进行绩效评价的认识论基础。

但是,从目前各地人才工作的实践看,"引才"的热潮方兴未艾,热力未减;"用才"的绩效少有关注,标准不一。"高端引领"固然重要,"以用为本"更为关键。

"以用为本"的人才理念,不仅是一场观念的革新,更重要的是通过政策调整和制度创新,改善人才使用的土壤和制度环境,使得各类人才各显其能、各尽其用成为现实。

人才"以用为本"的根本目的体现在促进社会、经济发展和人才自身发展两个方面。人才"以用为本"的实践,要经历人才引进、人才使用,到通过绩效评价确认的人才产出、用才目的实现(促进社会经济发展及人才自身发展)的全过程。其中,人才绩效评价是其中的关键环节之一。在"人才科学发展链"中,人才团队绩效评价既是人才从"引才"链节过渡到"用才"链节的关键环节,又是人才"以用为本"实践过程中的关键环节。

如何从"引才"链节的"高端引领"向"用才"链节的"以用为本"传递，是我们开展创新创业人才绩效科学评价的初衷。

二、创新创业人才绩效评价机制

当下，人才评价政出多门，标准各异，方法繁多。由于政策的多元性，标准的人为性，方法的随意性，使得评价者的评价行为行政化、商业化；而由于评价行为行政化、商业化的导向，加之学术诚信的缺失，被评价者的行为随之出现庸俗化、"潜规则"化现象。

这些人才评价过程中的弊端，都可以归结到人才评价"机制"问题。

如何做好在人才发展的多环节和全过程中的评价，使人才评价实现科学化、规范化、社会化？从屠呦呦获诺奖看，中国创新创业科技人才评价应该把握的关键是——成果的创新性及由此产生的绩效！

因此，首先要设计好人才评价各环节的机制，解决"为什么评""评什么""由谁评""怎样评""评价结果如何使用"等问题，填平人才资质评价的"陷阱"，避开人才绩效评价的"误区"，让人才达到与其"职业锚"相匹配的职业生涯发展巅峰。

1. 创新创业人才团队绩效的影响因素

人才团队绩效的形成具有多因性，影响人才团队绩效的主要因素有主观性因素和客观性因素两类。

其中，主观性影响因素有人才团队的知识和技术水平、工作能力、工作态度等，这些影响因素来自于人才团队自身；客观性影响因素有人才团队的创新创业环境、发展机遇、政策导向、条件保障等，这些影响因素来自于政府部门或用才单位。

据此，人才团队绩效的评价不仅要评价人才团队本身，也要评价政府部门或用才单位；或者说，人才团队绩效的高低，既与人才团队本身的素质和是否努力相关，也和政府部门对人才项目提供各项保障措施的力度和效果相关，和用才单位如企事业单位对人才项目的实施提供各项推进措施的力度和效果相关。

这是在人才团队绩效评价实施过程中必须坚持的，由此可避免对人才团队绩效评价有失公允。

2. 创新创业人才团队绩效评价的内容

对人才团队而言，主要的绩效要素是：经济效益指标、社会效益指标、科技效益指标（考核人才团队）三个部分。

其中，每类要素又可分为若干具体指标，这些指标即组成人才及团队项目绩效评价的主要内容。

在对人才团队进行指标细分时，还要考虑创新类人才团队和创业类人才团队的不同特征予以区分。

3. 创新创业人才团队绩效评价的方法

方向：分类推进人才评价机制改革；重点：改进人才评价方式，基础研究以同行评价为主；应用研究和技术开发引入市场评价，由用户、市场和专家等第三方参与评价；技能人才采取考核、鉴定、考评相结合，注重业绩评审。对引进的创新创业人才的评价，适宜的方法是由用户、市场和专家等第三方参与评价。

4. 创新创业人才团队绩效评价的实施程序

第一，基于人才团队绩效要素并考虑创新类人才团队和创业类人才团队的不同特征，建立"人才团队绩效评价指标体系"。

第二，政府建立由组织人事人才工作者组成的评价小组，或依托第三方评价机构，按照所构建的"人才团队绩效评价指标体系"，对人才团队的绩效实施评价。评价方法以"量表法"为主，辅以"面谈法"、"现场观察法"等方法。

第三，对评价得到的数据及信息进行综合、归纳、分析，形成每个人才团队绩效的定性评语和定量分值，这就是人才团队绩效评价的结果。

第四，将每个人才团队绩效评价的结果反馈给人才团队，并进行绩效面谈。对不同绩效结果的人才团队，或给予鼓励，制订绩效再增计划；或进行归因分析，制订绩效改进计划。

第五，按照人才团队上一阶段的不同绩效，给予不同的正、负激励措施（体现在后续支撑力度之中及其他人事管理政策之中）；同时，对不同绩效结果的人才团队实施下一阶段不同的绩效计划。

三、创新创业人才绩效评价的激励作用

坚持践行"以用为本"的科学人才观，将"人才项目绩效评估"作

为推进今后人才工作的一项主要抓手加以落实、完善，将绩效评估刚性运用到人才工作的各个环节中去。通过评估"成绩单"和评估结果的刚性采用，引导激励人才项目加速产业化，加速出成效。

（一）引才导向

将预期绩效评估结果作为引才的指南。人才项目引进要从区域的产业需求出发，本着"有所为有所不为"的原则，有侧重的推行"节点引才"和"绩效引才"，积极打造一批优势产业节点。要把绩效作为人才项目评价的核心，在人才项目申报之时就开展"预期绩效评估"。项目的评审认定按照绩效评估方法加以考量，避免"捡到篮子就是菜"现象的发生。

（二）管理抓手

把绩效评估成绩单作为项目管理的依据。明确落户满3年的人才项目必须开展绩效评估。根据各项目绩效评估成绩单实行分类管理。

评估优秀的项目给予重点鼓励与培育推进，评估不达标的项目要会同相关部门，与领军人才面对面的沟通，把脉问诊，深入查找问题症结所在，共同商议提出补长短板、解决制约瓶颈的推进方案（即绩效改进计划）。

在项目日常管理中，将项目绩效与兑现后续资助政策"绑定"，明确人才项目达到绩效评估相应条件、经验收合格后，方可享受后续相关资助政策。

（三）升级标尺

将绩效评估情况作为评优升级的依据。每年通过绩效评估的方式，评审评选一批"领军人才创新创业示范企业"，树立绩效优良的人才企业"标杆"，并加以宣传表彰。

同时，打破"一审定终身"的认定模式，绩效评估的"成绩单"与政府扶持绑定，将发展实绩与项目升级资助紧密结合起来。对发展实绩突出的人才项目，经专项绩效评估，可升级为"重点推荐"项目，再给予产业化资助。

（四）退出依据

将绩效评估结果作为项目清理退出的依据。打破"能上不能下、能进不能出"的局面，既要对人才项目有充分的宽容度，也要给予人才项目适当的发展紧迫感，而不是无限容忍。

对于部分发展慢、成效差的人才项目，要实行动态绩效评估，动态管理清退。连续几次绩效评估不达标的，予以取消领军人才项目资格。

对评估表现不足的人才团队也不是"一棍子打死"，只有连续3年绩效评估低于50分的人才团队项目，才会取消领军人才项目资格，以体现对创业的宽容度。

四、创新创业人才绩效评价的拓展

（一）人才绩效评价的纵向延伸

人才团队绩效评价分为期初绩效（人才团队引进时的预期绩效）评价、期中绩效（人才团队项目实施过程中的运行绩效）评价、期末绩效（人才团队项目完成后的结果绩效）评价三个阶段。

人才团队预期绩效评价指标体系结构包含人才团队主观要素指标、人才团队客观要素指标、人才团队发展要素指标三个方面，每大类指标中再分列若干个二级指标，组成人才团队预期绩效评价指标体系。根据人才团队不同的预期绩效评价结果，人才引进管理部门对拟引进的人才团队，做出是否引进的决策。

（二）人才绩效评价的横向拓展

人才绩效评价的横向拓展是对整个人才工程的绩效进行评价。

现在国家、省市、地市、县市等不同层面和不同产业、行业的许多系列，都在开展着大大小小的"人才工程"。这些"人才工程"的进展状态怎样？成效如何？也是需要各级组织和领导密切关注的问题。

定量地考察这些"人才工程"的发展成效和存在的问题，也需要对"人才工程"进行绩效评价。

人才团队绩效评价是一项开创性的工作，尚需通过更多地区人才团队项目绩效评价工作实践的检验，使之不断得以调整、完善。

加快构建具有国际竞争力的人才制度

胡建华

摘 要：文章回顾了党的十八大以来对人才工作的推进和部署，着重介绍了习近平总书记关于人才工作的一系列重要讲话和批示精神，并结合中央《关于深化人才发展体制机制改革的意见》（以下简称《意见》）内容，分析了当前存在的主要问题，论述了如何按照《意见》精神，进一步推进体制机制的改革创新，加快构建具有国际竞争力的人才制度体系。

关键词：国际竞争力 人才制度 人才工作 人才发展体制机制改革

我们党历来重视人才和人才工作，每到一个历史阶段，都会根据面临的形势任务对人才工作提出要求、做出部署。特别是改革开放以来，人才的地位得到空前提升，人才工作受到高度重视。

1977年，邓小平同志针对"文化大革命"中盛行的"知识越多越反动""知识分子是臭老九"等谬论，旗帜鲜明地提出"一定要在党内造成一种空气：尊重知识，尊重人才"，并且重申"知识分子是工人阶级的一部分"的观点,为当时教育、科技战线的拨乱反正指明了方向。随着改革开放不断深入,江泽民同志又提出了"人才资源是第一资源"的论断,以及后来胡锦涛同志关于科学人才观的系统阐述,进一步丰富发展并且逐步形成了我党关于人才方面完整的理论体系,极大地提高了广大干部、群众对人才重要性的认识和理解。人才工作已被各级党委和政府列入重要的议事日程,并在实际工作中不断强化和推进。

2003年,中共中央、国务院下发了《关于进一步加强人才工作的决定》,提出要大力实施人才强国战略,建设宏大的高素质人才队伍。2007年,党的十七大把"人才强国战略"作为国家战略写入党章总纲。2010年,中共中央、国务院印发《国家中长期人才发展规划纲要(2010—2020年)》(以下简称《人才发展规划纲要》),提出"确立国家人才竞争比较优势,进入世界人才强国行列"的宏伟目标,为实施人才强国战略做出了顶层设计和总体安排。

《人才发展规划纲要》下发以来,各地各部门积极谋划和推进人才规划的实施,人才工作的地位和影响力大大提升,人才队伍建设进入了一个加速创新、快速发展的新阶段。

当前,我国正处在协调推进"四个全面"(全面建成小康社会、全面深化改革、全面依法治国、全面从严治党)的战略布局、贯彻落实"五大发展理念"(创新、协调、绿色、开放、共享)、实现中华民族伟大复兴的关键时期。"五大发展理念"都与人才工作密切相关,都需要人才工作作为支撑。特别是创新发展,更需要依靠大批创新型人才方能实现。因此,现在比历史任何时期都更加渴望人才、重视人才。同时,要想参与全球人才竞争,广纳天下人才,进入世界人才强国行列,还需要在全面深化改革过程中,乘势而上,加快构建具有国际竞争力的人才制度。

党的十八大以来,以习近平为总书记的党中央把人才工作摆在突出位置,采取有力措施加以推进。党的十八大报告把人才工作列为"全面提高党的建设科学化水平"八项任务之一,进行专门部署。把人才工作列入党的建设工作,这种提法在历次党代会中还是第一次,它昭示了人才工作在党和国家工作全局中的重要地位。报告中还强调,要加快人才发展体制机制改革和政策创新,建设具有国际竞争力的人才制度优势,开创人人皆可成才、人人尽展其才的生动局面。党十八届三中全会的决议又进一步强调，全面深化改革需要有力的组织保证和人才支撑，要建立集聚人才体制机制，择天下英才而用之。

近几年，习近平总书记在各种会议上的重要讲话中，几乎都谈到了人才问题。同时，他在一些报告上还专门对人才工作做出了重要批示，其频率之高、分量之重、涉及面之广、指导性之强，在我党的历史上前所未有。概括起来主要有以下六个方面：

一是强调人才的重要性。习近平总书记指出，人才是富国之本、兴邦大计，我们比历史上任何时期都更接近实现中华民族伟大复兴的宏伟目标，我们也比历史上任何时期都更加渴求人才。人才是创新的根基，是创新的核心要素。要树立强烈的人才意识，寻觅人才求贤若渴，发现人才如获至宝，举荐人才不拘一格，使用人才各尽其能。

二是提倡广纳天下英才。习近平总书记强调，要广开进贤之路，广纳天下英才，敞开大门，招四方之才，提高全球配置人才资源的能力。一个国家的对外开放，必须推进人的对外开放，特别是人才的对外开放。我们对外国人移民要严格限制，但对国外科技人才留下来要开口子。

三是指明人才的创新价值。习近平总书记指出，人才是创新的根基，是创新的核心要素，创新驱动实质上是人才驱动，要发挥人才在创新驱动发展战略中的引领作用。要学会招商引资、招人聚才并举，有时还要招人聚才优先。广泛吸引各类创新人才，特别是我们急缺的人才，如首席科学家、战略科学家、世界级科技大师、风险投资家等。要全面研判世界科技创新和产业变革大势，既要重视不掉队问题，也要从国情出发，确定跟进和突破策略。

四是强调人才队伍建设。习近平总书记指出，要更大规模、更有成效地培养我国改革开放和社会主义现代化建设急需的各级各类人才。要建设世界科技强国，关键是要建设一支规模宏大、结构合理、素质优良的创新人才队伍。

五是要求营造良好的社会环境。习近平总书记指出，尊重劳动，尊重知识，尊重人才，尊重创造，是党和国家的一项长期方针。要在全社会大兴识才、爱才、敬才、用才之风。让科学家多出成果，必须给他们创造条件，不要以出成果的名义干涉科学家的研究。要最大限度调动科技人才创新积极性,尊重科技人才创新自主权,大力营造勇于创新、鼓励成功、宽容失败的社会氛围。

六是重视体制机制的改革。习近平总书记强调,要推动人才体制机制改革和政策创新。要按照人才成长规律改进人才培养机制,努力形成有利于创新人才成长的育人环境。对待特殊人才要有特殊政策,不求全责备,不论资排辈,不要用一把尺子衡量。建立更为灵活的人才管理机制,打通人才流动、使用、发挥作用中的体制机制障碍,促进人才资源合理有序流动。

2016年3月,中共中央印发了《关于深化人才发展体制机制改革的意见》。这是继2003年出台《关于进一步加强人才工作的决定》、2010年制定《国家中长期人才发展规划纲要(2010—2020年)》之后,又一个标志性举措,可以说具有里程碑意义。它标志着我国人才事业发展又站到一个新的历史起点,从此开始进入全面深化改革,推进制度创新的崭新阶段。

5月5日,习近平总书记对如何贯彻落实《意见》,做出一段重要批示:"办好中国的事情,关键在党、关键在人、关键在人才。综合国力竞争,说到底是人才竞争。要加大改革落实工作力度,把《关于深化人才发展体制机制改革的意见》落到实处,加快构建具有全球竞争力的人才制度体系,聚天下英才而用之。要着力破除体制机制障碍,向用人主体放权,为人才松绑,让人才创新创造活力充分迸发,使各方面人才各得其所、尽展其才。要树立强烈的人才意识,做好团结、引领、服务工作,真诚关心人才、爱护人才、成就人才,激励广大人才为实现'两个一百年'奋斗目标、实现中华民族伟大复兴的中国梦贡献聪明才智。"

习近平总书记对人才工作的一系列重要讲话和重要批示,是对中国特色社会主义人才理论和党建思想的丰富和发展。这些带有个人风格的新思想新论断,从全局和战略高度,明确回答了当前事关人才发展的一系列重大理论和现实问题,指明了在新的历史条件下,人才事业的主要任务和未来的战略方向,具有十分重要的现实意义和深远的历史意义。

习近平总书记在批示中特别强调,要"加快构建具有全球竞争力的人才制度体系,聚天下英才而用之"。一个"聚"字,一个"用"字抓住了人才工作的两大关键,为建立与时代需求相适应的并且具有国际竞争力的人才制度指明了方向。

聚才有多种方法,其中最有成效的莫过于制度聚才。当今世界各国的人才竞争,说到底就是制度层面的竞争。因为只有制度才具有稳定性、长期性、根本性。任何一个人才都是在某一种制度体系内活动。如果他被制度所束缚,那么他的聪明才智就难以充分发挥出来。历史已经证明,只有构建与时代需求相适应的人才制度,才能拥有集聚人才的强大功能和优势。

从历史上看,得到世界普遍认同的人才制度大致有这样几个:例如,保证平等竞争的中国科举制度;有效造就人才的英国导师制度;大量吸引人才的美国移民制度;能够留住人才的期权股权制度;保护个人发明的专利制度;鼓励思维碰撞的学术交流制度以及有利于青年成长的博士后制度等。

构建具有国际竞争力的人才制度,首先是视野国际化。"聚天下英才而用之"就是强调在选拔人才、集聚人才时,要立足全球,放眼世界。选拔人才,不仅仅局限于我国13亿人,要把视野扩大到世界70亿人之中。香港科技大学的教授80%是从全球招聘的,相比之下,我国仅占0.04%。其次是思维国际化。主要是指在人才工作中,思想观念不能封闭保守,要勇于开放创新,要与世界发展同步,积极吸收新思想新观念。最后是制度国际化。也就是说我们的人才政策、人才制度要与世界接轨,使人才、智力流动无障碍,来去自由,畅通无阻。

自改革开放以来,我国的人才工作取得了举世瞩目的成就。它对于我国经济、科技和社会发展起到了不可替代的推动作用。但是,也不可否认,人才发展总体水平同一些发达国家相比,还有不小差距,与我国经济和社会发展要求还不相适应。存在的主要问题有以下六个方面:

1. 科技人才队伍大而不强,人才资源分布不均衡

据统计,我国科技人力资源总量为8 114万人,居世界第一。但是按照在各自领域的学术成就和影响力排名,我国的世界一流科学家仅100多人,占世界的4.1%,而美国占42%。其中属于杰出科学家、世界级大师更是匮乏。目前,我国获得诺贝尔科技奖的仅屠呦呦1人,而美

国有 313 人，英国有 86 人，德国有 68 人，日本有 18 人。另外，人才资源分布存在不均衡问题。我国东部发达地区和大中城市人才相对过剩，而中西部边远地区和基层单位存在着人才不足短或缺现象。在国家"千人计划"引进的人才中，绝大多数都选择落户在京、沪、苏、浙、粤五个发达省市，去西部边远地区的极少。

2. 教育体制改革滞后，人才培养质量不高

目前，在中学的基础教育中，应试教育倾向严重，过多强调了对知识的死记硬背，把学习重点放在如何应付考试上，忽视了培养学生的好奇心、想象力和独立思考能力。在高等教育中，存在行政化管理现象，高校缺乏办学自主权，人才培养结构与经济社会发展需求脱节，缺乏创新实践的教育引导。在这样的背景下，真正刻苦钻研学业，培养创新精神，然后挑战学术权威，建立理论体系或开创一番事业的人才很难产生。

3. 现行人才评价机制存在弊病，正向激励作用不强

在一些教育系统和科研单位，唯学历、唯论文、轻能力、轻实绩的导向突出。某些人为了获取职称和物质利益，只选择短平快项目，以求快出成果，导致一些挑战性强的原创型研究课题和科技项目少有问津。另外，政府部门设立的科技奖项数量、种类过多，造成各种评审活动过多过滥，科技人员往往忙于参评，而难以潜心科研。

4. 人才流动渠道不畅，存在体制性障碍

传统的人才管理体制是在计划经济体制下形成的，改革开放以来，这种以行政手段对人才进行管控的方式已经不适应当前的形势。政府有关部门对用人主体干预过多过细，市场配置人才资源的基础性作用未能得到充分发挥，用人单位自主权落实不够。户籍、地域、身份、档案、社会医疗保障等因素，成为人才流动最大瓶颈。

5. 人才投资比例过低，优化财政支出结构迫在眉睫

实践证明，人才投资是效益最优、潜力最大的战略性投资，是人力资本加快积累、形成优势的源泉。据有关专家研究显示，目前中国的人力资本投资回报率高达 30%～40%，远高于物质资本投资回报。这本来是件好事，应该加大人力资本投资才对。但由于种种原因，我国物质资本投资与人力资本投资的比例却是 12∶1，而美国是 3∶1，韩国是 8∶1。

我国财政性教育经费支出占 GDP 总量 4%，低于世界平均水平 4.6%。科学研发经费占 GDP 总量 2.14%，低于世界发达国家平均水平 2.5%。

6. 科研成果转化环节多，收益权得不到保障

目前，我国年专利申请量为世界第一，科技论文发表数量是世界第二。但在科研成果向现实生产力转化过程中，存在环节多、周期长等问题。这里既有机制不顺畅、政策不完善、风险承担等因素，也有研发部门和发明人对科研成果的使用、处置和收益权得不到保障的问题。因此，影响了科研成果转化的自主性和积极性。

中共中央印发的《关于深化人才发展体制机制改革的意见》，是针对人才发展体制机制改革的一个纲领性文件，其主旨是通过深化改革，加快构建科学规范、开放包容、运行高效的人才发展治理体系，进一步形成具有国际竞争力的人才制度优势，实现创新发展，达到建设人才强国的目标。

《意见》分 9 个部分，一共 30 条。导语和第一部分是改革的指导思想、基本原则和主要目标。第二到第九部分是从推进人才管理体制改革，完善人才培养、评价、流动、激励、引进、保障机制和加强组织领导等方面，提出改革的思路和办法。

（1）在人才培养方面，《意见》提出要以国家发展和社会需求为导向，改进人才培养支持机制，注重创新能力培养，重点聚焦专业人才，完善"产学研用"相结合的协同育人模式，加快培育重点行业、重点领域、战略性新兴产业人才。

（2）在人才流动方面，《意见》提出要优化人才资源配置，打破户籍、地域、身份、学历、人事关系等制约，促进人才合理流动和有效配置。畅通党政机关、企事业单位和社会各方面人才流动渠道。尊重用人单位和人才的主体地位，推进机制健全、运行规范、服务周到、指导监督有力的人才市场体系建设。根据国家战略部署，激励人才向基层和艰苦边远地区流动，并使他们在政治上受尊重、社会上受重视、经济上得实惠。

（3）在引进人才方面，《意见》提出要实行更积极、更开放、更有效的人才引进政策，更大力度实施海外高层次人才引进计划（国家千人计划）。不拘一格汇聚全球人才资源，提高我国在世界范围内配置使用

人才资源的能力，充分发挥他们在创新发展中的作用。更大力度实施国家高层次人才特殊支持计划（国家"万人计划"），完善支持政策，创新支持方式。建立对基础研究人才长期稳定的支持机制。

（4）在投入保障方面，《意见》提出要优化财政支出结构，完善人才发展投入机制，加大人才开发投入力度。发挥政府资金投入的引导和撬动作用，建立政府、企业、社会多元化投入机制。创新人才与资本、技术对接合作模式。落实有利于人才发展的税收支持政策，完善国家有关鼓励和吸引高层次人才的税收优惠政策。

（5）在人才管理方面，《意见》提出要推动人才管理部门简政放权，消除对用人单位的过度干预，建立政府人才管理服务权力清单和责任清单，全面落实国有企业、高校、科研院所等企事业单位和社会组织的用人自主权。创新事业单位编制管理方式，改进人员岗位管理模式，建立动态调整机制。

（6）在人才评价方面，《意见》提出要分类推进人才评价机制改革，强调注重能力、实绩和贡献，不将论文作为评价应用型人才的限制性条件，对外语和计算机应用能力考试不作统一要求。深化项目评审、人才评价、机构评估的改革，推进水平类职业资格评价市场化、社会化。

（7）在科研成果转化方面，《意见》提出要赋予高校、科研院所科技成果使用、处置和收益管理自主权。允许科技成果通过协议定价、挂牌交易、拍卖等方式转让转化。制定国有企事业单位人才股权期权激励政策。完善人才奖励制度。加大对创新人才激励力度，建立健全科研成果转化、知识产权归属、利益分配机制。

《意见》充分体现了国家在顶层设计理念上的大手笔，提出的一系列重要改革措施，为构建具有国际竞争力的人才制度扫清了障碍，指明了方向，为实现创新发展和伟大的中国梦，吹响了人才集结号，为各类优秀人才施展才干，建功立业，报效祖国，提供了更多机遇和广阔舞台。

当前，人才工作的主要任务就是要全面落实《意见》精神，我们要遵照习近平总书记的指示要求，不遗余力地推进人才工作体制机制的改革创新，努力构建具有国际竞争力的人才制度优势，做到"认识上统一，行动上自觉，工作上抓实"，扭住关键，精准发力，坚决破除束缚人才发展的藩篱，把准增强人才活力的脉搏，打通人才创新创业的经络，扫清人才治理体系中的障碍，进一步营造敬才重才的社会环境，识才用才的工作环境，引才聚才的政策环境，优才留才的生活环境，把各方面的优秀人才凝聚到党和国家事业中来，聚天下英才而用之，持续不断地激发各类人才的创新活力和热情，让浩浩荡荡的人才大军为实现中华民族的伟大复兴，贡献出全部聪明才智。

推进海外人才离岸创新创业基地发展

汪 怿①

摘 要：在引进海外智力为国服务的时代背景下，系统介绍了海外人才离岸创新创业基地的发展脉络及离岸、离岸创新创业的内涵及特点，并从六个方面给出了对离岸创新创业的理解。在此基础上，从进一步吸引和集聚人才、突破政策法规限制、打造最专业创新创业平台、完善配套服务四个方面提出了上海自贸区推进离岸创新创业基地建设的对策。

关键词：海外人才 离岸创新创业基地

近年来，中国科协在实施"海外智力为国服务行动计划"的基础上，提出积极打造升级版的引才引智平台——"海外人才离岸创新创业基地"，创新民间对外科技交流的内容和形式，助力创新创业。从上海的情况来看，《关于加快建设具有全球影响力的科技创新中心的意见》（科创22条）《关于深化人才工作体制机制改革促进人才创新创业的实施意见》（人才20条），把建设海外人才离岸创新创业基地，作为推进"双自"联动建设人才改革试验区重点工作内容，也是中国科协海智计

---

① 汪怿系上海社会科学院政治与公共管理研究所研究员、人力资源研究中心副主任。

划落地上海自贸试验区的重大举措。作为吸引和集聚海外人才、推动人才创新创业的新生事物,什么是海外人才离岸创新创业基地?上海已有哪些探索?下一步,推进海外人才离岸创新创业基地进程中还需要哪些突破?这些问题各方尚无共识,需要进一步完善、探讨。

一、海外人才离岸创新创业基地

"离岸"(offshore)象征着海运船只离开港口远洋进行贸易。运用离岸概念较多的地方目前有几个领域,例如离岸公司、离岸业务、离岸外包等。所谓离岸公司就是泛指在离岸法区内依据其离岸公司法规范成立的有限责任公司或股份有限公司;离岸业务,主要是金融领域里的离岸业务,主要是指设在某国境内但与该国金融制度无甚联系,且不受该国金融法规管制的金融机构所进行的资金融通活动;离岸外包(Offshore Outsourcing)指外包商与其供应商来自不同国家,外包工作跨国完成。在美国,根据外包的地域,把在美国国内开展的外包称之为在岸外包(Onshore Outsourcing),北美等周边国家与地区的外包成为近岸外包(Nearshore Outsourcing),而较远地区的外包,如外包到印度、中国及俄罗斯,则称为离岸外包(Offshore Outsourcing)。

那什么是离岸创新创业呢?离岸创业孵化的概念最早提出者是马克思·马蒂(Max Marty)和达里奥·马特迪加(Dario Mutabdzija)。2013年他们斥资8 000万美元改装一艘国际邮轮,命名为"蓝色种子"(Blueseed),设有经改装的办公室、会议室、公共空间等,可以搭乘1 800名乘客。每个人每月大约只需支付1 200~3 000美元不等,就可以在船上拥有自己的宿舍和办公用房。该船从旧金山起航,驶往距离硅谷的公海,如同其他邮船一样,将挂巴哈马旗,在那里技术创业者开始创业活动,与同船的天使投资、风险投资及其他专业服务共同沟通,以此获得创业发展机会。由于该船在国际公海上创业,那些有创业意愿、希望得到美元投资且在美国上市、但申办工作签证受阻的外国创业者,则可以绕开美国的法律限制,开始其创业活动。之所以提出离岸创业孵化,是因为迈阿密大学的马蒂发现,不少来自中国、印度及世界其他各国具有创业激情的学生,往往受制于美国工作签证束缚,无法在美国实现创业梦想。为此,马蒂会见了海上城市研究所(Seasteading Institute)的马特迪加,该研究所受到美国贝宝（PayPal）联合创始人Peter Thiel资助，专门研究如何建立浮动城市，以探索新型的政府模式。作为离岸创业孵化的提出者，马蒂规定从每个创业项目中获得5%的股权，并且希望创业项目能在美国的特拉华落地，并能获得天使资金、风险投资乃至在美国最终上市的机会。

从最初的离岸创业孵化的探索来看，我们至少可以发现其有以下几个特点：①"蓝色种子"（Blueseed）是一个离岸创业孵化的平台，很多创新创业人才及其项目是基于这个平台进行创新创业的，同时，这个平台为各种人才在此创新创业提供必要及良好的包括办公、信息技术、网络设施在内的基础条件。②在"蓝色种子"（Blueseed）上的创业者是非本国居民，即没有拿到工作签证，但有创业意愿、希望获得在美国资本市场上市的外国人。③在"蓝色种子"（Blueseed）上开展的创新创业活动，并且基于邮船的特殊性，这种创新创业活动更多属于"软"的创新创业，特别是信息技术、互联网等领域，不需要大型实验设备、基础设施的创新创业活动。④创新创业活动是在公海上进行的，因而根据《联合国海洋法公约》有关公海的航行自由、捕鱼自由、铺设海底电缆和管道的自由、飞越自由、建造国际法所准许的人工岛屿和其他设施的自由、科学研究的自由，创新创业者可在公海上具有不受限制进行科学研究、创新创业的自由。⑤离岸创新创业实质上是一个"预孵化"的过程，在规避或者绕开限制海外人才在创新创业的规定，但同时可以享受美国创新创业的资源，例如美国的投资、资金、创业服务等，主要的问题在于创新创业孵化成功之后，它落地是在美国本土，在美国上市的。⑥离岸创新创业对政府治理提出新的挑战，需要新的政府模式来有效支撑、服务和管理这样的模式。

基于对离岸公司、离岸金融、离岸外包以及美国的离岸创业孵化的理解，我们认为，离岸创新创业是指设在某国境内，但不受该国相关法规管制或者突破现有政策法规限制的机构、个人所进行的创新创业活动。理解离岸创新创业的内涵，主要从以下几个方面着手：

一是离岸创新创业的主体是非本国居民或机构。从离岸业务来看，非本国居民或机构的界定主要包括两个维度，其一是指境外自然人、法人（包括在境外注册的中国境外企业）、政府机构、国际组织及其他经济组织；其二是中资金融机构的海外分支机构，但不包括境内机构的境外代表机构和办事机构。

二是离岸创新创业的对象是在离岸法区内依据相关法律法规开展的创新创业活动。从创新链的视角来看，创新创业活动包括：基础研究、应用开发、生产、销售、市场需要，或者创新构思、研发、设计、制造、市场销售，抑或产品创新、工艺创新、产业组织的衍化；开展创新创业活动需要政府、学校、科研机构、产业部门、创业者、媒体、行业协会（例如企业协会、商会、创业者联盟）、资本提供者（风险资本、银行、天使投资者）、服务提供者（例如指导、顾问、创业导师、财会、法律、管理咨询）等支撑。

三是离岸创新创业活动的空间是在特定空间范围内进行的。离岸以国境或一国之内的不同经济区域作为离岸与在岸的分界线，具体指一国投资人为某种特定目的将公司注册在离岸管辖区，离岸管辖区政府允许投资人不用亲临公司注册当地，其业务运作可在离岸管辖区外的世界各地直接开展。其一是类似上述"蓝色种子"（Blueseed）的在公海游弋的邮船或者推而广之的浮动城市（Floating city）属于流动的、具有一定自由的特定空间；其二是经法律授权的特定离岸法区，这种特定离岸法区可以被视为不在公海游弋，但某种程度上同样具有某种自由的 Blueseed，在这特定的离岸法区内，具有减免税务负担、无外汇管制、免签证等特点，适合科技创新企业、风险投资以及全球企业家在那生活和工作。

四是离岸创新创业活动过程是通过离岸或者以离岸业务形式完成的，而不是在岸或者近岸发生，即需要支持创新创业活动的人才、资本、技术、信息等要素的跨境流动。

五是离岸创新创业的监管。离岸创新创业与在岸或到岸创新创业有着本质的不同，前者虽然注册在某国，但基本不受该国相关法律和税制规制，特别是如果作为非本国居民的创新创业者在当地设立有限责任公司或股份有限公司的话，当地政府对其没有任何税收，只收取少量的年度管理费。同时，所有的国际大银行都承认这类公司，为其设立银行账号及财务运作提供方便；后者无论是本国居民还是非本国居民，都与该国制度相关，且须受到该国相关法律法规（特别是在设立、税收、外汇管制等）的约束。

六是离岸创新创业的资源是围绕创新创业活动展开的多样化的要素。其中，构成创新创业的要素涉及人才、资本、技术、信息及社会网络，影响创新创业绩效的因素包括：机会、资本、能力、激励、动机/文化等，同时，创新创业的不同阶段需要有不同的资源、要素的匹配。相应的，这些匹配的要素，既可以来自本地的供应，也可以通过离岸的渠道来获得。

二、推进自贸区离岸创新创业基地建设的对策

充分发挥自贸区制度优势，加快建设海外人才离岸创业基地，以市场化的机制和手段引进海外创业人才，通过优化服务和配套相应政策，为海外人才营造开放、便利的创业营商环境，释放和扩大自贸区对于海外人才的集聚效应，服务和促进具有全球影响力的科技创新中心建设。

1. 进一步吸引和集聚海外人才，吸引最广泛的离岸创新创业主体

非本国居民的具有创新创业本领、具有创新创业意愿的外国人是离岸创新创业的主体。推动离岸创新创业的发展，必须进一步推进人才政策的开放度，进一步吸引和集聚海外创新创业人才。一方面，要关注已经取得外籍的海外留学人员，让他们在离岸创新创业基地施展才华。另一方面，还要把握越来越多的"高鼻子、蓝眼睛"、海外"背包客"怀揣创业理念、手持创新技术把上海作为创业首选城市的趋势，面向全球"招商引智"，打造直接引进、服务上海产业发展的海外引才平台，为他们创造便利的创业营商环境、完善的公共服务环境和自由自在的创新创业氛围，推动自贸区人才高地建设，从而把上海自贸区海外人才离岸创业基地，建成上海引进海外高层次人才的重要平台。

2. 进一步加快政策法规限制的突破力度，建立最自由的体制机制

从国际经验来看，经法律授权的特定离岸法区，允许探索或实施与注册地不同的政策法规体系。当前，建设海外人才离岸创新创业基地，当务之急就要抓住自贸区开发创新的重要契机，把握建设具有全球影响力的科技创新中心的重要方向，围绕束缚海外人才来华或在沪创新创业的政策法规，开展先行先试和创新突破，打造资本、信息、技术、人才等要素流动最自由，配置资源服务最健全，成本负担最低，限制壁垒最

少,最适合创新创业发展,最易接近创业成功的梦想之地。从法律法规、政策而言,亟须突破的方面有以下几点:

第一,突破创新创业领域、内容的限制,一方面要赋予海外人才与本国人才平等的权利,减少创新创业进入范围、资格限制,除特定限制或危及人民生命财产安全或者有违社会责任的领域以外,要让来华或者来沪的海外人才具有进入创新创业各个领域的自由;另一方面,获得开展和实现创新创业活动的自由。

第二,突破出入境的限制,实现人员资源流动的自由。一方面,要抓住加快推进外国专家证、外国人就业证"两证合一"的发展契机,形成经办地点、经办系统、工作证件的统一和整并,减少海外人才在出入境方面的不便;另一方面,加快对持不同签证在华或在沪创新创业的限制突破力度。从离岸创新创业基地形成最初的经验来看,其很重要的一个动因是那些在美国完成学业、但尚未获得工作签证、创业签证、投资签证的人才,提供一个在美创新创业的机会或者平台。从目前上海的"人才20条"已经对本市高校留学生在自贸区、张江自主创新示范区工作实现了探索,应该以离岸创新创业基地作为基础,探索持学生签证、旅游签证的外国人才在自贸区或者张江进行创新创业、享有注册经营等相关权利。

第三,突破资本管制的限制,实现资本自由进出。创新创业者在创业过程中具有庞大的融资需求,特别是海外人才,其资本进入的需求更为明显。受限于资本管制,不少人才碰到了资金进入的难题。建设离岸创新创业基地,要把握和深化"离岸"的真谛,探索不受注册地本国外汇管理、海外上市审批、资金转移的限制,在离岸区域针对创新创业人群开展自由外汇结算及信用证押汇、开立离岸账号等方面的探索,既解决创新创业人才的资金饥渴和资本跨境流动的梗阻问题,也为推进人民币国际化进程积累经验。

第四,突破注册、经营的限制,实现注册经营可分离。离岸完成,即注册地与经营地分离,是离岸创新创业的重要特征,一种是注册地在我、经营地在外,另一种是注册地在外、经营地在我。因此,推进海外人才离岸创新创业基地,要把注册与经营可分离作为突破重点,便捷、开放注册程序,放宽验资环境。

3. 进一步强化创新创业服务，打造最专业的创新创业平台

针对海外人才特点，结合自贸区制度创新的特色优势，探索海外人才咨询、创业、培训、服务四位一体的专业创新创业孵化服务，创立可推广、可复制的海外人才离岸创业范式。

一是要强化海外人才创新创业扶持政策系统集成，形成符合自贸区离岸创业特点的、有利于吸引和服务海外人才的配套政策。二是要建立精准专业的创新创业的服务平台。这包括低成本、高效率的办公服务支撑和包括大型科学仪器设备、科技文献、数据库等科技服务支撑，覆盖全技术领域、全产业链专业、全球认可研发数据的技术服务保障支撑，有效融合天使基金、风险投资、股权众筹、跨境融资、投贷孵一体化服务的金融服务支持。三是对海外人才分层分类提供定制化服务。例如，对高端海外人才离岸创业，提供实用新技术、新产品交流推广的服务；对中坚骨干技术团队的引进，提供技术咨询、技术培训和融资服务；对"候鸟式"海外人才柔性创业，提供服务保障体系，扶持小微企业发展。

4. 进一步完善配套服务，完善最健全的服务体系

从离岸创新创业的发展来看，一是要解决海外人才来华或来沪创新创业的安居问题。例如，需要灵活的政策法规体系，发达、便利的交通、通信在内的基础设施，全面、便捷的金融服务，以及完善的职业咨询、职业介绍、创新创业、个人医疗、子女入学、配偶安置、税收、知识产权、语言文化、社会融入等；二是要积极提供居住、通信、银行账户开户、汽车驾照申领等生活服务，为海外人才在沪离岸创新创业提供更多便利；三是要完善面对外国人才的公共服务，应该按照"简政放权、放管结合、优化服务"的要求，加快包括海外人才在内的外国人管理的顶层设计，围绕外国人来沪的工作、生活、学习等各个环节，整合出入境、人社、外专、商务、检验检疫、外事等各部门，建立外国人才公共服务"单一窗口"，为外国人才提供更加便捷的办事环境，营造更加高效的营商环境。

双创环境下的人才建设问题

王旭东

摘　要："大众创业，万众创新"环境下的人才建设课题，提出人才成败是创业创新事业成败的关键和掣肘，从宏观和微观要素的分析中推论出人才问题的极端重要性，指出中国特点的人才问题最重要的是必须具有关键的骨干作用，必须具有适应性，必须具有引领性，并进一步对此三方面进行了分析。文章对中美用人机制进行了探究，指出使我们的用人机制向国际上先进的用人机制靠近已不仅是企业的问题，也不仅是事业单位和国家机关的问题，而是各行各业的根本问题。文章对创业创新环境下更好地发现人才、更好地使用人才、更好地激励和爱护人才、更好地培养人才分别提出了建议。

关键词：双创环境　人才建设

创业创新是李克强总理代表中央提出来的纲领性意见，"大众创业，万众创新"，又把大命题和最紧迫的人才问题结合在一起，这是目前最需要研究的题目之一。

论及创业，我们首先要提到中国创投事业的代表人物阎焱，他现在对创业的看法很明确。他指出，现在多数创业都是失败的，这是一个真实的情况。他还说，这个年代偶像的崩溃只是一天的时间，这是一个自拍和自拍杆的年代，创业成了"时尚"。他的批评应该说是非常中肯，切中时弊。

但是我认为创业失败的案例中，人才的失败恐怕是创业失败的决定性因素。因为一切成功的事业都是人才干出来的，一切失败的事业也都是"人才"干出来的。人才成了"双创"事业的掣肘。

从宏观条件看创业最重要的是三个要素：第一是环境，第二是机制，第三是人才。环境是国家决定的，主要靠国家；机制是有关部门和实体自己选择的，有一定的非确定性；人才则是自身决定的事。从微观条件看创业也是三个要素：第一是以什么模式创业和运作？如果你的模式跟其他人雷同，那就不用创业了，现在的问题就出在几乎多数的模式都是雷同的。第二是资本，创业是要有资本的，这个资本的源泉和数量决定了创业的起步。第三仍是人才。创业在宏观和微观下重合的是人才，可见人才问题的极端重要性。因此创业创新环境下的人才问题就变得特别尖锐、特别敏感、特别突出。

什么是人才？人力资源社会保障部原副部长王晓初大为感慨，说找不到一个恰当的英语单词来描述人才这个词，我觉得也很难。现在英文把有能力的人叫作人才，而实际上我们今天讨论的是有中国特点的人才。中国特点的人才问题最重要的是必须具有关键的骨干作用，必须具有适应性，必须具有引领性。

关键骨干作用是在各行各业需要一批起决定性作用的人才。这些人才的存在决定了事业的成败。这些人才的能力和水平决定了事业的兴盛与否和规模。这些人才起到的作用是其他人不能替代的。没有这样的关键骨干队伍，就没有事业发展的基础，就会陷入困境之中。

适应性是在各行各业需要一批适合各自事业发展的人才。中国的建设事业是具有高度特色的，它需要把理论和实践紧密结合起来，需要把握实际工作的环境，找出其特有的规律，并采取和运用切实可行的方法和方式来解决现实产生的问题。没有这样的适应性人才队伍，就不能应对各类复杂情况，就不能生存和发展。

引领性是在各行各业需要一批有创新和创造能力的人才。我们正在进行的是没有前人经验的事业，它需要新的技术、新的流程、新的经验、新的规范，一句话，需要新的前端和引领。如果没有这样的前沿人才队伍，就会失去前进的方向，就会停滞不前。

国际上对人才的理解和使用存在巨大的不平衡性。中国和美国的用人机制就有很大的差别和差距，对企业人才的使用也有很大的不同。我们一定要研究美国的企业人才机制能够把最重要的人放在最关键的领域，美国可以借助竞争机制形成自然淘汰和优者发展的格局，这些问题必须引起中国企业界的重视，我们应该怎么做才能够使我们的用人机制向国际先进的用人机制靠近？这是各行各业的根本问题。

为此提出以下几点建议：

第一，创业创新环境下更好地发现人才。我们首先想说的是，发现人才不能只看资格，也不能只看资历。很多人是某一专业毕业的，但没看到他们在专业领域里有什么建树，倒是有一些不是这一专业出身的人却做了很多贡献。很多人在某一专业领域待了很多年始终默默无闻，而有些人一闯入这一领域就新军突起。不能只看一个人处长当了多少年，局长当了多少年，现在提拔了，这才叫资格。也不能只看一个人是什么硕士、博士、博士后，这才叫资历。也不能只看一个人是什么专业的就干什么，现在异业常常比专业干得好，统计一下会发现这是一个很重要奇特的现象。我们用人不能只看是什么资格和什么资历，而是要看人的实际才能和才华。

第二，创新创业环境下更好地使用人才。用人要看长处，也要看短处，有时候用长处，有时候避短处，长短是辩证、转化、结合的。我们要区分不同性质的问题和错误，应建立真正科学的容错机制，对人才可能发生的失误和首次出现的错处，要在容忍的前提下给予帮助和教育，要在对人才的使用中让人才得到真正的发展。营造使用人才的良性环境。

第三，创业创新环境下更好地激励和爱护人才。我在中智提出过"让干活的人快乐，让不干活的人不快乐"，这是一个基本的原则。对人才，我们要悉心体会他们的各种需求，但最重要的是，在人才取得业绩和成就的时候，要给予他们认真的激励。在人才激励问题上要坚决实行"大业绩大激励，中业绩中激励，小业绩小激励，无业绩无激励"的方针,让人才明确感受实际激励,明确自身努力的方向和价值取向,这也是对人才的最大爱护。

第四,创业创新环境下更好地培养人才。人才都是需要培养的,这个培养主要是培训和教育。我们已经进入21世纪,时代发展提出许多新的要求,应该为人才创造各类多样的培训教育机会。在诸多培训教育中,最重要的一点是,要给予人才自我培训教育的机会。因为只有人才自身才更懂的,他们需要什么样的培训?只有人才自身才能更好地设计和实行更切实更完美的培训。我们应认真倾听人才们的意见和意愿,制订客观实际的培训教育计划,使人才得到真正的培养,使我们的事业更为光大。

我觉得在新的时代,在大众创业、万众创新的大环境下,上述四点是特别重要的。

人才开发的哲学维度

薛永武

摘　要：本文从哲学的维度出发，探讨人才开发的主体性和客体性、人才开发的辩证思维、人才开发偶然性与必然性的统一、人才开发合规律性与合目的性的有机统一、人才开发动机与效果的有机统一。

关键词：人才开发　哲学　主体性　客体性

人才开发在实践上是一个复杂的系统工程，在理论上涉及哲学、社会学、教育学、管理学、心理学、创造性、生理学、脑科学等一系列学科。本文尝试从哲学维度出发，研究人才开发蕴含的人才哲学原理。

一、人才开发的主体性

主体性是指人在实践过程中表现出来的能力、作用和地位，即人的自主、主动、自由、有目的活动的地位和特性。人才开发的主体性是指在人才开发的过程中，自始至终要尊重人才的主体性。

从主体性看人才开发，国家在制定人才政策时，应该考虑每个人都具有成才的主体性，即成才的欲求、成才的潜能和成才的权力；从用人单位来看，管理者应该把员工视为有主体性的个体，而绝不仅仅是被管理和被利用的人力资源；家庭和学校应该把孩子或学生视为有主体性的个体，教师不能把学生仅仅视为受教者，家长也不能把孩子视为私有财产，许多家长和教师之所以认为孩子会产生"逆反心理"，就在于家长和教师没有认识到孩子的主体性；从人才自我开发的角度来看，任何个体都不能把自己视为被动的存在物，不能消极、被动地等着伯乐来发现自己，更不能屈服于命运的安排，而是应该主动担负人才自我开发的责任，学会自我管理，自主管理，自我调控，自我激励，自觉开发个人潜能。

人才开发的主体性源于人类的主体性。既然人类本身都是社会的主体，而各类人才又是人类中的优秀者，理所当然应该具有人类的主体性。从人类与世界的关系来看，人类作为主体在与世界的关系中处于一种能动性的地位，如果失去能动性的地位和对世界积极主动的关系，将不再是具有主体性的人类。从价值论哲学的角度来看，人类作为主体，并不是一个实体性的范畴，而是价值关系的范畴。人类的主体和主体性是哲学研究的核心问题之一，这是人才开发应该认识的重要问题。

当然，我们在认识人才开发的主体性时，还应该充分认识到人才开发主体性本身的科学内涵，不能把主体绝对化，因为真正的主体性应该体现为对必然的认识和尊重，而不是对必然的无知和盲目的征服。同时，我们还应该注意，人与人之间彼此既互为主体，又互为客体，每个人不仅把自己当作主体，体现出主体应有的自律性、能动性、价值的选择性和自由的超越性，体现出认识主体、实践主体和审美主体的统一性，而且同时也应该把他人视为主体，互相理解，共同发展，在积极互动中产生科学、高效、优化的共生效应。

人才开发的实践证明，如果无限放大主体性，就容易造成主体性的膨胀，就会破坏与其他主、客体的客观关系，反而就会失去主体性。近些年腐败高发期的重要原因之一，恰恰就是因为这些腐败的干部扭曲了主体性，在金钱和权力面前失去了人的主体性，产生主体性异化，才成为金钱异化的奴隶。

二、人才开发的客体性

在人才开发具有主体性的同时，还应该看到人才开发的客体性。所谓客体性，是指每个人在世界面前或他人面前的被动性、受动性、无奈性，甚至有时会陷入某种困境，从而表现出客体的非主体属性。

从人与自然的关系上来看，人与自然界的关系体现了和谐与不和谐的对立统一。其中，自然灾害是给人类生存带来危害或损害人类生活环境的自然现象，特别对人类生命极易造成危害的是洪涝、台风、地震、山体滑坡和海啸等自然灾害，这些灾害客观上影响到这些受害群体的人才开发，对人类造成极大危害，甚至是剥夺人的生命。

从人与社会的关系来看，社会虽然是人类建构的，但在特殊的社会条件或者特殊的历史时期，当社会成为一种异化的客观存在时，社会对每个人都具有一种非常巨大的制约力量。而人是社会环境的产物，受到国家政策制度、人才机制体制、人际关系、人文环境等诸多因素束缚和制约，也具有不同程度的客体性。比如反右扩大化、"文化大革命"十年动乱等，都对人才开发造成了极大的破坏。由此出发，党和政府制定各种人才政策，必须考虑政策对各类人才可能产生的制约、束缚等负面的影响作用。比如各种人才选拔、考核、评审条件如果不符合人才实际，就容易挫伤人才的积极性，目前许多单位招聘人才时限定学历门槛，就有可能把一些虽有真才实学，但学历不达标的人才排斥在门外，而这种人才在就业门槛面前非常无奈，很容易失去话语权和选择权，呈现出客体性的特征。另外，一个单位内部的人际关系是否和谐，社会心理是否健康、价值取向是否科学等人文环境，也在某种程度上制约和影响人才开发。

从人生哲学的角度来看，人生就是"戴着镣铐跳舞"，虽然渴望自由，"但无所不在枷锁之中"，要"随心所欲不逾矩"。我们承认，"镣铐""枷锁"和"矩"都是客观存在的，因为人生必须有规范，有约束，但这种约束和规范本身要公平公正，要符合人才实际。因此，我们只有认识到人才开发过程中可能出现的客体性，才能真正在制定人才政策、营造人文环境等方面，尽最大努力减少客体性对人才开发的制约和负面影响，构建有利于人才能够脱颖而出的社会环境。

三、人才开发的辩证思维

人才开发的辩证思维，是指在人才开发中把人作为一个思维整体，从其内在矛盾的运动、变化及各个方面相互联系中进行考察，以便从本质上系统地、完整地认识开发对象，辩证地开发人才个体和人才群体，促进人尽其才，才尽其用，人才辈出。

（一）辩证认识和对待人才个体

亚里士多德说过，"人们可以从许多方面认知同一个事物"，① 亚里士多德这一名言也可以用于我们的人才开发。为了促进人才开发，我们需要全方位和多角度认识人才开发对象。

全方位和多角度的认识人才开发对象，这对于促进人才开发是非常重要的。在发现人才的过程中，领导要善于见微知著，避免以偏概全，既要发现优点，也要找出缺点；在考察人才的过程中，既要听取群众的意见，又要避免"隔靴搔痒"，要善于当面考察人才；既要"相马"，又要"赛马"；在选拔和任用人才过程中，领导要善于考察人才的德才能否适合岗位所需；在对人才的绩效评估过程中，领导要看被评估对象现在的成绩，也要兼顾评估对象过去的成绩，还要找出影响成绩的各种主客观原因，对人才有比较客观公正的评价；在认识和处理各种犯错误的人才时，要认清错误的性质和程度，又要找出犯错误的主客观原因，还要看其对错误的认识态度，看其能否改正错误；对于一些具有特殊个性的人才而言，领导要知人善任，扬长避短，又要指出其特殊个性可能对人际关系和工作产生的某种负面影响，进而引导其逐渐塑造和培养和谐完美的精神个性。

（二）树立人才开发的发展观

人才开发的辩证思维还要求树立人才开发的发展观，即要求观察问题和分析人才问题时，以动态发展的眼光来看待人才的发展变化，特别是要预测人才潜能的开发问题，以未来时的眼光，预测人才未来是否能够可持续发展，对人才的过去、现在和将来的纵向发展过程进行价值定位，体现了对人才发展的萌芽、过程与结果和谐统一的全方位动态考察。

首先，我们应该重视人才开发整个生命过程，从重视优生优育开始，

---

① ［古希腊］亚里士多德. 形而上学［M］. 吴寿彭，译. 北京：商务印书馆，1995：40.

重视对婴儿、幼儿、儿童身体素质、心理素质和思维素质的全方位培养；注重对发展阶段的少年、青年的世界观、人生观、爱情观、人才观、金钱观和价值观的正确培育；对人到成年以后进行可持续性开发，对其劳动成果进行科学预测、科学评价等。人才发展史已经表明，有的人才可能少年英才，如德国哲学家谢林；有的可能大器晚成，如德国哲学家黑格尔；有的在青少年时期表现平平，但人到中年却成绩斐然；有的中青年时期默默无闻，但晚年突然焕发创造活力，实现晚年成才的"摩西老母效应"；有的中青年时期事业一帆风顺，晚年却落魄不堪。对于上述人才开发现象，都需要我们从科学的人才发展观出发，审时度势地做出科学的分析和评价。

其次，树立人才开发的发展观，每个人都应该尊重生命的价值，把人生看作是一场漫长的马拉松，胜不骄败不馁，耐得住寂寞和各种考验，做到科学发展与可持续发展。对于家庭、学校和各级政府乃至任何组织而言，都应该学会以发展变化的眼光看待每个人，要学会以变应变，创造有利条件，激励和促进每个人向人才开发的目标毅然前行，因为每个人都具有成才的可能性，要把可能性转化为最大的现实性。

最后，在经济新常态背景和"一带一路"发展倡议背景下更需要我们把握人才开发的发展观。我们在经历经济高增长与过分追求 GDP 的发展阶段以后，随着经济新常态的到来，我们更需要完善发展方式，以新的人才战略作为突破口，从人才哲学的高度出发，既反思过去我们急功近利的人才观，又预测和把握经济新常态和"一带一路"发展倡议对人才的需求，特别是随着人口城镇化、经济服务化、发展低碳化、产业高端化、社会信息化和经营国际化，我们更应该从辩证思维的角度，对当下与未来的人才需求与人才开发做出哲学的预测与审视，尽快调整和完善优化各类人才的知识结构与能力结构。

(三) 树立人才开发的整体观

人才开发的辩证思维还要求树立人才开发的整体观，即把个体开发与群体开发乃至国家战略意义上的人才开发和谐统一起来，正确认识人才战略中各种人才彼此之间客观存在的普遍联系、发展变化规律，体现了人才资源的整体性开发。

首先，树立人才开发的整体观，要求正确认识和处理人才结构的层级关系。层级关系表现在党政行政机构，是指上下级关系；表现在事业单位的业务职别上，是指职称的高低关系。正确认识和科学设置不同层级人才的权利、责任、义务和待遇等，简政放权，减少层级的数量，注重责权利的统一性。亚里士多德在评价政体时认为："凡离中庸之道（亦即最好形式）愈远的品种也一定是恶劣的政体。"① 这段话对人才开发具有非常重要的启示：人才开发的层级关系上，应该追求中庸之道，因为"中庸是最高的善和极端的美"②，即中庸体现了和谐之美。

其次，树立人才开发的整体观，要求正确认识和处理人才结构中的同级关系。同级关系是指同类人才在职务、职称，或相同岗位上工作的各类人才。根据按劳分配的原则，要考虑这种人才同级贡献的平等性和平衡性，预防群体性的攀比心理和嫉妒心理；在选拔任用人才时，要特别注意公平公正；在引进人才时，还要特别注意预防"引来女婿挤走儿"的负面作用。在人才发现、培养、任用、稳定、引进等方面，都需要辩证思维全方位指导人才开发工作，不能顾此失彼。

最后，个体的自我开发也需要辩证思维。每个立志成才者都要学会运用辩证思维，正确对待自己，正确对待他人，正确对待自己的成绩和缺点，胜不骄败不馁，通过为自己辩证定位，提高情商，取长补短，促进自己的成才。

树立人才开发的整体观，需要运用辩证思维普遍联系的观点来考察人才现象，要学会从空间上来考察人才战略，注重人才之间横向联系，对人才开发进行多角度、多侧面和全方位的系统考察。

四、人才开发必然性与偶然性的统一

人才开发的必然性是指人才开发过程中成才的一种必然性；人才开发的偶然性是指人才开发过程中体现出的一种或然性，也是一种不明确性。

人才开发的过程受因果关系的制约，在影响人才开发的诸因素中，

---

① [古希腊] 亚里士多德. 政治学 [M]. 北京：商务印书馆，1996：209.
② 苗立田. 亚里士多德全集（第八卷）[M]. 北京：中国人民大学出版社，1991：36.

有本质的原因和非本质原因的区别。本质的根本性原因决定着人才开发过程有确定的、稳定的方向，决定着该人才在既定条件下只能以唯一的方式存在，并以唯一的可能性转化为人才开发的现实性，体现出人才开发的必然性。从人才开发的必然性来看，每个家庭如果实行优生优育，各类学校实施素质教育，国家制定出科学合理的各类人才政策，就非常有利于全社会的人才开发；从人才开发的主观性来看，如果个人从小就不断培养远大理想，认真、勤奋的学习和工作，掌握科学的学习和工作方法，努力塑造和谐完美的精神个性，不断优化知识结构和能力结构，社会的客观因素与人才的主观因素达到和谐统一，最终都能成才。这就是人才开发的必然性，即体现了成功的必然性和一般规律。

但是，在人才开发的过程中，又有非本质和次要的原因复杂交错的作用，因而使总体上人才开发的过程中某些具体环节上又表现出非确定的和不稳固的特点，即某种偶然事件的发生，客观上可能会影响到人才开发。比如，从人才成长的过程来看，如果遇到伯乐赏识，可能会直接改变这个人的命运。从人才开发的逆境来看，一个人重大疾病或严重车祸，都可能影响到该个体的成才；另一方面，机遇通常是为有准备的人提供的，因此，对于人才开发的个体而言，机遇体现了偶然性与必然性的有机统一。

实践表明，人才开发的必然性总是要通过大量的偶然性表现出来，没有纯粹的必然性；而人才开发的偶然性又在一定程度上体现了一定的必然性。因为一个人首先必须是人才或潜人才，才有可能被伯乐偶然发现；一个人如果不是人才或潜人才，即使遇到伯乐，也不可能发现他是人才。

五、人才开发合规律性与合目的性的有机统一

人才开发的合规律性是指人才开发的实践必须符合人才开发的客观规律；人才开发的合目的性是指人才开发的实践及其结果必须符合社会和主体自身的利益和愿望。

（一）人才开发的合规律性

人类社会发展规律虽然不以个人的意志为转移，但社会规律是通过

人类主体有意识、有目的的实践行为来实现的，蕴含了人类的主体性，体现了合规律与合目的的统一。人们只有认识人才开发的基本规律和特殊规律，才能促进人才开发。

首先，人才开发的合规律性，要求人才开发过程要认识和遵循人才开发的基本规律。从人才开发主体性的角度来看，人才开发基本规律大致可以概括两种表述：第一，身心和谐成才规律；第二，目标+勤奋+方法=成功。第一个规律表明，每个人成才都需要具有健康的体魄，具有心理健康所特有的优良的心理素质、思维素质和正确的世界观、人生观、价值观等，达到身心健康和谐，一般都能够成才。第二个规律表明，每个人只要科学设计成才目标，勤奋努力，学会正确的学习方法和工作方法等各种科学方法，一般也能够成才。反之，如果违背上述两个规律，身心不健康，不但影响成才，甚至有可能损害生命；如果没有科学的人生目标，不能吃苦耐劳，没有掌握科学的方法，也就不可能成才。当然，对人才开发规律还可以切入很多角度，比如刘翠兰教授探索了三个规律：一是人才成长的综合效应规律。她认为，人才的产生与成长是主客体中的各个因素相互联系、相互作用的结果，这种人才诸要素的交互作用称之为人才成长的综合效应。这一规律是唯物辩证法所概括的矛盾统一规律在人才发展中的体现。二是人才成长的代谢发展规律，她认为人才的成长过程是一个动态代谢过程，是人才量的积累与质的更新相互转化、循环往复过程。把握这一过程，人们就能客观公正地、历史地评价人才。三是人才的上升发展规律，因为任何事物的运动变化都是前进性与曲折性的统一，人才的运动、发展和变化同样如此。① 此外，笔者还认为，人才开发的合规律性还有一个角度，就是要求人们在各种认识和实践活动中，都要认识和遵循事物的发展规律，要避免主观随意性和盲目性。

其次，要认识和遵循人才开发中以才补貌和偏才怪才成长的特殊规律。以才补貌，是指一些人虽然其貌不扬，却可以通过后天努力，德才兼备，获得事业成功。在人才史上，苏格拉底其貌不扬，康德、拿破仑、鲁迅、邓小平都是小个子。阿里巴巴集团董事局主席马云也获得事业成功。可见，一个人即使其貌不扬，也能够通过内在修炼获得成功。

---

① 刘景钊.《人才哲学》评介 [J]. 哲学动态，1994（3）：29-30.

偏才怪才成长规律，是指有的人才具有某一方面的超常能力，如有人具有惊人的记忆才能、心算才能、空间想象能力等，表现出偏才和怪才的特点。这类人才是千里挑一难得的人才，家长、教师和管理者一旦发现，就应该高度重视，给予特殊的关照，因材施教，因才施导，因才使用，充分挖掘这类偏才怪才的特殊才能。对这类人才不一定按常规管理，也未必都要扬长补短，而是可以扬长避短。

（二）人才开发的合目的性

人才开发的合目的性是指客观的合目的性，而不是主观的合目的性。"合目的性"是康德美学中的一个重要概念。"合目的性"又可分为主观的合目的性与客观的合目的性两大类。康德把主观的合目的性，视为审美判断，而只有客观的合目的性才能揭示人才开发的合目的性。

我们从康德关于客观的合目的性来分析人才开发的合目的性，应该注意人才开发的两个维度：一是人才开发的内在目的，即人才开发是个人实现生命价值和生命本质的对象化，体现出个体生命的完满性；二是人才开发对于国家、民族和社会而言，人才应该以其创造性的实践，满足社会对人才的需要，即人才通过自己的行动推动了社会的发展进步，实现了康德所说的"外在目的"，即人才开发客观上满足了社会对人才的需要。因此，我们今天探讨人才开发的合目的性，应该超越和突破康德对客观的合目的性的界定，而指向人才开发所蕴含的个体生命的完满性与实现社会价值的和谐统一。换言之，人才开发不只是为了个体生命价值的实现，而是成为国家的栋梁之材。

由此可见，人才开发既要合规律性，又要合目的性。人才开发是人类发展史上伟大的壮举，是人类自我创化、自我塑造、自我拓展、自我实现的光辉实践，只有做到合规律性与合目的性的有机统一，即求真与向善的和谐统一，才能更好地促进个体的人才开发与全社会的人才开发。

六、人才开发动机与效果的有机统一

人才开发还应该注重动机与效果的有机统一。动机与效果是伦理学中关于道德评价的重要概念，也是哲学的重要范畴。把人才动机与效果有机地统一起来，有利于促进人才开发，对人才做出正确评价。

从人才开发本身来看，每个人在人才开发的过程中，都要正确认识把握动机与效果的辩证统一关系。成就动机正确与否直接影响人才的行为方向，高尚的成就动机能够激励成才者认识到对社会、集体和他人所负的责任，做出有益的、高尚的道德行为；相反，不良的成就动机，能使人做出对社会、集体和他人有害的、卑劣的行为。所以，每个人都需要培养良好的成就动机，成才不只是实现个人的生命价值，也是为社会做出应有的贡献，要把良好的动机与科学的方法有机结合起来，才能达到预期目的。

从对人才开发的评价来看，古往今来，学者对动机与效果孰轻孰重的问题有不同的认识和理解。孟子把动机与效果、义与利绝对对立起来，只强调"仁义"动机，否认利益效果对评价行为的意义；董仲舒在《春秋繁露》中明确提出"正其道不谋其利，修其理不急其功"的主张，认为一个人行为的善恶，主要看其是否出于"道"、"理"的善良动机，而不在于功利效果；朱熹进而把董仲舒的"正义不谋利，明道不计功"的思想誉为"大法"。西方中世纪法国经院哲学家阿贝拉尔认为，人的一切行为都是来自意向、动机，意向、动机是善的，行为就是善的，否则就是恶的，否定人的道德实践及效果对道德评价的意义。康德认为，道德行为的善完全出自善良意志，善良意志之所以善，不在于行为所达到的效果和利益，而在于它遵循普遍必然的道德法则即"绝对命令"。这种动机论的哲学思想对人才评价产生了重要影响。与重视动机论相反，有的思想家认为，只有符合一定利益和效果的行为才是道德的，否则就无法评价行为的善恶。宋代陈亮、叶适反对空谈"义理""不知事功"，明确提出"功利成处，便是有德；事到济处，便是有理"。19世纪英国的功利主义者J.边沁、J.S.密尔等人也主张效果论，重视效果的功利性，甚至只考虑效果，不考虑动机；如果对一个人进行道德评价，才能考虑他的动机。实际上，动机和效果是行为构成中最重要的两个因素，我们应该从这两个因素对人才进行全面评价。辩证思维要求我们一方面在人才开发时，应该注重培养人才的正确的成就动机，一方面又要培养人才具备实现成就动机的素质和能力；我们在评价人才时，一方面看其做事动机，一方面看其做事的结果，还要看其动机与效果的统一程度。

哲学是智慧之学，而人才哲学则注重研究人才与哲学的密切关系。

每个立志成才者，都应该从哲学中汲取人才开发的智慧；每个人才开发者，也都应该从哲学的智慧中汲取认识人才、发现人才、评价人才、培养人才等多方面的智慧。

参考文献

［1］刘翠兰. 人才哲学［M］. 北京：海洋出版社，1992.

［2］郑其绪，司江伟，张玲玲. 人才评价［M］. 东营：石油大学出版社，2004.

［3］王通讯. 人才发展战略论［M］. 北京：中国人事出版社，2013.

［4］叶忠海. 新编人才学通论［M］. 北京：党建读物出版社，2013.

［5］吴江. 人力资源蓝皮书：中国人力资源发展报告（2013）［M］. 北京：社会科学文献出版社，2013.

［6］罗洪铁，周琪. 人才学原理［M］. 北京：人民出版社，2013.

［7］赵永乐. 宏观人才学概论［M］. 北京：党建读物出版社，2013.

［8］桂昭明. 人才资本论［M］. 北京：科学出版社，2014.

［9］王辉耀. 国际人才竞争战略［M］. 北京：党建读物出版社，2014.

［10］徐芳. 曹操的人才哲学观［J］. 边疆经济与文化，2008-07-05.

［11］杨俊福. 开拓型人才的哲学特征［J］. 锦州师院学报（哲学社会科学版），1994-01-15.

［12］闻英. 管理人才的哲学思维刍议［J］. 中共福建省委党校学报，2005-09-25.

［13］刘景钊.《人才哲学》评介［J］. 哲学动态，1994-03-26.

我国人才制度体系与全球竞争力提升

赵永乐

摘 要: 综合国力的竞争说到底是人才竞争,人才竞争背后则是制度的较量。中国人才制度是中国特色社会主义制度体系的重要组成部分,中国特色是鲜明的特色,党管人才是最大的优势。既要保持中国人才制度的特色和优势,也要充分认识人才制度的全球竞争力短板。要以人才培养为基础,以全球吸引配置为突破口,以发挥市场决定作用为导向,以实现价值为核心,深化改革,巩固优势,补齐短板,引领创新驱动,全方位提升和强化人才制度的全球竞争力,完善和发展中国特色人才制度体系,为我国经济社会发展提供坚强的人才制度支撑。

关键词: 人才制度体系　全球竞争力　中国特色　优势　短板

2016年5月6日,党中央在京召开了学习贯彻《关于深化人才发展体制机制改革的意见》座谈会,习近平总书记在会前专门做出重要指示。他指出,办好中国的事情,关键在党,关键在人,关键在人才。总书记要求,加快构建具有全球竞争力的人才制度体系,聚天下英才而用之。加快构建具有全球竞争力的人才制度体系,既是我国提升全球竞争力的现实要求,也是我国全面深化改革的目标要求,同时也是加快建设人才强国的战略要求。那么,我国的人才制度体系是什么样的?怎样才能具有全球竞争力?才能达到聚天下英才而用之的效果?厘清这一系列问题,不但具有深刻的理论意义,而且具有深远的战略意义。

尽管我国人才制度的全球竞争力还不是最强,但是我国的人才理论已经系统科学,人才道路已经确立打通,人才制度已经形成体系,具有不容忽视的明显的特色和优势。因此,我们要坚定我国的人才理论自信、人才道路自信和人才制度自信,加快构建具有全球竞争力的人才制度体系。

下面从三个方面来论述我国人才制度体系与全球竞争力提升。

一、性质与特色

(一)从性质上来看,我国的人才制度是中国特色社会主义制度体系的重要组成部分

新中国成立60多年来,我国形成了中国特色社会主义制度体系。这个制度体系涵盖了政治、经济、文化、社会等各个领域,包括人民代表大会的根本政治制度,中国共产党领导的多党合作和协商制度、民族区域自治制度和基层群众自治制度的基本政治制度,以公有制为主体、多种所有制经济共同发展的基本经济制度,中国特色社会主义法律体系,以及建立在基本政治经济制度上的其他政治制度、经济制度、文化制度、社会制度。人才制度也是中国特色社会主义制度体系中不可或缺的重要组成部分。

改革开放30多年来,特别是新世纪以来,我国人才事业蓬勃发展,人才规模跃居世界首位,人才体制改革持续深化,人才制度体系建设不断推进,人才活力和效能愈加彰显。到今天,覆盖人才发展和人才治理全方位的具有中国特色的人才制度已初步建立起来,在人才的生产、吸引、流通、使用等各领域基本形成了一整套系统全面、衔接有效的制度体系。我国人才制度集中体现了中国特色社会主义的性质、特点和优势,坚持党管人才原则,服务发展大局,成为我国人才事业发展和建设人才强国的根本制度保障,对我国人才事业的发展、改革、开放乃至全国经

济社会的发展都起到了保驾护航的作用。

改革开放30多年我国人才发展的历程，也是中国特色人才制度不断完善和发展的历程。毋庸置疑，中国特色人才制度符合我国的历史和现实国情，是我国人才事业发展的了不起创举，也为我国人才事业发展的实践所接受，得到了中国人民和广大人才的拥护，具有古往今来从不具有的强大生命力。

（二）从特色上来看，中国特色是我国人才制度的鲜明特色

众所周知，"人才"一词为我国国语所特有，"人才学"是改革开放初期我国独创的一门新鲜学科，"人才强国战略"是新世纪以来中国共产党确立的并写进党章的我国三大战略之一。毫无疑问，与中国特色社会主义制度一样，我国人才制度的最大特点也是中国特色。我国既不能照搬世界上发达国家现成的人才制度，也没有现成的人才制度可照搬。中国人才制度植根于我国改革开放的土壤，是历代中国共产党人和全国人民在我国长期的人才发展实践过程中，坚定不移高举中国特色社会主义伟大旗帜，坚持和拓展中国特色社会主义道路，坚持和丰富中国特色社会主义理论体系，坚持和完善中国特色社会主义制度，对人才道路、人才理论和人才制度进行审慎选择的结果。中国特色人才制度是中国历史的选择，是中国人民的选择，是中国人才的选择。

新中国成立以来，我国的人才制度建设在实践探索中经历了正反两个方面的艰难曲折。新中国成立之初，我国实行的是与计划经济相匹配的人才制度，人才的计划调配和集中使用对当时的国民经济恢复和社会主义建设曾起到相当程度的积极作用。但是随着时间的推移，这种人才制度的弊端显露无遗，配置僵化，效率低下，浪费惊人，单位所有制滋生，人才积极性遭受严重压抑。改革开放之初，人才流动的巨浪无情地摧毁了传统的人才制度，伴随着经济体制改革的不断深化，与社会主义市场经济体制相适应的新的人才制度从无到有，从散到全，从弱到强。到今天，我国已经形成了符合中国国情涵盖人才管理体制和培养支持、评价、流动、激励、引才用才、发展保障六大人才机制的一整套人才制度雏形，党管人才领导体制和工作格局制度化，政府人才管理职能转变，用人主体自主权逐步得到保障和落实，人才创新创造创业活力得到激励

和释放，人才服务体系市场化、社会化，人才法制建设不断加强。中国特色的人才制度为充分发挥国家的组织优势提供了不可模拟复制的充要条件。国家"千人计划"自 2008 年启动以来，截至 2015 年共有 11 批 5 208 名海外高层次人才回国（来华）工作，仅 2015 年就有 1 028 名海外高层次人才入选"千人计划"。"万人计划"实施 4 年，已有 2 521 名国内高层次人才入选，极大地激发了本土人才潜心研究和创新创业热情。

二、优势与短板

（一）党管人才是我国人才制度的最大优势

党的领导是中国特色社会主义制度的最大优势，也是中国人才制度的最大优势。早在改革开放伊始，小平同志就敏锐地提出，"我们要实现现代化，关键是科学技术要能上去。""没有知识，没有人才，怎么上得去。"为此他要求，"一定要在党内造成一种空气：尊重知识，尊重人才。"自党的十四大开始，中央对人才工作的重视日趋升温，逐步提升到战略的高度。江苏等一些经济比较发达的省份，已经在探索通过人才（知识分子）工作领导小组的制度形式来实现党管人才的路径。2003 年 5 月，中央政治局会议提出了人才强国战略和党管人才原则，决定成立中央人才工作协调小组，加强对全国人才工作的宏观指导。经过 10 多年的努力，党管人才的内涵逐步清晰，党管人才工作体系自上而下得以建立，党管人才工作运行机制不断完善，党管人才工作的实践取得丰富的经验，中央确立的人才工作基本思路和宏观布局初步实现，党管人才的原则逐步深化为党管人才工作。2012 年中央印发了《关于进一步加强党管人才工作的意见》，对党管人才工作的背景意义、指导思想、总体要求、领导体制、工作格局、运行机制等作了进一步明确和深化，标志着党管人才工作制度化逐渐成熟。

党管人才既是我国人才发展和人才工作必须坚持的根本原则，也是包括领导体制、工作格局和运行机制在内的人才工作行之有效的形式和体系，更是我国人才工作基本制度的核心。党管人才原则的提出和贯彻实施，为充分发挥党的思想政治优势、组织优势和密切联系群众的优势，保证党管人才工作的指导思想、总体要求顺利实现党管人才工作领导体制正常运转,做好人才工作和更好实施人才强国战略提供了坚强的政治保证和组织保证。党管人才,就是要发挥党委纵览全局、协调各方的领导核心作用,加强党对人才工作的统一领导,切实履行好管宏观、管政策、管协调和管服务的职责。党委统一领导,组织部门牵头抓总,有关部门各司其职、密切配合,用人主体作用得到切实发挥,社会各方面力量参与人才工作积极性得到广泛发挥,包括科学决策、分工协作、沟通交流和督促落实四大环节的党管人才工作运行机制逐步健全。坚持党管人才原则,加强和改进党管人才工作,不仅强力地推进了人才强国战略的实施,在很大程度上确立了国家人才竞争比较优势,而且巩固和扩大了党的执政基础,提高了党的执政能力。

(二)必须充分认识我国人才制度体系的全球竞争力短板

无论承认还是不承认,我们每时每刻都面临着国际竞争。不要说因我国崛起而引起一些国际势力和国家的刻意打压与封堵,就是国与国之间天生就存在着国家利益的争夺和竞争。一个国家在世界上如果缺少或丧失了全球竞争力,就会沦落为别国的附庸或处于被动挨打的境地。

国家综合国力的竞争说到底是人才竞争,人才竞争背后则是制度的较量。美国凭什么称霸世界,当然靠的是超一流的顶级人才。那么,美国怎么会拥有超一流的顶级人才呢?无疑是美国的人才制度系统使然,人才移民制度只是其中之一。美国的人才制度系统包括一套以四个"高"为标志的成熟的具有美国特色的人才价值制度模式,即:高普及性的高等教育与社会培训体系、高门槛的人才移民政策、高竞争的市场配置机制、高效率的企业用人制度。建立高普及性的高等教育和社会化培训体系与实施高门槛的人才移民政策,两个并列的制度组成了人才价值获取制度体系,高竞争的市场配置机制和高效率的企业用人制度,组成了人才价值实现制度体系。美国就是靠这个人才制度而成为当今世界的第一人才强国。相比之下,在这四个方面我们都还有相当大的距离,尤其是制度的成熟度上距离更大。

我国人才制度的最大短板是市场机制作用发挥不够。虽然我国初步形成了与社会主义市场经济体制相适应的中国特色人才制度体系,但由于与人才相关的市场经济体系还不健全、现行人才发展方式还带有明显的粗放痕迹、人才市场（不是指挂牌为"人才市场"的机构或形式空间）发育还不充分，特别是政府和市场关系还有待进一步理顺等原因，我国人才制度短板突出，体系也有疏漏，导致市场在人才资源配置中的作用有效发挥受到诸多制约。"政府热、市场冷"的局面没有得到根本性扭转，政府管了大量管不了、管不好和不该管的事情，人才服务尤其是能够为高端人才创新创造创业提供的服务还远没有形成产业，用人主体和人才的活力远未激发出来，不管大事小事都要政府出面才有可能解决，政府不出面就不能解决。这种状况既表现为我国人才制度的欠缺，也限制了人才制度的完善，使得我国的全球竞争力大打折扣。中国特色新的人才制度构建时间还不长，还远不够成熟和定型，在人才治理体系和治理能力方面也还有许多亟待改进的地方，在提高制度的系统性、规范性、全球竞争性和实施有效性等方面还需要下更大气力。

三、提升与强化

提升和强化我国人才制度体系的全球竞争力，要坚持中国特色，贯彻落实五大发展新理念，努力扩大对外开放，借鉴发达国家的先进经验，吸收包括资本主义在内的世界各国制度的先进因素。构建具有全球竞争力的人才制度体系，要以人才培养为基础，以全球吸引配置为突破口，以发挥市场决定作用为导向，以实现价值为核心，深化改革，巩固优势，补齐短板，引领创新驱动，为我国经济社会发展提供人才制度支撑。

（一）培育和加强人才生产的全球竞争力

人才生产（培养）制度在中国特色人才制度体系中处于基础地位。大批量生产人才资源的主体渠道在教育，我国教育是否具有全球竞争力，直接决定了人才生产的全球竞争力。经过30多年的改革与发展，我国的教育特别是高等教育有了长足的进步。近年来，我国大学在世界的排名也一直在上升，就连美国总统奥巴马都提出要学习中国的教育。但必须承认，我国人才培养的竞争力和发达国家相比还是落后一定的距离。在充分肯定我国人才培养成绩的同时，要认真寻找差距，借鉴发达国家培养人才的先进经验，努力强化和提升我国人才培养的全球竞争力。一是创新人才培养理念，开启人才培养新模式，分层别类地培养学术人才、工程师人才和技师人才，培养大批高素质涵养、有创新意识和创新能力的一代新人。二是推动高等教育大众化和人口现代化，努力扩大就业人员中受过高等教育人数的比例，提高就业人员平均受教育年限和提升高等教育毛入学率，实现新一代人口人才化，开创人人皆可成才、人人尽展其才的生动局面。三是加大教育投资力度，提高教育投入占国内生产总值的比例，使之逐步达到世界较高水平。四是加快人才供给侧结构性改革步伐，加大教育改革力度，创新教育培养模式，调整高等教育专业结构，培养能够满足经济社会发展需要的具有全球竞争力的人才资源。五是提高中国大学对各国学生的吸引力，鼓励外国优秀学生来华留学、实习、创新创业，使中国成为亚洲乃至世界各国青年求学的首选之地。

（二）凝聚和增强人才吸引的全球竞争力

能否在全球范围内集聚一流人才，是判断我国人才制度是否具有全球竞争力的试金石。吸引外国的优秀人才到中国来工作，省去了培养环节，是低成本扩大高价值人才规模的捷径，不仅壮大了自己的高层次人才队伍，而且在一定程度上削弱了竞争对手的人才竞争力。树立全球视野和战略眼光，提高人才对外开放水平，开创人才对外开放新局面，吸引海外高层次人才回国来华创新创业和工作。一是当前当务之急，继续实施国家"千人计划"和相关政策，吸引留学海外的学子回归创新创业报效祖国。二是抓紧制定出台中国移民法案，整合人才签证、居留、国籍、社保、教育等相关政策规定和法律制度，大批量吸引外国高层次人才和紧缺人才到中国工作定居，加入中国国籍。三是吸引国外优质教育资源、科研资源到中国落户或设立分支机构，创新中外合作办学、合作科研模式，借此引进高层次教育、科研专家来华工作。四是建立国际人才虚拟集聚平台，推进全球网络空间中的协同创新、离岸创业和柔性流动，采用各种灵活方式柔性吸引汇聚高层次专家来华工作、讲学、交流、合作科研攻关、创新创业。五是探索整建制引进创新创业人才团队办法，团队中只要有一定比例以上符合引进条件，其余人员可以放宽准入门槛，不受学历、职称、年龄等条件限制。六是走出去，通过在海外设立办学机构、研发机构、工作站、人才寻访机构等形式网罗当地优秀人才为我所用。

(三) 塑造和提升用人主体和高层次人才的全球竞争力

习近平总书记在谈到把《关于深化人才发展体制机制改革的意见》落到实处时一针见血地指出，要着力破除体制机制障碍，向用人主体放权，为人才松绑。放权松绑的目的就是让人才创新创造活力充分迸发，使各方面人才各得其所、尽展其长。用人主体和人才是运行于人才市场上的供需主体，放权松绑是突出市场导向的标识。用人主体缺失用人自主权，人才被捆住了手脚，怎么会有创新创造活力？何谈全球竞争力？为此，一是政府要转化职能，有关行政部门要进一步简政放权，放开用人主体手脚，充分保障企事业单位编制管理、人员聘用、职称评定、绩效工资分配以及激励等方面的用人自主权。二是遵循社会主义市场经济规律和人才成长规律，积极稳妥地培育和健全人才市场体系，从广度和深度上推进人才市场化改革，突出市场导向，推动人才资源配置依据市场规则、市场价格、市场竞争实现效益最大化和效率最优化，激发各类人才的创造活力和各类用人主体的用人活力。三是鼓励和引导中国的企业、高校、科研院所走出国门，以宽眼界、强决心和大气度积极参与全球人才竞争，采用包括柔性流动等方式在全世界范围内选才和配置人才，在竞争中培养人才、锤炼人才和提升人才使用效用。四是保障人才个人的成才权、流动（择业）权和创业权，鼓励人才在国际环境中提炼素质和能力，引导高层次人才参与国际竞争与合作，提高创新创业的效率和成功率。五是扶持壮大高端人才服务业，引进国际知名的人才服务机构和企业，培育和扶持国内的现代人才服务机构，为人才和用人单位提供国际化的中介服务或为人才创新创业提供全要素组合与孵化的服务。

(四) 推进人才治理体系和治理能力现代化

应该看到，相比国家经济社会发展和人才发展的要求，相比当今世界日趋激烈的国际竞争，相比国家整体的制度建设和治理体系构建，我们在人才治理体系和治理能力方面还有许多不足，有许多亟待改进的地方。这是摆在我们面前的一项重大历史任务。要推动中国特色人才制度更加成熟、更加定型、更具有全球竞争性，在人才治理体系和治理能力现代化上形成总体效应、取得总体效果，形成科学规范、开放包容、运行高效的体系优势，就要持续加力深化人才发展体制机制改革。推进人才治理体系和治理能力现代化，必须完整理解和把握全面深化人才体制改革的总目标，既要充分认识推进人才治理体系和治理能力现代化的重要性和紧迫性，又要充分认识完善和发展中国特色人才制度的长期性和艰巨性。一是提升政府人才治理能力和水平，限制政府的权限，调整政府的管理方式，严格控制政府有关部门拓展管理边界的冲动，建立人才发展与经济社会发展适应机制，保证人才安全，推动简政放权，突出市场导向，激发用人主体、用人活力和人才创新创造创业活力，强化法治意识，改进治理方式，运用科学治理手段，推进社会治理精细化。二是增强社会服务功能，完善基层社区人才治理体制，在各类园区因地制宜地建设海外人才开放创新集聚试验区、人才服务产业集聚区、人才特别社区和人才管理改革实验区，改善创业、居住、学习和工作环境，促进国际化的公共服务、便利服务和一站式服务。三是发挥社会组织作用，培育人才自治新组织，健全法人治理结构，建成自主、自为、自律主体，承接政府转移职能，起到政府和市场都不能起到的综合监督、信息流通、资源整合、自我协调和自我服务等作用。四是以法治保障来完善和发展中国特色人才制度、推进人才发展治理体系和治理能力现代化，加快制定《人才发展促进法》，适时出台单项人才法律法规和相关法，推进立法进程，加大执法力度，确保人才制度具有全球竞争力。

西部高校高端人才发展困境及思考

史代敏

摘　要：随着国内各大高校日益重视人才队伍建设，人才竞争态势异常激烈，特别是西部地区高校在人才引进、队伍建设等方面更是困境重重，主要表现在高端人才承载基础薄弱、高端人才流失严重、引才优势不足、产学研协同创新能力较弱以及人才发展环境不完善。针对以上问题，本研究分别从国家和地方两个层面，提出了相应的建议和对策。

关键词：高端人才　人才发展　西部高校

当前，国内各大高校都在加快人才队伍建设，人才竞争异常激烈。特别是西部地区高校，高端人才总体规模小、缺口大，近一两年人才流失严重，尤其是高水平人才、甚至是高水平团队的集体流失，出现新一轮"人才东南飞"趋势。如何通过引进、稳定和培养一批高端人才，破解西部高校高端人才发展的困境，已经成为西部高校在"双一流"建设中必须亟须破解的重要难题。

一、西部高校高端人才发展的主要问题

(一) 缺乏国家级重大科研平台,高端人才承载力薄弱

据不完全统计,西部地区高校中,国家重点学科、重点实验室和工程技术研究中心等国字号的科研平台共 127 个,博士后流动(工作)站 690 个,仅为东部地区高校水平的 25%、26%[1]。整个西部的"985"高校只有 7 所,山西、河南、广西、云南、青海、新疆、西藏等省(自治区)甚至没有"985"高校。由于国家级重大科研资源与平台建设的先天不足,导致了西部地区高层次人才严重不足,且引入难、留住难,发展后劲不足。

(二) 人才投入不足,高端人才流失严重

近年来,我国东部地区政府纷纷加大了高等教育投入力度。如:上海市于 2015 年 10 月开始正式实施"高峰高原重点学科建设计划",明确在未来三年的第一阶段内市级财政将投入 36 亿,到第二阶段将继续加大投入。2015 年,广东省出台《广东省高水平大学建设专项资金管理办法》,2015—2017 年设立安排高水平大学建设专项资金 50 亿元,支持重点建设高校和重点建设项目;2016 年起启动《高水平大学建设人事制度改革试点方案》,注重对高水平领军人才的引进与培养。东部地区高校通过加大投入等系列引才举措,将对西部地区人才队伍建设产生更大的冲击,将让西部地区的人才流失问题变得更为严峻。

(三) 人才竞争态势激烈,引才优势"先天"不足

西部高校人才引进存在地缘劣势,急需紧缺学科人才引进难度进一步加大。以国内外经管类人才的"引才"为例,当前各大高校对经管类人才尤其是金融学科高端人才的"争夺"竞争已进入"白热化"阶段。针对"国家级人才",东部地区不仅年薪优厚,而且提供数百万的科研平台费。对于西部高校来说,如果得不到有力的经费支持,仅凭高校自身的力量很难持续引进、留住海外内的高端人才,且极易造成西部地区有限的高端人才向高薪行业、东部地区高校转移。

（四）产学研协同创新能力较弱

当前，一方面由于西部地方政府对产学研发展的政策支持有限，其资金支持相比东部地区力度差距较大；另一方面由于高校与政府、行业主动对接的意识较差，导致西部地区部分高校的部分科技研发与应用平台功能发挥不佳，一些优势学科正逐步丧失其传统影响力。

（五）人才发展环境还不完善，社会配套政策相对滞后

相比较而言，西部地区高端人才引进、流动、退出相衔接的工作机制有待健全，尤其是外籍高端人才在人才流动制度、医疗保险制度、社会福利制度、就业失业保障制度等方面还缺乏一个有效的社会支撑体系，在住房购买、子女上学、个税保险等方面还存在诸多不兼容的现象。应推进教师队伍建设的不断优化，建立一个较为完善的公共服务支持体系，推进人才流动制度、医疗保险制度、社会福利制度、就业失业保障制度等的不断健全。

二、关于提升西部高校高端人才发展的思考与建议

（一）国家层面

首先，应在国家层面，研究制定更加贴近西部高校人才发展的专项政策，在重大平台建设、精准对口支持、培养补偿机制、专项资金资助、学科布局优化等方面进一步加大支持力度。

1. 加强重大人才平台建设

一方面，建议在国家各类竞争性人才计划和科技项目中，建议单独划出一定比例（20%～30%），专门面向西部地区高校[2]。另一方面，可以设置针对西部地区的国家级人才项目，如"千人计划（西部项目）""万人计划（西部项目）"等，进行定向资助，同时设置最低服务年限。近年来，国家在重大人才项目上已经针对西部地区高校进行了重大改革，极大地调动了西部和东北地区高校对高端人才队伍建设的积极性。如长江学者奖励计划从2015年起只允许西部和东北地区的高校申请讲座教授，东部不能再申请，对西部地区高校产生了非常积极的影响。

2. 探索精准对口支持机制

加强东西部地区高校之间学科和人才的精准对口支持，特别要加强对西部地区相对落后的省属地方高校的学科建设。建议可制定对西部地区的对口支持政策，由东部地区高校具有领先优势的学科选择一所对应的西部高校来进行学科的对口支持；可要求东部高校优秀人才在申请部分国家级人才项目时，设置同等条件下的优先入选条件，如具有西部高校2年以上工作经历者、主动申请支援西部地区学科发展建设者可优先入选等。

3. 建立健全人才补偿机制

根据市场规律，人才流向资源丰富的东部地区具有一定的内在必然性，西部高校投入大量人力、物力、财力建设引进、培养起来的高端人才，很容易被东部高校以更优厚的待遇和研究平台引进。建议由政府主导建立区域人才培养补偿办法，实行"人才转会"机制，人才培养与人才转移的双方可以就补偿问题进行协调，西部高校获得相应的人才流失补偿，补偿资金用于培养和引进高端人才，以此维持高端人才总量的相对稳定。

4. 实施西部专项资金资助

实施更加具有吸引力的薪酬制度，国家对人才队伍建设的支持力度应适当向西部倾斜。在同等条件下，西部地区高校高端人才收入不低于东部地区高校，差额部分可由国家进行专项资助。此外，应允许有条件的西部地区高校集资建设经济适用房，或为优秀人才建设住宅公寓等，切实提升西部高校对人才的吸引力。

5. 大力推进学科布局优化

要以学科建设为引领，积极落实国务院《关于加快中西部教育发展的指导意见》（国办发〔2016〕37号），加快实施"一省一直属高校"建设；同时，在每个省遴选一批重点建设的一级学科和特色学科，更好引导西部高校特色发展，努力缩小与东部高校学科建设的差距。

（二）地方政府层面

地方政府应着力破解制约高校人才发展的体制机制因素，组织更多的资源加强高校建设，在管理体制改革、人才投入、平台建设以及公共服务建设等方面进一步加大支持力度。

1. 进一步下放高校办学自主权

当前，如何通过人才队伍建设管理增强队伍建设的活力，是各大高校共同面临的问题。尤其是西部高校，在通过资源筹措支持学校发展方面能力有限，在管理方面尤其需要放松管制、减少限制，激发高校自主创新、自主发展的活力。因此，建议进一步下放高校办学自主权，明确主管部门和高校的权责关系，尤其是进一步下放省属地方院校在人事分配制度方面的权力；同时，要下放编制管理权，由高校自主开展编制管理；下放岗位设置权，由高校自主确定岗位总量和岗位结构比例。

2. 进一步加大人才财政投入

从一定意义上来看，高校经费投入对高层次人才的引进、培养的影响直接而又高效，提高人才队伍的经费投入，将大幅提高优秀人才的引入比例、留在西部高校的比例。建议地方政府可设置高端人才专项经费，主要用于引进的高端人才工资福利待遇、高端人才特殊津贴、住房补贴、科研启动经费等。如，每引进一位全职高端人才或海外高校终身教授来西部任职（或兼职），地方政府每年提供一定数额的专项补贴。

3. 搭建高水平产学研协同创新平台

紧密围绕高端产业和产业高端发展需求，遴选一批具有发展潜力的学科，支持与国内外领先的高校、研究中心合作。加强关键技术协同攻关，在较短时期内提升产学研的整体水平，争取获得地方和高校双赢的局面。

4. 着力完善人才公共服务体系

建议进一步完善海外人才引进绿色通道，着力完善高端人才服务的公共体系，为引入的外籍人员在办理"绿卡"、签证、税务、职称申报等方面，提供便捷性服务；不断完善人才公寓、医疗待遇、子女入学、家属就业等方面的具体措施；切实加强创新成果知识产权保护，引导社会资本和金融资本投资人才创业。

当今时代，优秀人才加速流动，高端人才竞争更是异常激烈，国家、西部各省市、西部高校应以"双一流"建设、"一带一路"倡议为契机，多措并举、整合资源、加强协同，着力解决制约高端人才发展的关键问题，大力营造更有利于吸引用好人才的发展环境，全面推进西部高校高端人才快速发展和科学发展。

参考文献

[1] 谢辛. 破解西部地区高层次人才开发"三大困境"[J]. 中国人才, 2012 (7).

[2] 蔡秀萍. 凝心聚力破解西部人才短缺困境[J]. 中国人才, 2014 (2): 13-15.

人才工作创新发展需突破"短板"

沈荣华

摘　要：本文分析了人才工作创新发展的"短板"，即机制短板，有"四大瓶颈"，包括人才评价、激励、流动以及成果转化方面存在的问题；环境短板，结合上海的经验，点出了人才生态急需改善，并给出了相关建议。

关键词：人才工作　创新　短板

习近平总书记强调，"全党同志要把思想和行动统一到新的发展理念上来"。在新的发展理念中，排在第一位的理念是"创新发展"。人才工作创新发展既是创新发展中的一个重要组成部分，又是五大发展的人才支撑，具有举足轻重的地位和作用。如何加快人才工作创新发展，当前有两块"短板"需要突破。

一、机制短板："四大瓶颈"急需突破

党的十八届五中全会提出"加快建设人才强国"，关键在人才机制。我国人才机制改革，30年有很大进展，但实质性突破不多，国有企事业

单位的人事、分配两大制度，基本上还是走"计划"，而不是走"市场"，以致束缚了人才的创新创业热情。根据发展新理念，结合上海改革实践，急需突破四大瓶颈：一是人才评价瓶颈。应该坚持"实绩考核"指挥棒，改变长期以来以"论文数量"为指挥棒现象。上海人才新政20条，对科技人才实行"市场评价"，即薪酬评价、出资人评价、第三方评价，反响很好。比如，外籍高层次人才申请永久居留，评价就四个条件：年薪60万、个税12万、在上海工作四年以上、每年工作在六个月以上，就可以办绿卡。相关数据显示，从2015年9月以来，外籍高层次人才永久居留权申请量，比2014年全年超过3倍。二是人才激励瓶颈。最近，李克强总理在国家科学技术奖励大会的讲话中再次强调，"要加快改革科技成果产权制度、收益分配制度和转化机制，激发科技人员持久的创新动力"。我认为，我国与发达国家的科技差距，不是科研经费不足（目前每年科研经费已达万亿之巨），也不是科技人员不够（目前研发人员有500多万），而是持久的创新动力不强。上海人才新政20条提出，"提高科研人员成果转化收益比例。科技成果转化所得收益，研发团队所得不低于70%"。这对科研人员震动很大。华东理工大学一个科研项目的转化收益7 000万，主要创新者得到50%，真正实现了"一朝之富"。所以我们必须加快改革激励机制，而且真正落地。三是人才流动瓶颈。目前我国的科研体制，不利于创新，不利于人才成长，其中一个致命问题，就是科技人才不能自由流动。这次上海在全球影响力的科技创新中心建设中，提出"人才资源影响力半径"概念，就是既要聚天下英才而用之，又要考虑人才资源的溢出水平。针对事业单位几十万科技人员对象，提出完善科研人员"双向流动"制度，允许科研人员带着单位成果在职或离岗创业。创业待遇很优惠，包括保留单位编制，发基本工资，并与原单位其他在岗人员同等享有参加职称评审、岗位等级晋升和社会保险等方面的权利，创业孵化期内（3~5年）返回原单位的工龄连续计算。这对推进产学研结合、科技成果转化起到了不可估量的作用。四是成果转化瓶颈。在西方发达国家，成果转化体系相对完善，成果转化率高达40%，作为发展中国家，还存在一系列问题，我国科技成果转化率仅10%左右。转化率不高的主要问题也在"制度"。中科院上海药物所，2014年底列入中央级事业单位试点，他们用制度创新激励成果转化，过去评研究员必须写论文，现在不写论文也能评职称，若新药获得新药证书和上市批文，新药研发团队可得到两个正高级和4个副高级职称名额。这样大大提高了科研人员成果转化的积极性，截至2015年9月（不到一年），药物所成果转让合同金额已达7亿元，接近5年的转让金额。

二、环境短板：人才生态急需改善

2014年5月，习近平总书记在上海外国专家座谈会讲话中表扬上海人才环境好，他说，"上海已经两年被评为'外籍人眼中最具吸引力的中国城市'，已经成为中国人才集聚高地之一"。上海市领导几年前就提出，要研究人才生态（从马云离开上海开始）。因为培养人才，成本最高；引进人才，成本居中；留住人才，成本最低。营造良好的人才生态环境，是当前我国加快建设人才强国亟待解决的一个问题。一是必须转变一种观念。以前我们习惯于用政策创新、政策力度手段来吸引和留住人才，但随着经济发展进入新常态，进入创新驱动发展新阶段，诸如税收优惠、项目资助、廉价土地等手段的作用已经比较有限。现在的人才引进工作，要更加注重软环境建设。人才竞争说到底就是人才环境的竞争，也可以称之为人才创新创业的生态系统竞争。硅谷被称为是创业企业的栖息地，这个栖息地是个复杂系统，涉及土壤、气候、水源、植被，还有生物的多样性等多个生态元素或生态链，它们互相之间又相互关联，相辅相成，形成一个大系统。同样，要吸引更多的人才前来创新创业，也要打造多个生态元素。二是根据上海经验要特别关注六个生态元素。宜居宜业的生活环境；集群发展的高科技先锋企业；开放的大学和科研院所；集聚的创业资本和风险投资家；专业服务的孵化器；多元融合的创新创业文化。三是要注重人文环境建设。与跨国公司相比，我们还是感到软实力方面差距比较大，特别是在核心技术、著名品牌、企业文化、一流的企业领袖、创新人才，还有高技能人才方面差距更大。必须看到，我们的硬件投入已经是非常大了，但是软环境的建设可能是未来更重要的内容，要在支持创新型国家建设的同时，也要支持人才文化软实力的塑造，这是非常重要的。离开了文化建设，会出现一些意想不到的问题。

后　记

在《著名专家论人才创新——中国人才50人论坛文集》的编写过程中，得到了多方的支持、帮助和指导。本书是集体智慧的结晶，其思想精髓来自于参与"中国人才50人圆桌论坛"的人才专家。因此，特别感谢前来参会的各位来自政府部门、产业、学界的专家学者以及其他参会人员。特别感谢全国人大外事委员会副主任委员、人力资源和社会保障部原副部长王晓初，中国人才研究会会长、人力资源和社会保障部原副部长何宪在百忙之中对论坛的大力支持。感谢中国人才研究会常务副会长吴江、中国石油大学原党委书记郑其绪、武汉工程大学原副校长桂昭明、北京市委组织部人才工作处处长刘敏华、中国人才研究会学术委员会主任王通讯、国家行政学院国家战略研究中心主任薄贵利、南洋理工大学人文与社会科学院院长刘宏等20多位人才专家在百忙之中为本书撰稿。同时要特别感谢全球化智库咨询委员会的主席、副主席、常务理事和理事，他们对公益事业和智库研究的关注和支持，难能可贵。

在本书的成书过程中，还要感谢全球化智库、全球化人才发展基金会、南方国际人才研究院、北方国际人才研究院对本书编写工作给予的具体参与和帮助。我们还得到了很多方面的参与和支持。感谢全球化智库的苗绿、李卫锋、郑金连、董庆前、王建芳、李庆、朱华、吴菲怡、陈肖肖等研究人员，以及实习生李春浩博士对本书做出的贡献。

借此机会，我们还要感谢中国人力资源和社会保障出版集团张文春编审对本书的顺利完成所提供的积极支持。也感谢国内外关心人才研究和智库发展的群体对我们工作的支持。

后 记

  第一届、第二届"中国人才50人圆桌论坛"都是在党的十九大之前举行,目前十九大已经胜利闭幕,党的十九大报告把人才工作放到党和国家工作的重要位置,对新时代的人才工作提出了新要求。我们要在全面准确领会报告丰富内涵、精神实质、核心要义基础上,深入学习报告对人才工作的论述,贯彻、落实好党的十九大对人才工作的要求,把"中国人才50人圆桌论坛"办得更好,为实现"两个一百年"奋斗目标和中华民族伟大复兴的中国梦贡献一份力量。

  由于本书撰写和编辑时间匆促,加之水平能力有限,书中难免出现纰漏。我们欢迎社会各界批评指正,以便我们在未来的研究中改进。衷心希望本书能为公众、专家、学者系统了解我国人才体制机制改革、人才理论发展状况起到一定的帮助作用,对政府建言献策有所参考,促进我国人才理论领域的深入研究,以此为人才工作实践提供科学指导,为实现人才强国战略贡献力量。

2017年11月18日于北京